論語三百講（上篇）

傅佩榮◎著

學而第一
為政第二
八佾第三
里仁第四
公冶長第五
雍也第六
述而第七

寫在前面

爲了推廣孔子思想，我所寫的書超過了十本，主要的材料都是《論語》。我心中常常想到的是孔子的一句話：「莫我知也夫！」（〈憲問〉）他的生平在春秋亂世，雖然未能得君行道，至少廣爲開班授徒，那麼爲何還會發出「沒有人了解我」的感嘆呢？

爲了探討孔子的心意，三十多年來我研習《論語》到不厭不倦的地步，有任何機會介紹孔子，我也從不推託。從二〇〇七年暑假開始，山東衛視「新杏壇」欄目請我主講「孔子」，後來陸續講了「孔門十大弟子」、「孟子」、「易經」。由於《論語》已成爲國學熱的首要讀本，而坊間圖書紛雜，解說也見仁見智，尤其青少年教育實在需要一個可靠的指引，於是「新杏壇」邀請我精選《論語》中三分之二的篇章，依序詳細解讀，作成「論語三百講」。

先有講說再形諸文字，可讀性自然很高，但重複之處在所難免。我在校對本書時，開始時有些厭煩，稍後覺得親切，最後竟有喜愛珍惜之感。將近八百頁的書不必也不能一口氣讀完。如果配合光碟、省思原文，每天三講讀下來，應可明白孔子心意。在我介紹孔子的書裡面，這本書讓我暢所欲言，也希望讀者朋友滿載而歸。

傅佩榮　二〇一一年五月二日

目次

中篇

下篇

上篇

【第1講】

前言

大家都知道，孔子的思想與言行在《論語》裡面記載得最完整。我們如果想學習中國文化，了解中國思想的精華，首先要讀的一本書就是《論語》。在與大家一起探討《論語》的內容之前，我們先把孔子的生平與他的歷史地位作個大概的介紹。

中國歷史上，在孔子前面有三皇五帝，五帝最後兩位是堯、舜，接著就是夏、商、周三代。夏朝大約四百多年，商朝大約六百年，周朝大約八百多年。周朝分爲兩個時期：西周與東周。東周又分爲春秋與戰國。孔子生活在春秋末期，那是一個亂世。但是，人無法選擇所生活的時代，也很難選擇所處的社會。所以，面對亂世、面對挑戰，就要設法激發自己的各種能力，也要用學來的各種知識、心得應付各種挑戰。孔子就是中國歷史上最有成就的代表。

孔子的生卒年是西元前五五一年至西元前四七九年。那是個什麼樣的時代呢？當我們放大視野，通觀整個人類歷史，就會發現，在孔子誕生之前大約十年，釋迦牟尼在印度出生了，他是佛教的創始人；而在孔子死後大約十年，蘇格拉底在希臘雅典誕生了。可見，世界各個地區，都在非常接近的時間，出現了各自的文化偉人。這一現象在歷史上有個定義，叫做人類文化的軸心時代。經過軸心時代，人類的理性、人文思想全面展開。那時的中國，根據司馬遷的說法，道家學派的創始人老子比孔子大約年長三十歲；而孔子創建了儒家學派。這兩個學派，在中國歷史的發展進程和中國人心靈的塑造中，扮演了關鍵的角色。

孔子的祖先是宋國人，本來是宋國的王室，後來逃到魯國去了。按照古代禮制，宋國的王室成員，傳承五代之後就要獨立出來，而這個人是孔父嘉，所以，孔子後來姓孔。孔子的父親年紀很大才與他母親結婚，孔子三歲時父親便過世了，母親把他帶回娘家撫養成人。孔子年輕的時候，家境貧困，在社會上沒有什麼地位，所以，他確實是一個從平凡走向偉大的人。孔子如何磨練、造就自己的呢？這是我們今天學習的重點。孔子的最大特點就是好學。他知道，在當時的情況下，自己是沒有資格念大學的。他和一般的鄉下小孩相同，只能念書到十五歲，也就是完成鄉村教育而已。所學內容只有兩方面：第一是文化常識。比如說，魯國人要知道自己的祖先是周公的後代。而魯國旁邊有齊國，齊國人的祖先是姜太公的後代。文化常識就是讓人知道自己國家的背景與傳統。第二是基本武藝。古時候，男孩子到十五歲以後就要準備服兵役，去保家衛國，所以他要學會騎馬、射箭這些基本武藝。十五歲以後，普通人家的孩子就沒地方念書了。孔子特別好學，到處請教各方面的專家，並且能夠集各家之大成，對知識精益求精，不斷發展，成為當時有名的博學之人。

當時，在魯國有三家貴族的勢力特別大，分別是孟孫、叔孫與季孫。其中，孟孫氏在參加國際活動的時候，行為失禮。他說，我堂堂貴族居然不懂禮，實在是不像話。聽說孔子懂得禮儀，於是，他就讓子弟向孔子學習。所以，三十歲的孔子，因精通禮制而得以在社會上立足。在這之前，孔子做過倉庫管理員和牧場管理員。孔子不但為貴族子弟講授禮儀，同時也教鄰居和一些年輕人，並逐漸開始創辦民間學校。教書成為他的工作之一。但是，他主要的收入，還是靠他的專長，比如，替別人辦喪事。古代的喪禮極其複雜，要請專家操辦才行。孔子就是當時這方面最好的專家。根據司馬遷的記載，他曾經向老子請教禮儀，又向很多人學習各種方面的知識，最後融會貫通，集各家之所長。更重要的是，孔子掌握了中國文化發展的關鍵所在。亦即從夏到商，商到周，一個國家究竟如何才能興盛？又是什麼因素導致衰亡？孔子通曉了這道理後，就產生了一個偉大的抱負，也就是他所謂的「五十而知天命」，知道自己有特別的使命，要讓整個社會走上正軌。當時的亂世在史籍中被稱作「禮壞樂崩」，也就是人間的規範、秩序瓦解了，所以孔子非常憂慮，他希望重新建立一套價值觀和行爲規則，讓每一個人都受教育，啓發內在眞誠的心意。任何一種行爲，一定要由內而發，才有道德價值；否則只是外在的，應付別人而已，不管做多少都改變不了自己。而人生最可貴的就是要改造自己，改善自己，把個人的成就跟社會的發展結合起來。所以，儒家思想非常重視人的社會責任，因爲沒有人可以離開社會而成就自己。

我們今天爲什麼還要學習孔子？因爲孔子的思想有以下幾個至今仍然行之有效的特點：第一，溫和的理性主義。孔子非常強調人的理性。人可以學習，通過學習不斷增長見識，不斷提高對人生的認識，知道人應該何去何從。第二，深刻的人道情懷。我年輕的時候讀《論語》，最受感動的是《論語・鄉黨第十》裡面的一段話。孔子在魯國做官的時候，有一天下朝回家，家人跑來報告說，馬廄失火燒了。這時候，孔子只說了一句話：「有人受傷嗎？」他完全沒有問有沒有馬受傷。要知道，馬在古代非常貴重。那時候看一個人的富有程度，就看他有幾匹馬。而在孔子看來，財產是不能與人相提並論的。馬廄失火，受傷的可能是馬車夫、傭人，這些人在社會上沒有什麼地位，不受重視，生命也不值錢。但是，在孔子的心目中，人人平等。每個人都有同樣的價值，所以人人可以成爲君子，甚至再往上成爲賢者、聖人。所以，孔子的思想裡有溫和的理性主義和深刻的人道情懷。此外，還有樂觀的人生理想。學習孔子，最好是在初春時節，最好是在年輕的時候，這樣會感到自己的生命充滿希望。所謂的樂觀，是說一個人只要願意，可以透過眞誠由內產生的力量，要求自己行善避惡。也就是說，在德行上可以實現人人平等，達到至善的高峰。

這是非常樂觀的態度，而且，我們能夠從中獲得快樂。

我們學習儒家思想後就會發現，人的價值主要在內不在外。人的內在價值展現出來，一定會對社會有正面的影響。了解孔子，不但是認識傳統的開始，也是探索人生方向的起點；而且還是正確實現人生理想的第一步。《論語》是我們目前所能找到的，最集中表述孔子思想的一部書。它是由孔子的弟子編訂的。有子、曾子等人的學生負責編輯，所以在《論語》中，他們也被稱作「子」。「子」就是老師的意思。《論語》中的材料其實是非常淩亂而簡短。往往背誦時很容易記住，但卻不明白何以要這樣說。本書將從《論語》著手，系統地介紹孔子的思想。我們將把《論語》裡適合青少年朋友、適合初學者的篇章一一加以介紹。

學而第一

【第2講】

《論語》總共分為二十篇，它是以每一篇第一章裡面提到的特殊的字，或前面兩個字來作為篇名。每一篇有若干章，這二十篇，總共加起來有五百多章。我們特別從裡面選擇三百多章來學習，第一篇就是〈學而第一〉，它的內容我們都很熟悉。我在介紹前會先把每一章的內容梳理一遍，再解釋其中的重點，看它與我們人生的關係，能給我們何種啓發。

《論語・學而第一》第一章，原文是：

子曰：「學而時習之，不亦說乎？有朋自遠方來，不亦樂乎？人不知而不慍，不亦君子乎？」

孔子說：「你學了做人處事的道理，在適當的時機去印證練習，不也覺得高興嗎？志同道合的朋友從遠方來相聚，不也覺得快樂嗎？別人不了解你，而你並不生氣，不也是君子的風度嗎？」

以上翻譯，很多人都會發現，為什麼「學而時習之」的「時」沒有翻譯成「時常」呢？古時候，「時」字通常不做「時常」講，多做「適當的時候」解。如果孔子說學了以後要時常複習，好像要考試，那麼很少人會快樂的，孔子教學時也沒有考試。所以我們將這話理解為：學了做人處事的道理要在適當的時機印證練習。比如，今天孔子教我們要孝順父母，當然要在與父母相處時練習，不可能滿街練習，這樣別人也會覺得莫名其妙。所以學任何東西都要把握時機，在適當的時候去實踐，就會增強自己的能力，這時候的喜悅必是由內而發的。由實踐而得的愉快，掌握在自己的手上，我們也可以和別人分享學習心得，尤其是朋友從遠方來時，會讓我們覺得特別開心，因爲大家人同此心，心同此理。再者，如果我們已經有點成就了，但是有些人可能不了解我們，古代媒體也不夠發達，所以需要靠親身的接觸或者別人的介紹。如果沒有這個機會，怎麼辦呢？君子風度，就表現在別人不了解我，我也不生氣，不著急。

這一章的重點是「學」。第一，到底「學」什麼？答案是「五經」與「六藝」。「五經」代表古人的知識，「六藝」代表古人的技能。學習一定要有材料，五經就是《詩》、《書》、《禮》、《樂》和《易》這五本經典，裡面包括文學、歷史、生活禮儀、音樂、藝術以及哲學。六藝是六種生活技能，也包括禮樂，因爲禮樂既有理論的部分，也有操作的部分，禮節的道理講得再精湛，要自己能夠實現在做人處世中才有意義。再加上射箭、駕馬車、書寫和計算，稱做六種技能。把這些學會了才可立身處世。第二，學習的方法是學與思並用，將來會讀到「子曰：學而不思則罔，思而不學則殆」這句話，只學習不去思考，毫無效果，考完試就忘了，很難有特別的心得。只思考而不學習，那你所想的只有生活經驗的範圍，沒有系統的知識，也沒什麼用，只會陷於迷惑。所以學思要並重，書本是人人可念，但是每一個人念完都有不同的心得，然後才能用在生活上。第三，學習的目的何在？學習的目的對孔子來說就是培養德行。有個學生叫做顏回，也就是顏淵，非常好學。孔子特別強調只有他一個人好學，而他的表現是什麼呢？「不遷怒，不貳過」。這都是德行上的事情。他和張三吵架，不會去怪李四，這是「不遷怒」；他犯了過錯，不再重犯，這是「不貳過」。這些都是高度的德行修養。所以孔子的「學」，可以從三點來看：學的內容、學的方法和學的目的。如此一來，大家就知道爲什麼在學了之後要在適當的時機印證練習。

本章提到「君子」，最初的意思是「君之子」。「君」代表貴族社會裡有身份、有背景的領袖人物，天子、諸侯、卿大夫，都稱爲君。他們的子弟稱爲「君子」，是政治上的權貴階級。但是後來孔子把這個詞慢慢轉換成指德行美好的人。所以在儒家思想裡，比如在《論語》裡面，在《孟子》裡面，君子的指稱有二：一指政治上的領袖；另一種是指德行比較完美的人。

「子曰」的「子」，在古代本來是一種身份，像爵位分五等，公、侯、伯、子、男，後來在民間就把「子」當作老師的稱謂了。像孔子，本名丘，字仲尼，到後來，學生直接稱他老師，就叫孔子了。戰國時代的孟子也都一樣。而在《論語》裡面，除了孔子以外，還有兩個人經常被稱「子」，就是「有子」和「曾子」。是因爲《論語》這本書的編輯者是這兩個人的學生，學生在編輯時，要對自己的老師稱「子」。事實上我們都知道，像曾子，他的父親曾皙也在《論語》出現過，也是孔子的學生，但沒有被稱曾子，而曾參被稱「子」，主要是因爲他的書教得很好，他的學生負責編《論語》。

「子曰」這一段，學而時習之，大家都非常熟悉，「不亦說乎」的「說」要念成「悅」，喜悅的「悅」。「學而時習之，不亦說乎」，「說」代表內心的喜悅；「有朋自遠方來，不亦樂乎」，「樂」，就從外在表現出來了。說到「朋」和「友」，古代也有各種說法，比如說同門曰朋，同志曰友。你和我同一師門，我們算朋，你和我志向一樣，稱爲友。今天很多稱謂不用分得那麼細，我們就把「朋友」當作一般交往的人。《論語》裡面經常提到情緒，像這段話提到的悅、樂和慍都是情緒。人是有情緒的，有時候高興，有時候難過，這和你的處境、心得有關，這種情緒是很自然的。儒家不反對你有情緒，但是要做好情緒管理，提高情緒智商，讓自己在各種情緒出現時「發而皆中節」，恰到好處。

《論語》的〈學而第一〉的第一章就告訴我們，學習的內容、方法與目的，一定要先掌握住。交朋友可以讓人快樂，因爲大家志同道合。同時在社會上與別人來往，如果別人暫時不了解我們，該如何是好？因爲在交往中，別人往往需要通過我們的各種表現，才會了解、欣賞我們。儒家說君子往往是先自我要求，不急著表現。有能力的人，只要時機到了，別人自然會欣賞我的才華，而給我機會。儒家的「慍」是來自我對社會的使命感，我要能夠服務社會，造福人群。

古代讀書人，出路比較單純，就是要出來做官，做官是爲了造福百姓，這是儒家思想裡面非常重要的一點。

【第3講】

談到「論語」兩字，有些人認爲讀音是「論(lún)(ㄌㄨㄣˊ)語」，也有念成「論(lùn)(ㄌㄨㄣˋ)語」，意思不太一樣，讀入聲時，「論」代表討論，「語」代表對話；讀陽平時，「論」代表編輯，「語」就是對話，即把許多對話編輯起來。對這兩種讀音，我倒不太堅持說一定要念成哪一種。

《論語・學而第一》的第二章，原文是：

有子曰：「其爲人也孝悌，而好犯上者，鮮矣；不好犯上而好作亂者，未之有也。君子務本，本立而道生。孝悌也者，其爲仁之本與！」

有子在《論語》裡面表達了很多見解。我先把這句話的意思做一個簡單的說明。

有子說：「一個人能做到孝順父母與尊敬兄長，卻喜歡冒犯上司，那是很少有的。不喜歡冒犯上司，卻喜歡造反作亂的，那是不曾有過的。君子要在根基上好好努力，根基穩固了，人生的正途就會隨之展現開來。孝順父母與尊敬兄長就是做人的根基呀！」

這段話講得非常合情合理，其中有些辭語現在成了成語，比如「犯上作亂」就是一個例子。犯上作亂是不守規矩、造反，故意造出許多事端，我們都覺得這是不對的。同時，也提到「本立而道生」，把根本、根基穩固了，路就出來了，這個路代表人生的正路。我們會看到在《論語》裡面「道」這個字出現很多次，「道」就是路，「人之道」就代表人應該怎麼走路，應該走什麼樣的路，如何做人處世才正確。因爲宇宙萬物裡面只有人有自由，人的自由表現在能做選擇，既然選擇，就有對錯，唯有受到好的教育，才知曉人應該如何過這一生。所以，我們談到儒家的教育，一定會強調「做人處世」這四個字。

有子強調孝悌，「孝」是孝順父母，「悌」是尊敬兄長。一個人在家裡孝順父母，尊敬兄長，而到社會上對他的長官、他的領導，卻要唱反調，這不可能。因爲人是習慣的動物，在家裡面有好的生活習慣，到了社會上，也會保持並推廣出去。人能夠從在家裡對待父母兄長的態度，延伸到社會上做事的態度，那自然沒有問題。所以儒家強調教育要從根本做起。至於說不好犯上，卻喜歡作亂，那更是不會有的。有子這段話有其根據，表明人活在世上要先把基礎打好。現在很多人重視兒童讀經，希望青少年從小便開始接觸古代好的思想。因爲我們是中國人，中國人有自己的傳統和價値觀，與西方其他國家不太一樣。我們如果不了解自己的傳統，就去學別人的文化，一方面不見得學得透徹；另一方面，恐怕本末輕重掌握不了。學到最後，忘了自己的根本何在，就非常可惜了。所以，有子講「本立而道生」是很有道理的。

末句「孝悌也者，其爲仁之本與？」「仁」字，與古代的「人」可以通用，所以這句話我們傾向於解釋爲「孝悌是做人處事的根本」，而沒有特別提到仁義的「仁」字。我們學《論語》最困難的是要認清孔子的核心思想究竟何在？因爲做爲一個哲學家，孔子說「吾道一以貫之」，代表他的思想有一個貫穿的核心思想，這個核心思想很難把握，我們慢慢會發現，把《論語》都念完了，就一定能了解孔子嗎？未必。因爲在後面的《論語．憲問第十四》，孔子曾經說過：「莫我知也夫。」就是沒有人了解我呀！孔子教了這麼多學生，他最後也還在感歎沒有人了解他，所以我們在學《論語》時，一方面要把這些材料儘量做一個完整的理解；另一方面也要保留一個空間，知道有很多地方學生記錄得並不完整，或是他沒有講得很清楚。所以對於孔子學生說的話，包括有子、曾子，還有別的學生，都要持有一些保留的態度。

《論語》一書的材料來源，大致分爲四種：

第一、孔子自己說的，那肯定是沒問題。

第二、孔子與第一流學生的對話，顏淵、閔子騫、冉伯牛、仲弓，也包括宰我、子貢，他們都是第一流的學生。第一流學生與第二流學生怎麼分呢？了解《論語．先進篇》裡的一段資料就知道了。孔子的學生分爲四科：德行、言語、政事、文學。他每一科列了幾個最好的同學，德行科列的顏淵、閔子騫、冉伯牛、仲弓；言語科，就是口才表達方面特別好的，是宰我、子貢；第三科政事科，就是適合從事政治業務，從政做官的，有冉有和子路；第四科文學科，是書本的知識，古代的文獻了解得特別好的，就是子游、子夏。名列德行與言語科的算第一流學生；名列政事科和文學科的算第二流學生。我們這樣分當然是有點冒險了，因爲很多人對古人都比較崇拜，認爲是孔子的學生都了不起。其實不要那樣想，孔子的學生和我們一樣，也都是從小慢慢長大的，有優點，也有缺點。所以孔子和第一流學生的對話就値得注意了，尤其是顏淵，這是最好的學生。

第三、是孔子和第二流以下的學生對話，因爲第二流以下的學生想的是比較具體的問題，有的達不到老師的期望，會坦白說：我力量不夠，做不到。老師就有點失望了，因爲孔子總認爲還沒有嘗試，怎麼知道做不到呢？

第四、是孔子的學生自己發表意見。比如本章，有子就自己發表他的心得，他的話說得不錯，所以後來在孔子過世以後，曾經有人建議請有子站上講臺，同學們聽他講課。曾子反對，認爲不恰當，好像大家對老師遺忘得太快了，而且有子與孔子實在不能相提並論啊。所以我們可以看到，學生們也常發表自己的意見，尤其在《論語．子張第十九》，整篇都記載孔子學生所言，他們各有各的見解，有時候還互相爭辯，我們會發現有的學生對，有的學生不太對，這一次說對的，下一次不一定說得對。

所以讀《論語》要記得有這四種資料，我們要特別學習孔子的思想。當然這種區分是我個人的看法，我覺得讀書要有重點，否則，每一句話都一樣重要，等於是沒有重點了。

【第4講】

《論語．學而第一》第三章很簡單，只有幾個字，原文是：

子曰：「巧言令色，鮮矣仁。」

孔子說：「說話美妙動聽，表情討好熱絡，這種人很少有真誠的心意。」

這裡把「仁」翻譯成爲「眞誠的心意」，恐怕很多人會覺得奇怪，其實這樣的解說是對照來的，前面談說話和表情，這都是表現在外的，那內心呢？這種人很少有眞誠的心意。「巧言令色」今天也成爲常用的成語，事實上在《尙書》裡就出現過「巧言令色」四個字。孔子念書很有創造性，古代是說一個人只要聰明又大方，何必在乎別人去「巧言令色」呢？孔子把它轉換了，如果巧言令色，就很少有眞誠的心意，因爲缺少「仁」。這是《論語》裡首次出現的「仁」字，這個字非常特別，在《論語》裡面出現了一百多次，有的說是一百零四次，有的說是一百零九次，總之從數量上可以說是最重要的一個概念。

孔子的核心思想究竟爲何？用一句話來說，我們平常講承先啓後，就是把過去的承接過來，再開啓後代的發展。而孔子就是「承禮啓仁」，禮代表禮樂，周公制禮作樂，但到孔子的時代已經「禮壞樂崩」，孔子把它承接過來，加以完善，並開啓了「仁」。簡單來說，就是當外界的禮樂不再能夠成爲行爲規範，不再能夠分辨善惡是非，讓人們依照著去做時，只有設法由眞誠引發內在的力量。外在不再能夠規範人，只有靠內在的力量來規範自己，這也是儒家思想的特色，讓我們從眞誠引發力量，由內而發，讓自己做該做的事，從被動變成主動，守規矩不是爲別人，而是我應該這麼做，因爲人就要行仁義。所以孔子說，一個巧言令色的人，很容易只注重外表而忽略內心眞誠的情感，最終與別人來往都是做戲作秀，浪費了大好的生命，太可惜了。

但是話說回來，如果在社會上找工作，表現得木訥呆板，說話也吞吞吐吐，那怎麼找得到工作呢？今天找工作當然要巧言令色了，說得很動聽，表情很熱絡，讓老闆看了很愉快，覺得這是個人才，可以用。這不是矛盾嗎？我們學儒家的經典要記得，孔子說：巧言令色很少有眞誠的心意。他說很少有，不是完全沒有。我們就要在這個點上設法提醒自己，不妨巧言令色，但是一定要有眞誠的心意；只要有眞誠的心意，巧言令色又何妨？這是表達我對別人的尊重。如果到任何地方都板著臉不說話，別人看到那麼嚴肅的表情，一定會儘量保持距離。所以我們要了解孔子的本意，知道不要太注重外表，任何外在的言行表現都要基於內心的眞誠，這才是儒家眞正的教導。

談到「仁」要分三層來看：第一個是人之性，第二個是人之道，第三個是人之成。由眞誠帶來向善的力量，稱爲人性。所以往後會常常提到人性向善是因爲眞誠引發力量，力量代表「向」。善是我與別人之間適當關係的實現。第二層，人之道，是所謂「擇善固執」，「擇善固執」四個字出於《中庸》，「人之道，擇善而固執之者也」。至於說人之成，人的生命的完成在於《大學》所說的，「止於至善」，這樣才是儒家的完整系統。

在本章，我們看到了《論語》第一次出現「仁」字，後面還會有很多篇章談到仁，大家要理解它代表人的本性，人生應該走的路，以及人生的完成。學生們請教孔子關於仁的問題時，通常是就人之道來說，換句話說，每一個學生都要問老師，我這一生該怎麼做人處世，應該走什麼路，才是合理的。而孔子的回答，對每一個人都不同，即使是同一個學生三次問「仁」，孔子三次的回答都不同，因為在生命的三個階段有三種不同的情況，人生是充滿變化的，所以孔子教學時最難的就是教學生如何擇善，因為人生就是不斷選擇的過程。每一次都選對，人生越來越充實圓滿；如果選錯了，恐怕就要用以後的正確選擇來彌補前面做錯的事情。生命不就耽誤了嗎？

「巧言令色，鮮矣仁」這樣的一句簡單的話，可以給我們很多啓發。當然我們還是要再次強調，在今天這個社會上，巧言令色有時候表示對別人的尊重。比如我上課時如果沒有巧言令色，講得呆板無趣，就無法把我的心得向各位介紹了。所以只要我有眞誠心意，非常眞誠地把我的心得向各位介紹，在表達的時候就不妨說得婉轉一點、說得動聽一點。平常與別人來往也是一樣，大家相處氣氛和諧，但是又有眞誠的心意。否則本末倒置，變成迎合世俗而忘記內在自我，就很可惜了。《論語》裡這樣的話不止出現一次，孔子還說過：「巧言令色，足恭，左丘明恥之，丘亦恥之。」他說：一個人說話美妙動聽，表情討好熱絡，太過分恭順的話，左丘明覺得可恥，我孔丘也覺得可恥。會覺得這樣的人可恥，是因為對方只知道討好別人，態度恭順，而缺乏眞誠的心意。左丘明是魯國的史官，孔子非常佩服他的。左丘明認為一個人應該以眞誠為主，否則很可恥，孔子也這樣認為。「恥」字也很重要，我們以後會常常提到。在《論語》裡面會出現一些有關情緒的描述，比如說怨、慍、悅、樂。「恥」代表羞恥心。很多人常常比較中國文化與西方文化，說西方文化是一種罪惡感的文化，西方人常常覺得如果沒做好事，就有罪惡感。對誰有罪惡呢？對神。因為西方文化受基督教的影響，常常強調人與神的關係。人在神面前都不完美，常常覺得自己有罪。我們中國文化受儒家的影響，比較強調羞恥心。羞恥心來自於將個人與團體比較，如果達不到團體的標準，就覺得很丟臉、很可恥。「恥」字對於我們中國人來說，特別重要。一個人最怕失去了羞恥心。比如說有一種人達不到社會的標準，卻不在乎，那一般人就幫不上忙了，他沒有羞恥，他不在乎，那誰能救得了他呢？這樣的人對社會是一個災難。我們學習的時候一定要了解，儒家思想希望我們能從社會的角度來看一個人應該達到的基本標準，只有超越標準，才能夠帶來內在的快樂。

【第5講】

《論語・學而第一》第四章，原文是：

曾子曰：「吾日三省吾身：爲人謀而不忠乎？與朋友交而不信乎？傳不習乎？」

這段話是曾子說的，我們前面提過，曾子的父親也是孔子的學生，曾參十五、六歲時，父親讓他也來向孔子學。孔子的學生裡面有好幾位是父子一起來上課的，像曾晳與曾參，顏路與顏淵，都是父子檔。

這段話，裡面有很多重要的觀念，意思是這樣的：

曾子說：「我每天好幾次這樣省察自己：為別人辦事沒有盡心盡力嗎？與朋友來往沒有信守承諾嗎？傳授學生道理沒有印證練習嗎？」

我們首先看何謂「三省」？有些人說「三省」是省查三次，也有人說「三省」是這三件事我來反省一下。其實都不是，「三」這個字在古代代表多數，不一定指正好三件事。曾參的孝順是眾所皆知，但「三省」裡面卻沒有提到孝順，可見本章所言只是在舉例，並不是只有這三件事情要去省察，人生還有各方面的問題要去思考。但是你只要與別人來往，在外面工作，就要格外注意反省以下幾點。

第一點是爲人謀，替別人做事，比如從政，上有長官；做事，上有老闆，那麼就要問自己，有沒有盡心盡力？「忠」這個字代表盡心盡力，我們稱爲盡忠，受人之託，忠人之事，拿人錢財，與人消災。這是第一個要求。第二點是與朋友交往有沒有守信用？儒家很強調守信，信守承諾。但是說到守信，儒家的討論非常複雜，在實現諾言的時候有一個時間差，這中間可能發生任何事。以前答應的事情隔了一段時間去實現不見得恰當，有時候我答應你，認爲沒有問題，後來發現有問題，那我還要做嗎？所以這是比較複雜的一種狀況。在正常情況下，說話應該算話，這一點沒有問題。所以曾參說「與朋友交而不信乎」。第三點，「傳不習乎」。有人認爲這是曾參在自我反省，要翻譯成：「老師傳給我的，我有沒有去實踐？」我認爲這樣翻譯不太適合，因爲曾參比孔子小了四十六歲，孔子過世時曾參才二十六歲。但是前面兩句話，替別人做事，與朋友交往，似乎曾參又已經成年了，在社會上工作了，所以把「傳不習乎」理解爲曾參自己當老師來教學生比較恰當，因爲曾參後來是有名的老師，教出很多弟子，所以他的「傳不習乎」是說，我當老師，我教給學生的，自己有沒有去實踐呢？這個「習」就是《論語》第一句話，「學而時習之」的「習」，表明要去實踐，要自己做到才能教學生，自己沒做到，憑什麼教別人做呢？這三句話有一個共同特色，都用「不」來問。不忠乎，不信乎，不習乎，這便是反省，從反面來省察自己，這是非常正確的態度。

通常我們在反省的時候，老想著別人有沒有對不起我，別人有沒有做錯事，很少意識到應該反省自己的問題。別人有沒有過錯，我們反省了也沒用，因爲他不見得會改。自己有過錯，能夠不斷地反省，就能不斷地長進。自己改變之後，別人也會調整對我們的態度的。曾參這幾句話是很有特色的，人活在世界上很容易主觀，什麼事情都認爲自己是對的，而沒有注意到與別人相互之間的關係，也沒有考慮到別人的立場。所以我們講到曾參的時候要特別注意到這三句話，它所強調的都是人與人之間的關係和交往。

儒家思想的特色是個體不能離開人群，儒家沒有關起門來的賢人。要做賢人、要做君子，就要打開門與別人來往。在家，與父母兄弟姐妹相處；到外面，與朋友，與老闆、同事們交往，與天下人都有來往的機會。任何事情發生時都要先問自己做得對不對。孟子把儒家的思想發揮得很好，他很喜歡強調四個字，他說「行有不得者，皆反求諸己」。做任何事只要做不通，都要「反求諸己」，先問問自己有沒有問題，而不是先指責別人有意阻攔或者其他的問題。要問自己，當發現自己沒有問題之後，再去看看別人有什麼不足，並用善意的方式來勸導。

曾參這三句話講到「吾日三省吾身」，大家都覺得講得特別好，特別親切。但是我們不要忘記，它是曾參的話，我對孔子的學生始終是尊敬的，但是有一點保留態度，因爲這些學生還在成長，還在努力的過程中。如果把《論語》裡面每一句話都看作聖經，都完全正確，那自己恐怕就受到限制了。因爲孔子也說過，曾參特別魯鈍。魯鈍不是壞事，代表這個人很老實，孔子有很多學生很聰明，都建立了自己的學派，但是只有曾參，他通過《孝經》，通過《大學》把孔子的學說傳到後代，像孟子這些學者，都受曾參的影響。而曾參作爲魯鈍的學生，他從小是受盡各種折磨的。曾參的父親曾晳，又名曾點，他在孟子眼中是一個狂者。狂者就是志向非常高遠，總是拿古人作比較，表明他理想很高，要向古人學習。與這樣的人相處是很辛苦的，所以曾參小時候經常挨打，他爸爸理想很高，沒什麼耐心，曾參反應比較慢，所以經常挨打。古人認爲責罰是出於愛心，希望小孩子能夠改善。曾參小時候受了很多苦，但是他不會有任何抱怨，孟子很推崇曾參，說他特別孝順。曾參的孝順，我們用一個故事就能說明。當父親老了，眼睛看不到了，給父親準備的每一頓飯都有酒有肉，父親吃完畢之後就問，還有剩下的嗎？曾參說，有剩下的。然後他還請示父親，剩下的飯菜要給誰呢？他父親就很高興。人雖然老了還是會希望能夠行善，因爲人性向善，曾參的父親眼睛瞎了，年紀老了，他的兒子照樣可以按他的意思把飯菜送給窮困的人。孟子說他除了養口體之外，還能養志，也就是說曾參讓他的父親的志向可以實現，因爲人性向善，讓他父親年紀老了還可以行善，那才是眞正的孝順，而不是只奉養父母親，讓他們活著而已，還要讓他們可以繼續實踐向善的要求。

【第6講】

《論語・學而第一》第六章，原文是：

子曰：「弟子入則孝，出則悌，謹而信，泛愛眾而親仁，行有餘力，則以學文。」

孔子說：「青少年在家要孝順父母，出外要敬重兄長，行為謹慎而說話信實，普遍關懷眾人，並且要親近有善行的人。認真做好這些事，再去努力學習書本上的知識。」

本章前面講的都是做人處事、德行方面的表現，比如在家孝順父母，出門敬重兄長，這不只是對青少年的要求，事實上人類社會是持續發展的，今天的青少年將來也會爲人父母，也成會爲長輩，受到晚輩的敬重。「謹而信」是說話能夠信實，行爲謹慎。孔子很強調言與行，說話一定要守信，做事要謹慎。因爲如果不謹慎，很可能事後再補救就來不及了。所以在言與行兩方面能夠自我要求，德行自然就慢慢地成長。接著談到要普遍關懷每一個人，這是很高的理想，因爲人的本能都比較替自己考慮，要關心別人，必須自己先穩定了，才能關心。但是追求穩定的同時，也許別人因爲我們只顧自己而受到某些損失。所以儒家的思想很強調，修德行善會有內在的快樂，這其實是選擇的問題，是長期的考慮，我們是要短暫得到利益，而喪失內心的一種眞誠的快樂；還是要堅持內心眞誠，照著原則去做，也許短期間有些損失，比較辛苦，但是長期看來，內心的快樂是不能替代的。「泛愛眾而親仁」，說到「仁」，在《論語》裡面有兩種用法：一種是指涉善行方面。任何一個社會，都有一些好人好事，但是，做好人做好事，不見得了解爲什麼要這樣做，而孔子所教的仁是要我們知道爲什麼要這麼做，因爲人性向善，由內而發要這麼做。儒家重視教育，有一套理論，這個理論很重要，讓我們有由內而發的力量，主動地行善，而不再是被動的要求。最後他說，「行有餘力，則以學文」。很多人就質疑了，爲什麼念書放在最後？這些事是與別人相處時要做到的，但是我們還是有很多時間是獨處的，這個時候做什麼事呢？就可以學文了。另外一種用法是孔子特別用來作爲術語的，那就比較複雜了。「泛愛眾而親仁」，要接近有仁德的人。但是我們也知道，孔子很強調，在社會上很難看到仁者，他自己都說「若聖與仁，則吾豈敢」。他講年輕人要親近仁，這個仁是指有善行的人。古代是農業社會，安土重遷，所以一個人住在鄉里，大家相互熟悉，誰是好人誰是壞人，誰做好事誰做壞事，大家都心裡有數。所以說年輕人要親近這種做好人做好事的，因爲可以不斷地學習。何謂行有餘力？比如說現在碰到一個選擇，父母親要我幫忙做一件事，我說不行，我要念書。孔子認爲要按照父母的吩咐，先把他們的要求做到。行有餘力是說當孝順父母與溫習功課有一點衝突時，要孝順父母爲先，因爲如果不管父母的要求，只知道拚命念書，將來就算念到很好的學校，畢業了，進入社會之後只顧自己，變得自私自利，也許是個人才，但是人格方面有瑕疵，這是孔子對於教育的看法。

簡單說來，孔子認爲教育應該是全人教育，就是完整的人的教育。分三種：第一種是人格教育；第二種是人才教育；第三種是人文教育。把人格排第一，是因爲孔子的要求，行有餘力則以學文，前面所行的都是人格方面的要求，「入則孝，出則悌，謹而信，泛愛眾而親仁」，都是一種與人相處的自我要求，能替別人設想，幫別人忙，這是一種人格教育，因爲人格教育必須自我要求，由內而發，絕不能只是被動去做，所以講道德的問題，關係就非常明確了，是被動做好事，還是主動做好事，完全不同。儒家所要求當然是自己主動了，這稱爲人格教育。至於人才教育，是用之於外。在社會上是個人才，可以服務社會，有所貢獻。但是人才在有某種專長之後，還應有人文教育，如何調節自己的生活，如何讓生命井然有序，充滿活力，能夠和諧持續地成長發展。這一段特別強調的人格教育與人才教育兩者要一起考慮，並且要以人格爲先，因爲人格是一輩子的事情。最後補充一句，今天許多人讓孩子背誦的《弟子規》，就是從本章引申發揮而成的。

【第7講】

《論語・學而第一》第八章，原文是：

子曰：「君子不重則不威，學則不固。主忠信，無友不如己者，過則勿憚改。」

這段話可以分爲好幾個小段。

孔子說：「君子言行不莊重就沒有威嚴，多方學習就不會流於固陋，以忠信為做人處事的原則，不與志趣不相似的人交往，有了過錯不怕去改正。」

這幾句話好像座右銘一般。我們一段一段來分析。首先看君子是什麼意思，如果君子是一個已經完成的君子，那爲什麼還有這麼多要求呢？所以我們在讀《論語》的時候看到「君子」這兩個字要記得，要把他當作立志成爲君子的人，這樣才正確。換句話說，一個人要立志成爲君子，就有很多地方要改善。如果已是君子，何以還會有要改善的毛病呢？所以君子處於一個動態中，也就是說人生是一個趨勢，究竟有沒有志向。在古代分君子小人其實並不困難，有一句話說「君子立恒志，小人恒立志」。小人老是立志就等於沒有志向。君子呢？立定了志向就絕不改變，也就是說要成爲一個擁有完美人格的人。所以孔子談到的君子，是立志成爲君子的人。如果言行不莊重就沒有威嚴，一個人在社會上立身處世，言行要莊重，這樣才有威嚴，才能得到別人的尊敬。

接著說：多方學習就不會流於固陋。我特別分開這兩句話，因爲有些人把它連在一起，說如果不莊重，就沒有威嚴，學習也不會有心得。不是那個意思，要分開來看。多方學習就不會流於固陋，因爲孔子很反對一個人太過於頑固，太過於拘泥，以至於不知道變通，儒家思想很強調變通，強調時機。孔子描寫自己的時候說，古代的那些賢者，他們都要這樣做、要那樣做，我與他們不同，我是五個字：「無可無不可。」什麼叫「無可無不可」呢？就是我沒有一定要怎麼做，也沒有一定不要怎麼做，要看時機來判斷。儒家思想除了強調仁德也很強調明智，仁智並重，仁德表明內心眞誠，眞心願意主動地做好事做好人；明智表明判斷，如果不懂得判斷，做好人說不定反而被騙上當了，甚至還幫助壞人了。所以儒家很強調仁與智要配合，一個人學習了，心思便比較靈通，碰到問題時，思考起來就會有各種線索。如果沒有學習，就只能按照過去的經驗，非常有限的經驗，來面對眼前的挑戰。那怎能去突破困境呢？所以學習了以後心思開通，對許多問題的掌握就不會這樣呆板，這便是「學則不固」，學習就不會流於固陋。

「主忠信」，孔子很強調要以忠信爲做人處事的根本。孔子說過，有十家人住的地方，一定有人像我孔丘這樣忠信的，但是沒有人像我那麼好學，表明孔子強調做人處事就是要忠信。下一句「無友不如己者」，有人把它翻譯成「不要交不如自己的朋友」，這樣的翻譯有問題。爲什麼？因爲你要與別人做朋友的時候，既然還沒有做朋友，怎麼知道誰比誰更好呢？已經知道誰比誰更好了，便說我不要和不如自己的人做朋友，我要和比我好的人做朋友，那比我好的人也會說我不要和不如自己的人做朋友，他也不理我了，如此一來，誰能結交朋友呢？所以我特別強調，「不如」兩個字可以理解爲「不相似」，在《論語》裡面例子很多。什麼叫「不相似」呢？前面有個原則叫做忠信，交朋友一定是以忠信作爲基本原則。然後就要看朋友之間志趣是否相合，比如我喜歡爬山，你喜歡游泳，我喜歡下棋，你喜歡打球，一到放假的時候根本湊不到一起，請問，怎麼做朋友呢？志趣相似才有許多交集，我們才能夠在許多方面，好比喜歡念哪一類的書，喜歡看哪一種電影，都志趣相似，大家交朋友就很容易了，就很自然了，前面有一個「主忠信」，所以不用擔心交到壞朋友，因爲忠信是做人處事的根本，然後與自己志趣相合的人、相似的人可以做朋友。

最後一句，有了過錯不要怕改正，這一句話事實上很難做到。一般人的過錯都來自於性格，什麼性格的人犯什麼樣的過錯，要改正過錯，等於要修改性格。我們說「江山易改，本性難移」，很不容易的，雖然難，但還是要盡力去改正。《孟子》有個故事，有一個做官的人和孟子談了話後知道自己錯了，自己不應該收那麼多稅，於是他說好吧，我從明年開始減少稅收，達到你的要求標準，今年呢，稍微少收一點。孟子如何回答呢？他非常聰明，也喜歡比喻，他說假如有一個人，每天偷鄰居一隻雞，別人指出這是不好的行爲，最好改過。他說好吧，我改一改，現在開始每個月偷一隻，明年開始才完全不偷。這種比喻很好笑，因爲從每天偷一隻變成每個月偷一隻，聽起來好像差三十倍，你爲什麼不立刻停下來，都不要偷呢？孟子就是這個意思。他說如果知道錯，何必等到明年呢？應該立刻就改。但是人最難的就是改過。因爲過錯與性格有關，你叫我改過，等於叫我調整性格，這是很大的挑戰。

從這一章我們可以了解，孔子說的是君子的自我要求，必須言行莊重，必須以忠信爲做人處事的根本，這是一個很好的原則。有過錯不要怕改正。我們學習儒家會有什麼壓力呢？孔子說的話大家都覺得很有道理，但是這種應該做的事做到了之後有什麼收穫，它的收穫是在內不在外，今天照孔子的說法去做，考試會考得好一點嗎？不一定。可以順利地升官發財嗎？不一定。所以儒家一定要保證，我這樣做之後合乎做人的要求，我應該有由內而發的快樂。這種快樂與外在的成就不一定同步。如果就外在的成就來看，大家都知道，有很多明顯的利益讓人享受。照孔子的方式來做，不一定有這些成就，但是一定要很清楚地知道，內心的快樂是來自於做到了人性的要求，而這種要求是普遍的，自有人類以來，不管東方、西方，古代、現代，只要是人，只要做到孝順父母，尊敬兄長，然後做到孔子說的要求，犯了過錯去改正，會不會快樂呢？這需要體驗。我們可以從小地方做起，有小的毛病，改正之後就會發現，別人對我們也比較尊重了，我們對自己也比較肯定，慢慢地再往大的方向走，這是我們學習的一種比較具體的方法。

【第8講】

《論語・學而第一》的第九章，原文是：

曾子曰：「愼終追遠，民德歸厚矣。」

曾子就是曾參。這段話內容很簡單。

曾子說：「喪禮能愼重，祭祀能虔誠，社會風氣就會趨於淳厚了。」

一般講「終」，就是生命的終點，一個人生命結束了。我們替前輩、長輩辦喪事要愼重，因爲人死爲大，孟子也說過養生不足以當大事，惟送死可以當大事。因爲人只有一次這樣的情況，要隆重、要愼重地舉辦喪禮。所謂的「遠」是指遠祖，祭祀遠祖，說明一個人不忘本，能夠飲水思源，這時要虔誠。「民德」就是指老百姓的社會風氣，「歸厚矣」，就趨於淳厚。這裡要特別了解的是「德」字代表「社會風氣」，不見得是指好的，因爲如果都是好的，哪裡有歸不歸於淳厚的問題呢？這裡的「德」是中性的詞，代表風氣，就如同「君子之德風，小人之德草」，「德」也是代表風氣。

一個社會的風氣是慢慢形成的，尤其是由上而下慢慢形成的，所以注意到愼終追遠，注意到喪禮與祭禮，就會使社會風氣歸於淳厚。西方人看我們中國人，整體來說，會覺得中國人是祖先崇拜。當然也有人說中國有三大宗教，就是儒教、道教、佛教。我們知道，佛教是從印度傳進來的；道教是東漢末期中國本土發展的，內容比較複雜一點；儒教呢？是與整個國家結合在一起，國家的政治領袖天子就是這個宗教的教主，讀書人好像僧侶階級，負責傳這個教的。這種說法，我們會覺得有一點過時了，但是外國人有個觀察是對的，就是祖先崇拜。中國人對於祖先有特別的情感，總覺得我的生命不是我一個人的，上有祖先，下有子孫，我們都在生命長河裡面的一個階段，所以曾參說的「慎終追遠」是非常好的一個觀念。中國人對於家的觀念和西方也確實不同。一般而言，西方比較重視個體，把自己的生命當作一個主要的考慮焦點，父母生我只是偶然的機緣，我自己要負責自己的生命。而中國人不同，中國人把家當作單位，像《易經》的坤卦就提到一句話，「積善之家必有餘慶，積不善之家必有餘殃」。一個家庭，如果經常做好事，後代子孫就會有喜慶，會有很多福報。如果這個家族做很多壞事，子孫恐怕就倒楣了，會有遭殃的事情。這種觀念當然是比較浮泛。真正行善避惡的主體還是個人。但是，個人與個人之間，還是有其特殊關聯，比如一個家，就是一個單位。在這一方面而言，西方與中國各有特色。

中國人太重視人際之間的網路，重視家庭的血緣關係，以致於很多時候會忽略了法律或者社會的制度。無可諱言的，這可能是部分的事實，但是如果像西方社會，人從家庭裡面完全孤立出來成爲個體，問題更嚴重。今日的西方社會，人們精神官能症方面的情況日趨嚴重，因爲很多人變得無依無靠，他上不著天，沒有宗教信仰；下不著地，與自然界之間也有距離；中不在人，在人群中也找不到一個歸宿，連自己的家庭關係都慢慢瓦解；內在呢？又不在自己，就連自己也不認識了。所以西方社會人們的精神狀況，一般來說是比較差。而今天中國社會也在慢慢現代化，也慢慢傾向西方化，所以要特別注意到這樣的問題。家庭是一個群體組成的，它有血緣關係，很多時候我們重視家庭是好的，但同時不要忽略個性。在學業方面，做父母的都希望子女有很好的表現，望子成龍，望女成鳳，而子女也希望努力奮鬥去光宗耀祖，同時自我也得到改善和發展。古希臘時代在希臘地區不講國家的概念，講城邦，像雅典、斯巴達，都是一個城邦，它是獨立的經濟體，也有自己的武力。有一個詞用來形容一個人完全不管城邦，只顧自己，這個詞翻譯過來就是「白癡」。我們今天聽了會覺得很奇怪，希臘人講白癡就是說：你以為你是個體嗎？如果沒有城邦，個人根本什麼都不是。所以在希臘時代的西方，個人是與城邦連在一起的，每一個人見面都要問你是哪一個城邦的，你來自於哪一個家族的背景。

我們中國人是有家族背景的，但是同時在和西方接觸時，我們的個體也慢慢受到重視，講究人權，講究每一個人的個性發展。我們很難說哪一邊全對或者哪一邊全錯，最好的方法當然是兩邊能夠兼顧，但是兼顧時，我們有時候又覺得許多事情你一講兼顧，就變成好像沒有力量，不容易把它的重點凸顯出來，這也是我們要避免的。我覺得沒有一個人是完全隔絕的個體，西方有一句話說得很好，沒有人是孤島。每一個人都是從家庭裡面成長，進入社會，將來還要回歸家庭的。對個體而言，家可以成為幫助他成長的力量，不見得都是限制。如果做父母的都能了解這一點，對孩子的個性便比較能尊重，而做孩子的也能夠尊重父母親的期盼，雙方面就比較容易相處。我記得有一次，有位記者訪問一位五代同堂的最年長的老太爺。問他，能夠五代同堂，有什麼秘訣啊？老人家不講話，拿一張紙來寫了一個字：「忍」。「忍」是一把刀插在心上，這說明一大家人在一起時，眞的要互相忍讓，替對方設想，有時候難免委屈自己。但不論如何個人在心靈上、在精神上，還是需要家庭的支柱，在外面若有了困難，還是要回到家裡面尋求安慰，得到再出發的動力。所以曾參說的「愼終追遠，民德歸厚矣」這句話是有深刻含義的。

【第9講】

《論語．學而第一》第十二章是有子說的。他說：

「禮之用，和爲貴。先王之道斯爲美。小大由之，有所不行。知和而和，不以禮節之，亦不可行也。」

這段話我們特別選出來是因爲在二〇〇八年奧運會時，開幕式特別提到了前面六個字：禮之用，和爲貴。我們是禮儀之邦，又強調社會和諧，所以這句話就很具有代表性。

有子說：「禮在應用的時候以形成和諧最為可貴，古代帝王的治國作風就以這一點最為完美，無論小事大事，都要依循禮的規定。遇到有些地方行不通時，如果只知為了和諧而求和諧，沒有以禮來節制的話，恐怕還是成不了事的。」

讀整段話，似乎有點轉折。古代周公制禮作樂，禮與樂本是兩件事，我們講到「五經」，有禮、樂，「六藝」也有禮、樂，它是分開的。「禮」強調人與人之間的長幼尊卑的行爲規範，所以一談到禮節，就包括禮儀，包括禮貌，要分清楚誰是長輩，誰是晚輩，誰是老師，誰是學生，誰是官員，誰是百姓。這樣才能夠有一個規則，讓大家來建構秩序。「樂」是強調和諧。大家在一起，唱歌，聽演奏音樂，情感可以調和。有時候一群人都喜歡某些歌曲，大家聽了之後就產生共鳴，這種共鳴出現時便覺得情感非常協調，不再計較平常的恩恩怨怨，所以音樂的作用要配合禮儀。「禮」代表區分，「音樂」代表能夠協調，有互相搭配的作用。

「禮之用，和爲貴」，表明有秩序，才能夠和諧。一個社會想要和諧，如果缺乏秩序，缺乏禮的規範，那是假的和諧，無法持久。沒有秩序，談和諧只不過上下都混淆了各種身份、各種角色，那不是眞正的和諧。眞正的和諧是有秩序的，所以「禮之用，和爲貴」這句話很有道理。有子也知道這話會引申出一些不同的想法，所以他才會接著強調古代帝王的治國作風有禮樂，形成和諧。「先王之道斯爲美。」美代表很合理想、很值得欣賞。我們欣賞先王之道，就因爲它有秩序，效果非常和諧。一個社會，大家都有禮讓的風氣，一方面能夠遵守規定，另一方面又能夠退讓一步，社會當然是非常理想了。接著說小事、大事都按照禮的規定，遇到行不通時，如果只是爲了和諧而求和諧，那絕對行不通。並非要大家不要吵，把問題都放在一邊，人和爲貴，這樣等於和稀泥，等於讓大家不要堅持原則，大家都不要相互抱怨，都做好好先生，沒有正義，沒有善惡是非的分辨，那將來誰還願意行善避惡呢？所以有子知道不能爲了和諧而和諧，和諧要用禮來節制，所以禮的本意就是要有適當的節制，它是代表規範。若沒有以禮加以節制，恐怕還是成不了事。

下一章也是有子的，在此合一處做個說明，《論語．學而第一》的第十三章：「有子曰：『信近於義，言可復也。恭近於禮，遠恥辱也。因不失其親，亦可宗也』。」這三句話前面兩句很簡單，與人約信，比如我與你有約定，須儘量合乎道義，說話才能實踐。如果約定的事情不合道義，將來很難做到。所以有子說，和別人約定任何事情最好合乎道義。所謂道義，就是合乎正當性。這樣才能實踐。再則謙恭待人，儘量合乎禮節，就會避開恥辱。我們有時候強調謙虛，要恭謹，但是如果沒有按照禮節適度來約束，恐怕反而會遭人嘲笑，或被看不起，因爲太恭謹了，太恭順了。到時候變成完全沒有自己的原則或者立場，這樣和別人來往，對方怎麼會看得起我們呢？因爲自己好像放棄了自己的原則。所以和別人相處時雖然要謙恭，但是要用禮來節制，這可和前面說的「禮之用，和爲貴」相互配合。

最後一句較難懂，「因不失其親，亦可宗也」。意思是說施恩於人，而不失去原有的愛心，這樣就值得尊敬了。這個翻譯很特別，一般照朱熹的翻譯，說「因」代表結婚或依靠，不失其親，結婚時也算找到一個和自己有親戚關係的人，如此也就值得尊敬了。這是不知所云。前面兩句都是人與人相處，第一句講信用，第二句要尊敬、恭敬，第三句的「因」與「恩」可以通用。我們施恩於人的時候，對別人做好事，很可能失去原有的愛心。我們在社會上會看到有些人捐款幫助別人，開始是很有誠意，幫久了之後便失去愛心，變成例行公事。所以有子強調當施恩於人的時候不要失去原有的愛心，這樣就值得尊敬了。所以這三句話，都講與別人相處的關係，第一句講朋友之間守信用；第二句講對長輩要恭敬；第三句講對那些需要幫助的人，伸出援手，這個時候不能失去愛心，這樣就值得尊敬了。

他講的話一定對嗎？很多地方他自己也沒有把握，我們在翻譯的時候也覺得很爲難，有時候覺得他的話到底有多少可信度呢？我們必須承認，孔子的學生都很用功，也都立志向上，所以我們參考一下是沒錯的。但是念的時候一定要記得，這是有子的話，不等於是孔子的話。

【第10講】

《論語・學而第一》第十四章，原文是：

子曰：「君子食無求飽，居無求安，敏於事而愼於言，就有道而正焉，可謂好學也已矣。」

這段話很特別，是因爲它提到「好學」這兩個字，意思是：

孔子說：「一個君子，飲食不求滿足，居住不求安適，辦事勤快而說話謹慎，主動向志行高尚的人請求教導指正，這樣可以稱得上是好學的人了。」

談到好學，在《論語》裡總共有三次提到具體的人，第一就是孔子自己，孔子曾經說過有很多人與我一樣忠信，但是不像我那麼好學。孔子說自己好學，表面上看起來是非常有自信，甚至有一點自負了。但是他這樣說正好代表他認爲自己不夠，才要好學，我好學勝過別人代表我知道自己不夠，所以這反而是一種謙虛的表現。然而，好學並不容易，因爲人有惰性，往往是讀了書覺得似乎派不上用場，或者讀太多書了還沒有實踐，缺乏心得，讀後很容易忘記。所以孔子說自己好學代表他的特色。

《論語》裡第二個好學的人，是孔子的學生顏淵。有一次魯國的國君魯哀公問孔子說，你這麼多學生，有哪一個好學的？或者有哪些人好學的？孔子本來可以列出一大堆名單，他有三千弟子，精通六藝者七十二人，他可以好好推薦，讓國君去重用他的學生，但孔子非常實在，他說只有一個學生好學，就是顏淵。但是很不幸，他活得不久。孔子說這個話的時候已經過了七十一歲，因為孔子七十一歲的時候顏淵過世，所以他回答魯哀公的話，只有一個顏淵好學，不幸短命死矣。他用「不遷怒，不貳過」，評價好學的顏淵，學習與德行配合，以顏淵做代表。

孔子提到的第三個好學的人是一位大夫，名叫孔文子，他敏而好學，不恥下問，非常聰明，並且好學，他不以向別人請教，向身份低的人請教為可恥。不懂，就請教別人，不管別人年紀多大或多小，不管別人身份高或低，不恥下問，非常好學。

這一章有三個含義。第一，「食無求飽，居無求安」。有飯吃就好了，不要求吃得很滿足；有地方住就好了，不要求住的地方一定要很舒服。這代表要降低物質欲望，因為人的時間有限，多追求物質欲望，自然少了很多學習的時間，老是忙於去滿足各種外在的要求，哪裡有時間去好學呢？第二還是屬於言行方面，「敏於事而慎於言」。做事眼明手快，稱為敏捷；說話要儘量謹慎，這兩方面一般人其實不容易做到，平常我們做事慢吞吞，說話卻比什麼都快，先說為妙，說出來又不見得做得到，孔子就有這樣的學生，我們將來會看到，孔子特別提醒他，話說得很好，但是不要那麼急，要先做到再說。我們往往就有類似的缺點，所以說話要儘量謹慎，做事要儘量勤快，這是第二步。這與好學也有關係，因為這樣才能夠證明我們在培養德行，不斷在成長。第三點，「就有道而正焉」。志行高尚的人稱作有道，現在還常說「有道之士」。如何知道一個人有道呢？社會上有許多共識，公眾的評論意見都認為這個人是有道之士，一定有他的特定的表現值得肯定的。那就要向他請教，請求教正，讓他來指導我改善自己。一個年輕人能做到這三點，孔子認為就算好學了。一方面減輕物質欲望，同時自己說話做事能夠恰到好處，然後再向那些有道者去請求指導。

好學的目的不是多聞、多見，好像見多識廣，與別人談話的時候什麼都懂，或者是什麼書本都看，知道很多秘笈，知道很多奇聞怪事。這不是好學，而是有好奇心，可以有很廣的見聞。眞正的好學不能離開行爲，也就是說一方面要了解，一方面要實踐。透過實踐，使前面所學習的心得更加得到肯定，肯定了之後還要繼續往前走。孔子的學生子路很可愛，在《論語》裡說他「子路有聞，未之能行，唯恐有聞」。這十二個字，說子路這個學生只要聽到老師說什麼事情該做，如果還沒有做到的話，就很怕老師又談到各種新的道理。如果老師把道理全部講出來，我做不到，那學了半天只是耳朵聽到，嘴巴說說，口耳之間不過四寸，那樣的學習不能算眞正的好學。儒家對於好學是非常謹愼的，有一定的要求標準，所以孔子才會說我與別人不同，別人和我一樣忠信，但只有我特別好學，而他的學生那麼多，只有顏淵一個人好學。儒家認爲人有理性，一定要發揮理性的能力才能改善人的生命品質。如果不能了解好學，不能做到好學，這一切都要打折扣。比如我們講人性向善，只講向善沒有用，還要能夠實踐，能夠做到所謂的善，也就是擇善固執，才能夠體會到人性如何從潛能趨於實現。隨著生命的成長，在德行方面也慢慢趨於圓滿，才是眞正好學的表現。

方才提到孔文子的好學是不恥下問。通常我們在學習的過程，對於年紀、身份、地位比自己低的人，會覺得向他請教不好意思，其實不必如此，知之爲知之，不知爲不知，別人懂得比我多，我就向他學習。從孔子說的很多話可以驗證他確實好學，他說「三人行，必有我師焉：擇其善者而從之，其不善者而改之」，這都是千古名言啊。孔子說有幾個人在一起，一定有可以讓我學習的地方，我要從他們身上找到優點來效法他們，找到缺點提醒自己不要和他們一樣。對方如果言行表現不理想，也可以做我的老師，提醒我不要和他一樣。所以我自己學習時，看到優點，就要想和他一樣，這是見賢思齊。看到不賢的，就要內自省。不要看到別人不好的地方就嘲笑、就批評，而應該自己反省，看自己有沒有和他一樣的毛病，通常我們容易看到別人的毛病。耶穌說過「不要只看到別人眼中的小草，而忽略自己眼中的大樑」。當然，宗教家有時候講話會比較誇張，讓人聽著就不會忘記。它是種比喻。就是我們會因爲自己太過於主觀，看不清楚。而看到別人有毛病時，就念念不忘。我們無法了解自己，當局者迷。所以我們在談到儒家的好學，其中含義非常豐富，它可以概括成爲我們做人處世的原則，也就是要自我要求。好學不是爲了顯示給別人看的，是爲了讓自己長進的，這也是孔子的一句話，叫做「古之學者爲己，今之學者爲人」，孔子所謂的「古之學者」是代表商朝、周朝初年，「今之學者」的「今」是代表孔子當時的情況。「古之學者爲己」是爲了改善自己，「今之學者爲人」是爲了炫耀給別人看。所以我們應學古人，好學的目的是要改善自己，讓自己生命趨於完美。

【第11講】

《論語．學而第一》的第十五章，內容稍微長一點，原文是：

子貢曰：「貧而無諂，富而無驕，何如？」子曰：「可也。未若貧而樂道，富而好禮者也。」子貢曰：「《詩》云：『如切如磋，如琢如磨』，其斯之謂與？」子曰：「賜也，始可與言《詩》已矣。告諸往而知來者。」

這段話內容比較多，也需要多一點說明。就原文來看，首先是子貢提出問題，子貢是孔子很好的學生，在他的四科十哲裡列名於言語科。子貢請教的問題是說，一個人貧窮而不諂媚，富有而不驕傲，這樣的人表現如何？我們都知道，人窮志短時很容易表現諂媚，而有錢就容易財大氣粗，又變得很驕傲。所以子貢的觀點是相當不錯的，就是貧窮而不諂媚，富有而不驕傲。因爲子貢年輕的時候家裡很窮，後來做生意發了財，所以他個人經歷過從貧窮到富裕的過程。司馬遷的《史記》裡有〈貨殖列傳〉，「貨殖」就是做生意去將本求利，其中便提到子貢。這說明孔子並沒有反商情結，他的學生只要有本事，做生意賺錢也是合法的、合理的事情。那麼子貢請教孔子，這兩種表現怎麼樣呢？孔子說還可以，但是比不上貧窮而樂於行道，富有而崇尚禮儀的人。今天，我們的社會已經走向富裕了，所以有四個字特別重要：「富而好禮」。因爲古代所謂的禮，它需要金錢作爲基礎，比如說禮尚往來，沒錢不容易做到。禮儀講究規格，沒錢也不容易安排。「貧而樂道」，有的版本爲「貧而樂」，它沒有「道」這個字，我們特別給加上去，因爲在《史記．仲尼弟子列傳》裡提到「貧而樂道」，而在《莊子》的〈讓王篇〉裡，提到孔子的學生子路、子貢，他們總覺得說老師理想不能實踐，好像自己有問題吧，但顏淵認為老師沒有問題。後來孔子勸顏淵說，你為什麼不考慮做官呢？顏淵就特別提到，我有老師的道可以樂。這也是「貧而樂道」。否則光講貧而樂，貧窮怎麼可能快樂呢？但是有「道」就可以快樂。因為「道」在儒家是一個重要的觀念，讓我們知道人生的路何在。各種外在的成就比不上內心的坦蕩來得快樂。為什麼坦蕩，為什麼行善能夠快樂，「道」正是我們之所以樂的理由。

孔子教學的特色之一，是學生要從消極轉向積極。只對學生說不要做壞事，這不夠。還要指導他要做好事。這便是消極變積極。所以孔子是在教導子貢這個學生，他回答之後，子貢接著引用《詩》的一句話，他說，《詩》上說就像修整骨角與玉石，要不斷地切磋、琢磨，精益求精，這就是您所說的意思吧。我們今天還說精益求精、切磋琢磨，都是要把本來的情況變得更好。因為子貢的問題是貧而無諂、富而無驕。孔子說要更好，貧而樂道、富而好禮。子貢立刻想到《詩》的一句話，所以孔子非常高興。他說子貢呀，現在可以與你討論《詩》了。告訴你一件事，你可以自行發揮，領悟另外一件事。子貢的名字叫做端木賜，孔子叫學生的時候都直接叫他的名字，賜。像顏淵，孔子稱他叫做回。子路就直接稱他由，這在《論語》中經常會出現。孔子的學生，可以說是從平凡通過學習慢慢成長，最後成才的。司馬遷說孔子的學生，精通六藝者有七十二人。一般號稱七十子，就是非常傑出的學生，對六藝都很了解。子貢口才特別好，將來如果我們想學語言表達，就要特別注意到子貢怎麼樣和老師互動，他如何探討問題，如何表達自己的想法。

從這一章我們學到做任何事，要從消極的轉成積極的、有正面的作為。像孔子說：見不賢要內自省。省察自己是否有相同的缺失，但這樣不夠。還要見賢思齊，要積極地去學習。這種教學方法是古今中外都通用的。一個像孔子這樣偉大的老師，很清楚的表示，讓人從消極到積極，從不要這樣、不要那樣到積極作爲。

一個人貧窮時有可能無依無靠，怎麼能夠快樂呢？一定是有道才可樂。要了解人生應該何去何從，有時候再怎麼努力也不見得會有外在的成就。所以這個時候只有轉而走向人生的康莊大道，也就是實踐向善的人性。所以我如果擇善固執，就是完成我人性最根本的要求。也就是作爲一個人，可以日趨完美。如果人性日趨完美，外在的一些得失，相形之下，就算不上什麼了。

我們學儒家，都希望在社會上能夠有積極的貢獻。但不免要看時也、命也、運也。以孔子來說，他沒有這麼好的機會。他一生做官只有五年的時間，在有所作爲的時候又碰到各種阻礙，最後還是周遊列國去了。周遊列國並不代表他灰心喪志，而是要設法通過他的宣傳教化，讓各國百姓都知道他的理想。在周朝，每一個國家的念書人都可以周遊列國，都可以在各國表達自己的理想，只要有人任用，得君行道，自然可以使整個周朝更爲鞏固，亦即國家社會更爲安定。

至於說富而好禮，那更是理想。現代社會走向繁榮富裕，更需要這種觀念。否則有錢而沒有人文素養，到時候表現出來非常粗糙的一面，對一個社會來說，那不是好的示範。所以有錢人稱作富者，有地位的人稱作貴者，富貴之家、富貴之人，對於禮儀、禮節、禮貌要特別重視。子貢年輕的時候是貧窮的，他後來富裕了，所以他就可以思考，在貧窮與富裕的情況下，應該如何安排自己的生活、表現自己的言行呢？應該有一貫的原則。所以儒家的思想是強調他的一貫的原則，重心是在內不在外。否則的話，外面一旦出現各種變化，隨之喪失內在的原則，這對儒家來說是教育的失敗，我們在學習子貢這段話時，可以得到很多啓示。

【第12講】

《論語・學而第一》第十六章。這是最後一章，這一章很短，原文是這樣的：

子曰：「不患人之不己知，患不知人也。」

孔子說：「不擔心別人不了解我，只擔心我不了解別人。」

這段話很有趣，因爲和它類似的話至少還有其他四處，回顧一下，我們在〈學而篇〉的第一章所說的「人不知而不慍，不亦君子乎」，可知在孔子看來，當時很多念書人都懷才不遇，總覺得好像別人不了解我。因爲如果有人了解我就能給我機會施展抱負。如果別人不了解我，我該怎麼辦呢？孔子首先說他只擔心我不了解別人，這是什麼意思呢？一方面是別人不了解我，一方面是我不了解別人，這是雙向的。年輕的時候，我們會擔心別人不了解我們，但是等到年紀大了，我們自己當上了一個單位的主管，或者是當了老師、做了父母親，這個時候就要擔心我們不了解別人。

《易經・乾卦》：「九二，見龍在田、利見大人。」也就是在年輕的時候很有表現，這時候希望有人可以賞識、提拔。但是到了九五，升爲領袖的位置，這時是「飛龍在天、利見大人。」二與五都有一樣「利見大人」。代表年輕時所適合見到的是能夠賞識我們的長官。等自己當了長官之後，適合見到優秀的年輕人才。因爲如果不了解別人、不能提拔好的人才，將來社會也很難進步發展，所以這兩方面要考慮：一方面，我們不要擔心別人不了解我們，時候到了總是會了解。而更要擔心的是我們發掘不了人才，這會讓一個社會或者一個團體不能夠發展得更好。

《論語》的〈憲問十四〉和〈衛靈公十五〉說的話都差不多。「不患人之不己知，患其不能也」。不要擔心別人不了解自己，要擔心自己沒有能力做到這些事情。假設今天有人了解我，而我能力不夠怎麼辦呢？給我機會去做一件事情，沒做好怎麼辦？「君子病無能焉，不病人之不己知也」。「病」，意爲「患」，「患」就是擔心。「病」就是「以此爲病」。所以不要特別去在意別人不了解自己，要擔心的是自己能力不夠、無能。所以在《論語》裡面多次談到沒有人了解自己，或者別人不了解我。說「不患人之不己知，求爲可知也」，不要擔心別人不了解你，要設法讓別人願意了解你，或者說讓你值得被別人了解。我們談到人與人相處，要了解一個人本來就不容易。因爲了解一個人，要看他過去的表現，看他現在做什麼事，還要看他將來往哪裡發展。所以了解一個人的才華、學識，需要時間。有時候需要場合讓他表現，如果還沒有機會表現，那怎麼辦呢？古代很多讀書人都要主動地讓別人知道自己的專長何在。孔子周遊列國也有這樣的用意，從春秋時代到戰國時代，各種學者都出現了。可以說是到處向別人介紹自己的觀點和學術，有點像推銷自己。事實上，推銷自己不見得是壞事，因爲只要眞的有本事，可以爲社會、國家做事，這是國家之福。子貢有一次很含蓄地問孔子，說假設這裡有一顆很好的寶玉，你是把它藏在櫃子裡面呢，還是等待好的商人識貨來把它買走呢？我們今天用待價而沽，其實在原文裡面，那個「價」更應該是指賈，商賈的賈，就是做生意的人、有眼光的商人。孔子聽到子貢這麼說，他並不問美玉在哪裡？因爲子貢是言語科的高材生，口才非常好，他講話善於使用比喻。他當然是把孔子比喻爲美玉。孔子說得很直接，他說把它賣了吧，我是在等待識貨的商人呢。這說明不被人了解在古代是經常出現的。尤其是孔子，他自己受到好的教育，努力學習，後來也造就很多人才，但那時並沒有像科舉考試這樣的機會。當然科舉考試不見得都好，也許爲了公平而忽略了人才各方面的傑出表現，就好像今天的大學聯考，有它的功能，也非常公平，但對於人才的選拔也有它的限制。所以自古以來，一個社會始終在擔心好的人才，如果沒有受到提拔，那是社會的損失。對他個人來說，當然也是很大的不幸。因爲他好好做學問、做研究，同時有著特別的能力，他如果沒有機會表現，不是浪費了嗎。對個人來說，是浪費了人才；對社會來說，人才本來可以使社會變得更好的。

所以《論語》裡說，我擔心別人不了解我嗎？不用擔心。要擔心的是我能力夠不夠，我有沒有資格坐這個位置，我是不是有條件讓別人了解。同時我不了解別人恐怕更嚴重，因爲我將來有了一定的職位之後就要提拔很好的人才，使社會持續地發展。每一個人都要記得，一旦成爲領導者，不管是大的、小的單位，都要提拔人才，讓人才可以順利施展才華。這樣，這個社會才能公平發展，往前進步。

如何能了解別人呢？我們將來會看到《論語》的最後一章，也就是《論語·堯曰第二十》，孔子說，「不知言，無以知人也」。你如果不懂得怎麼聽別人說話，你就不可能去了解一個人到底是什麼樣的人才。所以要了解一個人，就要懂得聽別人怎麼說話。是巧言令色，還是很實在，可以代表他眞正的見解。自古以來，儒家的思想是受到肯定的。《莊子》裡有一個故事，說全魯國的人都穿儒家的服裝，但不一定懂儒家的道理。根據莊子的說法，儒家的學者們頭戴的帽子是圓形的，代表懂得天文；腳穿的鞋子是方形的，代表懂得地理；他身上掛一個玉佩，用五色絲繩所繫的玉玦，代表遇事能夠決斷。所以如果說穿上儒家的服裝，懂得天文、懂得地理，對於人間的問題可以做正確的判斷，那眞是了不起的人才。莊子故意開玩笑，說魯國到最後，眞正敢穿這樣的服裝，可以回答魯君的問題的，也不過一個人，這個時候就凸顯出人才了。所以很多時候要等待機會，不要著急，要儘量充實自己。學習是永遠沒有滿足的時候，要精益求精，要不斷提升自己的能力，將來總有機會讓別人了解我。我就可以盡力爲社會服務了。

為政第二

【第13講】

《論語．爲政第二》，到第二篇了。〈爲政篇〉的篇名就是取自於第一章開頭的幾個字。原文是：

子曰：「爲政以德，譬如北辰，居其所而眾星共之。」

孔子說：「以德行來治理國家，就像北極星一樣，安坐在它的位置上，其他星辰環繞著它而展布。」

古人認爲北極星是不動的，當然，今天的天文學告訴我們，沒有星星是不動的。古人說北極星不動，別的星星就以它爲核心，在各方面展布開來。用以比喻如果負責政治的人用德行來作爲示範、來領導，那就好像北極星一樣，它本身不需要動，其他的星星就好像各層官員、以及老百姓，都各自就他的位置做他該做的事，社會自然安定了。古代確實有這麼好的理想，也就是德治。司馬遷在《史記》中寫到堯，特別提到八個字，他說堯這個人「其仁如天，其智如神」。他的仁德像天，因爲古人都相信天是仁愛的，它是無不覆蓋，像春夏秋冬的四時就稱爲「天時」，代表天對老百姓、對萬物的照顧的，讓它們可以按照時序來生存發展。他的智慧像神明，古人都相信神明是最有智慧的。春秋時代，兩個國家締結盟約最後都要加一句，由聰明的神來做見證。代表如果不守約，神會來執行賞罰。在古人的心中，堯稱爲堯天，舜稱爲舜日。堯天舜日是對一個社會最美好的描述。代表領導者的德行圓滿完美。所以整個社會非常的安定和諧，這是儒家的理想。它是基於富有天下貴爲天子這樣的位置，所表現最高的德行、圓滿的人格，這對於整個社會都是一件非常好的事情。

周朝之初，周公制禮作樂，那時的政治觀念是把政治與教育設法聯繫在一起，而國家與學校也幾乎要等同了。換句話說，政治領袖就是老師。在《尚書》裡面就提到，「天降下民，作之君，作之師」。上天生下老百姓，替他們找了國君、替他們找了老師，君與師幫助上天照顧百姓。上天讓百姓出生，但是他沒有辦法個別照顧，而百姓形成人的群體之後又有各種複雜的問題，這個時候需要有國君來領導，有老師來教育。君與師並列，代表古人認為人生下來並非圓滿的，需要有人引導與啟發，才能知道人生的正路何在，尤其是古代的小型部落社會，每一個人都可以和領袖近距離相處，君王如何待人接物、做人處事，百姓很容易仿效他。比如舜非常孝順，所以堯就把舜提拔出來，讓舜成為大家的楷模。有了舜的榜樣，大家都覺得孝順是美德，我們要跟著做。事實上，人本來就願意孝順的，人都是父母所生所養的，孝順是最自然的事情。但是因為後天的各種利害關係，有時候容易忘記孝順。這時看到君王表現了孝順，自然而然就從心裡面願意去做。所以儒家講為政以德，它是古代德治的理想。但是我們也知道，這樣的時代已經過去了。接著夏商周三代都有禮治，所以從德到禮。禮包括三點：禮儀、禮節、禮貌。若只講禮儀，好像是一套儀式，離我們一般人很遠。講禮節，還不夠，還有基本的禮貌。所以孔子經常談到禮的時候就加一個字，「禮讓」，要讓別人。德須與禮配合，因為社會越來越大，只靠德治，不見得很多人可以看到他們的天子。古代的傳播也沒那麼方便。無法像今天透過媒體讓全國人知道，所以國家越來越大以後，就需要制禮作樂，靠禮儀，靠音樂，來維持它的穩定和諧。

孔子提到「為政以德」的觀念，在〈衛靈公十五〉還有另外一段話，要對照來看，就是孔子說的「無為而治」。在後面他提到「無為而治」特別就用舜來做例子。他說舜不用做什麼事，他只要自己本身行為端正，面向南方坐著就好了。就與本章談北極星本身不動一樣的意思。但是聽到無為而治，我想每一個人都會想到道家。的確，在老子的思想裡面很強調無爲，也就是你不要刻意做什麼事，因爲你刻意做任何事的話，你的考慮永遠不可能周到，你顧了這一邊就忘了那一邊，到最後掛一漏萬，甚至捉襟見肘，很難全面照顧，反而不好。所以道家講「無爲而治」是強調人的考慮是有限的，而社會上的資源更是有限的。如果考慮到要對誰好、對哪些人好，另外一些人怎麼辦呢？所以最好是不要刻意做任何事，因爲所有的一切，從萬物到我們人類，其生存發展都有一定的條件，這個條件不會因爲你去做就改變的，它一直存在那裡。比如有些老百姓過著自在的生活，如果刻意對他說還有更好的生活，他的欲望產生卻達不到，就開始煩惱了。所以老子的思想有時候會被別人誤解爲對教育不太重視。其實老子認爲一個國家讓教育普及，一定有些人知道多一點，有些人知道少一點。到最後因爲「知」帶來欲望，欲望造成各種爭奪，理想不能實現，結果反而是天下大亂。儒家講「無爲而治」以德作爲基礎。爲什麼有道德的領導，可以讓天下無爲而治呢？因爲人性向善。

我們在學習《論語》時，會覺得有些篇章上下無法連貫。其實很多地方孔子只是回答問題，因爲學生各自作記錄，後來替孔子守喪三年，那段時間大家都不工作，每天就在老師的墳邊居住著，白天就互相交換意見，說老師以前教你們這個，老師以前告訴我那個。大家平時記錄的語言，由某幾個學生的學生把它整理出來。所以我們今天念《論語》有個困難，看到一句話卻不知道孔子爲什麼說這句話。其實肯定是發生某些事情，或者有些人提問題了，他才回答。像這句「爲政以德，譬如北辰」如何如何，孔子怎麼忽然講這句話呢？一定有人問他說怎麼樣把政治辦好？是不是努力去做就會好呢？或者讓法律更爲嚴格，要求更爲苛細，會好一點？孔子會說不對，要爲政以德，譬如北辰。孔子心目中有一種對人性的了解。換句話說，以整個國家來說，政治領袖表現德行，老百姓就可以自己上軌道，只有一個可能，就是老百姓都是人性向善。那麼領導者表現善的行爲就是德行，我自然支持他。自然可以有向心力，可以團結起來。他怎麼說，我們怎麼來配合。

為什麼講儒家一定要強調人性向善呢？若不講人性向善，為什麼要治呢？人性本善，何必要治理？就是無為而治，還是治。為政以德，還是有為政。當然這一點，很多人還需要一點時間才能慢慢了解孔子為什麼有這樣的觀念。

【第14講】

《論語・爲政第二》的第二章內容很短，但是很特別，原文是：

子曰：「《詩》三百，一言以蔽之，曰：『思無邪。』」

孔子說：「《詩》三百篇，用一句話來概括，就是無不出於真情。」

我想這樣的翻譯會讓很多人覺得有點詫異。因爲通常我們看到的是「思無邪」翻譯成爲「思想純正無邪」。我要說明一下爲什麼我這樣翻譯，孔子說《詩》三百篇，事實上《詩》是三百零五篇，其中包含有風、雅、頌。孔子念書善於總結，經常用一句話概括他的想法，有他的創見。因爲孔子自己說過，溫故而知新可以爲師。我們將來會看到這句話，你不斷重讀過去的資料，並且有了新的體會，才能當老師。孔子所講「思無邪」三個字，這三個字本身就出於《詩經》，在《詩經・魯頌・駉》篇，它描寫的是魯君有很多馬，這些馬往前奔行，看起來非常地勇健。他就說了「思無邪」。「思」這個字在《詩經》裡面經常作爲語首助詞，或者語末助詞。它沒有實際意義，只是爲了吟唱，或拉長語氣，所以當你說「思」的時候，別人都知道是一句話要開始說了。「思無邪」重點在於後面的「無邪」。無邪的話，這個「邪」與傾斜的「斜」通用，代表這個馬向前跑的時候它不能轉彎，因爲馬跑得很快，一轉彎可能就要摔跤。所以它描寫魯君所養的馬跑出來的時候非常勇健，一點都不會偏斜。孔子從《詩》裡面提煉出這三個字，用來表達整部《詩》。就是說《詩》是文學的作品，文學的作品一定要有眞誠的情感，最怕無病呻吟或者矯揉造作。《詩》是古代的文學作品，它是古代的采風之官到各地採集民間的各種歌謠總集而成，並以此作爲教化的參考。所以《詩》談什麼呢？思想純正無邪嗎？不是的。《詩》與思想或意識形態基本上沒有直接的關聯。《詩經》這部作品，它是來自全國各地的歌謠，加以整理成三百多篇。請問如果把「思」理解爲思想，是誰的思想？因爲很多都沒有作者，也不知道是在寫誰，是誰的思想純正呢？所以不是作者。因爲作者太多了，恐怕有幾十人，甚至有上百人。是編者的思想嗎？如果是編者的思想，那何必說純正無邪呢？他與讀者有什麼關係呢？編者本身思想純正無邪與編《詩經》，也不見得是必要的條件。難道是讀者的思想嗎？我讀《詩經》的時候，思想需要純正無邪嗎？事實上《詩經》很多篇章都在表達人的情感。比如大家最熟悉的「關關雎鳩，在河之洲。窈窕淑女，君子好逑」。它描寫的是雎鳩關關地叫著，在河邊的沙灘上。人與人之間互相吸引，美好的女子就是君子最好的伴侶。它可以從自然界的一種現象，轉到人類情感的互動、交流，人對生命的一種肯定與嚮往，它和思想有什麼關係呢？它描寫的是眞誠的情感，所以《詩經》裡面很多地方都會提到抱怨、提到難過、擔心的情緒，與思想完全沒有關係，它講的都是眞誠的情感，所以我們在讀《詩》的時候一定要記得，它是文學作品，以眞誠的情感爲主，只有眞誠的情感才能感動別人。而我們將來再看到孔子談到《詩》的時候，都會用一個字，「興」，可以理解爲引發眞誠的心意。

平常我們看多了社會上的各種新聞，會覺得好像人活在世界上只能夠得過且過，或者隨俗浮沉，早就把年輕時眞誠的心意遺忘了。讀《詩經》會引發眞誠。看到《詩經》裡面描寫的情感都這麼樣的眞摯，也會引發我年輕時的眞誠情感。孔子說詩可以興、可以觀、可以群、可以怨，提到四個字，都和情感有關。引發眞誠的情感，了解自己的志向，同時觀察整個社會的風尚。最後還有怨，可以抒發委屈、怨恨。讀《詩經》讀到有些人很委屈，再對照自己的遭遇，就會覺得，古代這麼好的人都委屈，何況我這個平凡人呢。讀完之後心中的怨恨自然消解。

儒家思想對於人的情緒反應是非常重視的，後代特別強調儒家的禮教，其實並非孔子的想法。孔子、孟子，都很重視人的眞誠情感。人活在世界上，如果沒有眞誠的情感，那活得多累啊！如果任何事情都必須要客套，要注意到別人的各種要求，就只能忽略眞誠的情感，凡事也就只能做戲而已。儒家爲什麼重視《詩經》？因爲《詩經》是眞誠地表達情感的歌謠。讀《詩經》引發眞誠的情感，就可以回到儒家思想的正途上，從眞誠引發內在的力量，讓人們自願孝順父母、尊敬兄長，自願來幫助別人，來做好事。儒家爲什麼強調《詩經》？《禮記》裡面特別提到，「溫柔敦厚詩教也。」一個社會如果推廣《詩經》的教育，它的社會風氣就會「溫柔敦厚」。儒家的教育，包括文學、歷史、藝術在內。而在文學這個領域，特別重視《詩經》作爲眞誠情感的表現。

所以孔子說《詩》三百篇用三個字概括，叫做「思無邪」。我們要記得，「思」是語首詞，「無邪」是代表從內到外直接出去，沒有轉彎，也不必繞圈子，所以一切都出於眞誠的情感。如此，就能了解孔子爲什麼那麼重視詩教，也可以知道詩教爲什麼會帶來溫柔敦厚的社會效果。

【第15講】

《論語．爲政第二》的第三章，原文是：

子曰：「道之以政，齊之以刑，民免而無恥。道之以德，齊之以禮，有恥且格。」

孔子說：「以政令來教導，以刑罰來管束，百姓免於罪過但是不知道羞恥。以德行來教化，以禮制來約束，百姓知道羞恥，還能走上正途。」

有兩種方法來對百姓進行教育和規範。第一是德與禮，第二是政與刑。孔子先講第二種方法，也就是用政令、用法律來作爲約束的方法，這樣也許百姓很聽話，因爲有政令、有法律，百姓如果不遵守就要受罰的。雖然他可以免於被處罰，但是卻喪失了羞恥心。因爲百姓可能會鑽法律漏洞。在今天法治時代確實是有這樣的現象。以美國社會爲例，美國社會當然早就是法治的社會了，但是很多人都說，在美國，眞正治理國家的是律師，因爲任何事情都需要靠律師來解釋法令條文。在很多電影裡面經常會有這樣的場景，一個人被冤枉入獄，他坐牢第一天和牢友們吃飯時，別人就很好奇，說你這個人看起來蠻斯文的，聽說你在銀行工作，怎麼會坐牢呢？這個人說我是無辜的，他講完之後，所有的犯人都笑了。爲什麼？犯人們在這兒都說自己是無辜的。美國人拍電影常常自我解嘲。犯人們都覺得自己是無辜的，如果有一個有錢的父親可以請最好的律師，就可以無罪釋放，可惜我們沒有，所以我們很冤枉。換句話說，如果我們家有錢請一個好律師，那麼就大罪化小、小罪化無。到最後我們就可以無罪釋放了。但因爲家裡窮，請不起好律師，要不然就是我的對頭有錢請到好律師來對付我，所以我今天被關是無辜的。你看，這樣的觀念就糟糕了。爲什麼糟糕？一個人做錯事，完全不會自我反省，完全不認爲自己有錯。當然我們也知道，社會上的各種關係非常複雜。一個人做事，很難說他要負多大的責任。比如美國律師在替人辯護的時候常常這樣說，不要怪這個人，他爲什麼做壞事呢？他從小生長在貧民窟，他周圍都是窮人，和他一起生長的人如果不去販毒就去搶劫殺人。他如果不打人，他就被人打，他在這種環境下長大，最後變成這麼壞的人，實在是不能怪他，應該怪這個社會。律師這樣辯護，完全沒道理嗎？好像也有點道理，但這樣一來，那誰還要做好事呢？每一個人做壞事都有理由。我們都知道，做好事是需要努力的。中國有一句話說「爲善如登，爲惡如崩」，做好事和爬山一樣，很辛苦的；做壞事，手一鬆往下滾，快得很。正如「道之以政，齊之以刑，民免而無恥」。我在荷蘭教書時，很多人對我說荷蘭的稅收很高，超過一定數目就要交稅40%以上。有人覺得太划不來了。他們就越過邊境到比利時，比利時的稅比荷蘭的稅要低。而比利時與荷蘭有一部分人講一樣的語言，都講弗拉芒語，所以有一些荷蘭人就越過邊境到比利時買一間房子，在那兒交稅，他爲了減10%、20%，在荷蘭賺了錢寧可交給比利時。這讓荷蘭、比利時兩國之間產生了一些小誤會。這樣的故事很多，百姓享受荷蘭的待遇，但是爲了省一點稅錢，到比利時去交。當然這只是我個人聽到的一些議論，眞實的情況如何呢，還需要去做進一步的研究。爲什麼百姓這樣做？就是典型的「道之以政，齊之以刑，民免而無恥」。他沒有什麼特別的羞恥心。我這樣講絕不是說外國人沒有羞恥心。「恥」字我們不要拿一般的觀念來看，儒家講「恥」是指個人所作所爲如果達不到社會共同的要求，覺得不好意思。因爲別人都做到了，我做不到，那怎麼可以呢？所以有「恥」，羞恥心是儒家思想的一個重點，在《論語》裡面「恥」字經常出現。如果問，活在世界上最怕哪種人呢？應該是最怕不知恥的人。他如果沒有羞恥心的話，你根本毫無辦法，你只能用法律約束他。孔子說得對，「道之以政，齊之以刑，民免而無恥」，百姓會鑽法律漏洞，這可以說是一種相對的關係，所以在道家的《老子》裡也有一句話叫做「法令滋彰，盜賊多有」，把法令弄得越細的話，那犯法的人就越多。小偷到最後變強盜，越來越嚴重。所以這是一種複雜的現象，很難用一句話來說究竟如何從根本上加以化解。

孔子認為有辦法，也就是我們前面所說的第一種，用德與禮來治國。「道之以德」，用德行來引導，百姓看到在上位者有德行，自然就跟著走。「德」這個字很有意思，古代講德代表為政者照顧百姓，百姓都喜歡政治領袖有德行。因為對百姓很好，國君對我好，我當然喜歡，因為對我是有利的。對我好而且又有德，那百姓就會以國君為榜樣。因為我喜歡你對我好，我也知道別人也喜歡我對他好，這是一種教育的方法。所以「道之以德」還是可以做到的。它的根源還是在於人天性就有一種向善的願望，所以你有善，我跟你走。同時我行善的時候內心快樂。

至於「齊之以禮」，因為禮樂教化是一個社會所需要的，所以周公制禮作樂，使一個社會有禮和樂可以依循，作為行為的規則。孔子特別崇拜周公，就因為他把禮樂製作得非常完善，但是春秋時是禮壞樂崩，所以我們看到德治之後要配合禮治，如果禮治還不行，就要法治了。禮與法之間的關係比較微妙。一般講禮與法有一個簡單的分辨，法是從外在約束人的行為；禮是從正面引導人的行為。一是約束，一是引導，差別就在這裡。法律可以約束，法律很難引導。

我們不會說一個人守法是好人，只能說一個好人不犯法。守法是好人嗎？不一定。因為他並沒有特別做好的事，他只是守法而已，守法是應該做的，談不上特別好。如果遵守禮儀，那就比較好了。所謂富而好禮，這個禮就是正面的引導，見到長輩要有禮貌，見到老師要尊敬，這些都是禮儀。這個禮儀建立的人際關係是普遍適用的，因為一個年輕人對長輩尊重，他將來年紀大了變成長輩時，將來的年輕人也會尊重他。否則一個年輕人對長輩不尊重，不知道去遵守禮儀，那麼他將來老的時候變成長輩，憑什麼要求年輕人對他尊重呢？所以，我們在年輕的時候會經常接受老師與父母很多教育，千萬不要以爲長輩只知道教我們年輕人，我們年輕人就這麼樣的委屈嗎？就一定要聽話嗎？不要忘記，年輕人一定有一天會成爲長輩，成爲老一輩的人。那個時候，年輕人同樣地也尊敬你。所以一個社會一定要有延續的發展過程，在這一方面，孔子的思想指出了社會發展的重點，也就是說「道之以政、齊之以刑，民免而無恥」。老百姓如果無恥的話，政府怎麼做都不容易有好的效果。

另一方面，道之以德、齊之以禮，有恥且格。老百姓有羞恥心，因爲他知道由內而發，應該自我要求，「格」代表正，走上正路。有人說「格」代表「來」，事實上「來」不見得代表一定走上正路，走上正路是老百姓自己走上正路，如此一來，所謂的政治人物也不須費太多心。當然，德與禮的要求是很高的，並不容易做到。

【第16講】

《論語．爲政第二》的第四章是特別重要的一章，如果在《論語》裡面選十章最重要的內容，這一章一定在裡面。爲什麼？因爲它裡面提到孔子的一生。這是我所見過最短的自傳了，只有三十八個字。原文是這樣的：

子曰：「吾十有五而志於學，三十而立，四十而不惑，五十而知天命，六十而〔耳〕順，七十而從心所欲不逾矩。」

孔子說：「我十五歲時立志求學，三十歲時可以立身處事，四十歲時可以免於迷惑，五十歲時可以領悟天命，六十歲時可以順從天命，七十歲時可以隨心所欲都不越出規矩。」

這是很重要的一章，講孔子十五歲到七十歲，一生發展的好幾個階段，以十年作爲一個代表。這些話意思並不難了解，但是很難做充分的說明。

首先，孔子說他十五歲立志學習。因爲古代的教育，像孔子這樣的背景，父親早逝，跟著媽媽在娘家成長，屬於地位非常卑微的一般百姓，他念書只能到十五歲。古代的鄉村教育是利用每年秋收之後，農閒時請鄉村裡面有學問的人或者退休的官員，來教一些十五歲以下的孩子。教他們文化常識以及基本的武藝。孔子十五歲立志求學，很多人說我們今天教育已經普及了，六歲就求學了，甚至有人更早，進幼稚園了，但是這不是自己立志的，是被父母要求的、被社會規定的。重要的是孔子十五歲立志求學，他一輩子都沒有停下來，到老的時候還學而不厭呢。所以他的求學是與生命一起成長，他也認爲自己最好學了，所以第一句話是孔子強調自己立志要學習。有關立志的問題在《論語》裡有三個對象，第一個，立志於學習；第二個，立志於行仁；第三個，立志於求道。都用「志」字。「志」的寫法很有趣，上面是「士」，底下是「心」，士心爲志，代表讀書人的心意就是他的志向。至於「學」只是一種外在的描述，學什麼？學的目的何在？那就要志於仁，就是立志以後要走上個人生命的正路。有關「仁」字，有時和「道」很接近，但是要怎麼分辨呢？因爲孔子也說過，志於道，立志於求道。這個道代表人類共同的理想。就是作爲一個人，應該知道如何安排這一生，叫做人生的光明大道。所以「道」代表人類的正路，「仁」代表我個人的正路，這要稍微區分。「道」是共同的，每一個人都應該走。「仁」是每個人在不同的情況下對行仁的選擇。但是基本上仁一定是由內而發，出於眞誠的心。

孔子十五歲立志求學，接著經過十五年的時間，三十而立，「立」一般說是立身處世。但是在當時要立身處世，有一個重要的條件就是要懂得禮。因爲在《論語》裡面出現過兩次，所謂的不學禮，無以立，或者是不知禮，無以立。若是沒有學習禮儀，在社會上不能立足。不懂得禮儀，在社會上無法立身處世。孔子三十而立，可以理解爲禮儀、禮節、禮貌都做到了、都學好了。立也代表就業，否則三十歲早已經成家了，如何養家糊口呢？所以孔子的職業曾經做過倉庫管理員，也做過牧場管理員，另外，他能夠立足也包括他有專長，可以替別人主持喪禮。這就是孔子三十而立了。

再看「四十而不惑」，有人到四十歲的時候反而覺得人生陷入困惑，因爲小時候比較單純，所有的問題老師與父母都幫我們作出答案了。到了四十歲，自己成家立業，孩子也慢慢長大了，然後才發現人生的問題非常複雜，會有許多迷惑。在《論語》裡，談到迷惑的地方很少，比較清楚的只有兩處，一是子張請教如何辨別迷惑，孔子回答說愛一個人，希望他一直活下去；恨一個人，希望他立刻死去；對同一個人又愛又恨，那不是迷惑嗎？由此可以知道迷惑代表感情上的困擾，也就是說我們要調節情緒，不能靠情緒衝動來和別人來往。另外一個學生樊遲，他也問如何分辨迷惑。孔子回答時說：一時的憤怒忘記了自己的安危，甚至讓父母親跟著受累，那不是迷惑嗎？因爲有時候一時衝動生氣，和別人吵架打架甚至殺人放火，別人報仇時到家裡來尋仇，讓父母親陷入危險，因爲憤怒而造成這般可怕的後果，這也是迷惑呀！孔子的學生兩次請教他什麼是迷惑，他回答時無一例外，都談到情感上的問題。人有理性，也有情感，理性是光明正大，可以在光天化日之下通過學習而理解，知道人生應該往哪裡走。另一方面，人還有情緒、還有情感，它們和感性的要求連在一起，就會發生很多問題，到最後自己也覺得很迷惑，爲什麼會有這樣的結果呢？爲什麼會做這樣的事情出來呢？所以到四十而不惑，對我們來說就很不容易學到了。人間所有的問題有因就有果，任何事情的發生都不是偶然的，只要知道發生什麼事，再推究它的原因，再思考它的結果，大致上不惑還是可以做到的。只要多學習、多觀察、多了解。

【第17講】

前面談過十五歲立志求學，三十而立，四十而不惑。接著就要談「轉捩點」了，五十而知天命。「知天命」是什麼意思呢，有些人說，孔子五十歲的時候研究《易經》，懂得算命，但是事實上，這叫做命運，不叫天命。天命是命運之外還了解自己的使命。所有的人都覺得人生下來就有命運，無可奈何，因此儒家強調要通過學習、通過自覺找到自己的使命。使命是什麼？爲什麼稱爲天命？當一個人覺得自己有使命感，這個使命感的來源既不是別人，也不是自己給的。責無旁貸，一般把這個稱作天命。比如說，國家就像一輛遊覽車，天子就是司機，要帶我們去一個風景點。但是開車開了一半，司機心臟病發倒下來，這個時候請問，在車上誰有使命，誰有責任繼續開車？答案只有一個，是懂得開車的人。孔子就是這樣的人，因爲他把古代的經典掌握之後，知道夏、商、周這三代何以興盛衰亡，如何發展。他知道人類眞正的幸福在何處，他知道人性要往哪裡發展才能得到成全。他五十一歲出來做官，做到五十五歲。因爲他覺得自己既然有使命感，就要對社會有所貢獻。他努力做，做得也非常好。但是到五十五歲時又發生了各種問題，以至於魯國的當政者不讓他繼續發揮他的理想，所以孔子就在五十五歲的時候開始周遊列國。我們講五十而知天命的時候，我們要把「天命」理解爲兩個重點：

第一，按孔子當時的情況，他知道要怎麼做才能夠實現他的使命，所以他出來做官。

第二，我們一般人可以學的是什麼呢？把天命當做人性向善，因而追求擇善固執，最後達到止於至善，當做我們每一個人的天命。儒家所謂「善」就是自己和他人之間適當關係的實現。我對父母孝順叫做善，我對朋友講信用叫做善，我對長官效忠叫做善。這個善一定是指我和別人之間適當的關係。所以每一個人都有他的天命，也就是要把向善的要求實踐出來。

六十而耳順，我把這個「耳」去掉，改成「六十而順」，順天命。為什麼這樣改呢？有許多理由。因為在整部《論語》裡面，「耳」這個字實在並不重要，它只出現四次，有兩次當做語助詞用。沒有什麼意思。比如孔子說「前言戲之耳」，前面說的話是和你開玩笑的，那個「耳」是沒意思的。「汝得人焉耳乎？」你找到什麼人才了嗎？「耳」也沒有具體含意。只有一次用於耳朵，孔子聽到有人演奏音樂，他說「洋洋乎盈耳哉」，聲音這麼好聽，洋溢著充滿我的耳朵。六十而耳順，這個「耳」很特別，因為整段行文都是一個年齡加一個行為，十有五而志於學，三十而立、四十而不惑，五十而知天命。到七十呢，從心所欲不逾矩。年歲接動詞，中間沒有加一個名詞。「六十而耳順」，說成是「六十而順耳」，還比較接近這樣一種行文特點。孔子六十歲時，在周遊列國，周遊列國是為了順天命，有人對他說「天將以夫子為木鐸」，上天要以你們老師作為木鐸，從事教化工作，這就是順天命。孔子周遊列國兩次差一點被殺，兩次碰到生命的危險，他都把天提出來，「天之未喪斯文也，匡人其如予何」，「天生德於予，桓魋其如予何」。你們能對我怎麼樣呢？因為我後面有天作為我的依靠，我是在順天命啊！並且更重要的是在孔子以後，先秦的儒家經典，像《孟子》、《荀子》、《易傳》、《中庸》、《大學》沒有任何一個地方提到耳順。相反的，有好幾個地方提到順天命。由此可知，孔子說的是六十而順，順天命。順天命代表他不計任何代價，知其不可為而為之。有關天命，在孔子的思想裡面很明顯地說出來，第一個要知天命；第二個要畏天命。他在知、他在畏，就代表這個天命一定有其內容，天要他知道什麼、天要他敬畏什麼，接著天要他順從什麼，要怎麼去做。所以從知到畏，接著就要順天命，最後一步還要樂天命，就是最後階段。在解說《易經》的《易傳》一書中強調樂天知命，就是這種思想，很合理的一種人生發展。所以在《論語》裡面談到「五十而知天命、六十而耳順」的時候，我們是非常謹慎的。因為如果加一個「耳」的話，沒有人講得清楚。比如說朱熹的解釋是，「聲入心通，無所違逆，知之之至，不思而得也」。聽到什麼心裡面就懂了，沒有任何違逆。但是這個屬於不惑。可以了解別人的意思，聽到什麼樣的話都不會覺得刺耳，別人罵我的話，聽了也無所謂了。那不是耳順，而是鄉愿。從以上幾方面來看，「耳」字應該是多餘的。並且很多學者從考據方面、從哲理方面都加以發揮，都強調「六十而順」，「耳」是多出來的字。我們在閱讀古代經典的時候，更改一個字都要謹慎小心。不能隨便說我認爲這個字是多出來的就改了，要舉出各種證據。

到最後一個階段是「七十而從心所欲不逾矩」。這是最後階段，其中有兩個重點：第一，孔子說這話代表他在七十歲以前如果從心所欲，偶爾難免有可能違背規矩，代表人的心的確是有問題，捉摸不定的。所以我們學儒家時一定要記得，儒家從來沒有把人的心看做本善、至善。顏淵的心三月不違仁，三月代表很長的時間，不會有違背仁的要求。而孔子自己到了七十歲才能做到從心所欲而不逾矩，代表平常若從心所欲，就可能違背規矩。所以七十歲了，從心所欲都不會違背規矩，這話才能講得通。第二點要了解從心所欲代表自然而然去做的，不逾矩代表都符合規矩，也就是做到應該做的事情。對孔子來說，他的七十歲的境界是：自然的就是應該的，他自然去做的都是他該做的，他該做的事都做得很自然。這句話我們千萬不要以爲很容易，自我反省就會發現，我們只要自然去做的，大多數都是不應該做的，而我們應該做的事，大部分都做得很不自然，代表我們的修養還差得很遠。

所以這整段話代表了孔子一生的發展。我們相信，孔子可惜只活到七十三歲，他如果活到八十、活到九十，他人生的境界一定還會更高。我們很難想像那是什麼境界，只用一句孟子的話來說，孟子說聖而不可知之，之謂神。達到聖的境界，再往上一步，簡直無法理解。這是像神一樣的境界。本章介紹孔子生平的自我了解，可以從中得到很多人生的啓發。

【第18講】

《論語・爲政第二》的第五章，原文是：

孟懿子問孝。子曰：「無違。」樊遲御，子告之曰：「孟孫問孝於我，我對曰：『無違』。」樊遲曰：「何謂也？」子曰：「生，事之以禮；死，葬之以禮，祭之以禮。」

孟懿子請教什麼是孝，孔子說：「不要違背禮制。」樊遲為孔子駕車時，孔子對他說：「孟孫問我什麼是孝，我回答他不要違背禮制。」樊遲說：「這是什麼意思呢？」孔子說：「父母活著的時候以禮的規定來侍奉他們，父母過世後以禮的規定來安葬他們、以禮的規定來祭祀他們。」

這篇提到的孟懿子，就是孟孫或孟氏，也就是魯國三家裡面的第一家。孟懿子的「懿」字是他死後的謚號，他原名爲仲孫何忌，因爲編寫《論語》時他已過世，所以就用了他的謚號。魯國有三家，這三家都是魯桓公的後代。魯桓公生了四個兒子，一個是嫡長子，繼承王位，後來稱爲魯莊公。另外三個兒子也受封。這三家後來在魯國很有勢力，與魯君四分魯國。

孟懿子的父親是孟僖子，孟僖子曾經在國際場合因爲不懂得禮儀而覺得很丟臉，回國之後就想自己身爲大夫，不懂得禮儀，下一代一定要讓他們多學學。他打聽到孔子是禮儀方面的專家，就讓他的孩子都去向孔子學習。所以孔子在三十歲的時候就當貴族的家教，而且順便也招收別的學生，開始了他的平民教育的大業。

孟懿子請教怎麼樣才是孝順，孔子回答時強調禮儀的規定。在古代社會，禮不下庶人、刑不上大夫。受過教育的人都用禮互相來往，而老百姓卻不懂得禮儀，只好靠法律來約束了。孔子強調，身爲貴族，要特別的守禮。父母活著的時候用禮儀來侍奉他們，父母過世以後按照禮儀來安葬。因爲貴族子弟很容易財大氣粗，反正家裡有錢，便十分鋪張，超過自己身份的規定。孔子認爲應該遵守禮儀規定比較好。所以他一再強調生事之以禮、死葬之以禮，最後祭祀的時候還是按照禮儀規定。代表人的孝順不能離開社會規範。

《爲政第二》的第六章，我們一起說明。因爲這章提問人是是孟懿子的兒子。原文是：

孟武伯問孝。子曰：「父母唯其疾之憂。」

孟武伯原名仲孫彘(zhì)(ㄓˋ)，他是孟懿子的兒子。他也來請教孔子何謂孝順。可見當時孔子教書時間很長，做父親的年輕的時候問過，兒子長大了之後也來請教了。孔子回答說，讓父母只爲子女的疾病憂愁。

我們思考一下，作爲貴族子弟，生下來就有官位，不論學問如何，不論做人處事能力，長大了便繼承父親的原有的官位，可以做官。對於貴族子弟這些家世背景比較特別的人，孔子認爲什麼是孝順呢？他對孟懿子說你要遵守禮儀的規範，他對孟武伯說讓父母只爲你的疾病憂愁，因爲人吃五穀雜糧怎麼可能不生病呢？生病是無法避免的。但是如果你讓父母只爲你的疾病憂愁，代表你眞的很孝順。因爲其他念書、做人、處世等方面，都不須父母擔心。換言之，一個孩子在各個方面都能盡力做到最好，讓父母不要操心，只有偶爾生病是難免的，讓父母爲生病而操心。如果只有這件事，那眞是不錯的，算是非常孝順的，等於是做子女各方面表現都很好，父母從來不操心。

由這二章我們可以看到，孔子對於不同的人的教育是因材施教。孟懿子、孟武伯都是孟氏的貴族，這個貴族在魯國權力很大，將來都是國家的重要大臣。所以孔子教他們時就按照他的情況，希望他們雖有很多財富，但一定要記得守禮，我們前面一再提到，孔子希望一個人有錢之後能富而好禮。與這兩章相配合，對父母親按照禮制的規定，這樣就可以算是孝順了。在這裡孔子沒有談到內心的情感，在古代貴族社會裡，表現內心的情感需要適當的形式來規範。

爲什麼我們念《論語》會有困難呢？是因爲對話簡短，並針對特別的學生來作的回答。有時候會覺得孔子似乎只注意到外在的禮儀規範，他難道忘記了情感更重要嗎？像第二句談到說讓父母只爲你生病去憂愁，難道別的時候不用孝順嗎？只是生病讓父母憂愁，那別的事情做好就夠了嗎？它與孝順有什麼關係呢？所以我們思考孔子對於孝順的看法，必須看很多章相關的材料，才能做完整的理解。不能看單章，單章往往有針對性，也就是孔子的因材施教。今天的孩子也是一樣，各方面讓父母都不要操心，只有生病是難免的，讓父母操心一下吧，那就算是很孝順了。怕的是除了生病之外，還有念書、交朋友、各種言行表現讓父母擔心，那樣就不是孝順了。所以每一個人都要從這些角度來思考，自己對父母的孝心應該表現在不要讓父母太操心上。

【第19講】

《論語・爲政第二》的第七章，也是談到孝順的。原文是：

子游問孝。子曰：「今之孝者，是謂能養。至於犬馬，皆能有養。不敬，何以別乎？」

子游請教什麼是孝，孔子說：「現在所謂的孝是指能夠侍奉父母，但是像狗與馬也都能服侍人，如果少了尊敬，又要怎樣分辨這兩者呢？」

子游這位學生，與子夏同列在文學科，也就是孔子所列出的德行、言語、政事、文學的第四科。代表他們對於文獻、書本都學習得很好，非常熟悉。在《禮記》的〈禮運大同篇〉中，一次大的祭祀之後，孔子說「大道之行也，天下爲公」。就是對這位學生說的。他請教什麼是孝，孔子的回答先做一個分辨，現在所謂的孝順就是能夠奉養父母親，但是不一定尊敬父母親。至於狗和馬也能服侍人，但是狗和馬不會尊敬人。所以子女服侍父母親和狗和馬服侍人不同，因爲子女除了服侍之外還有尊敬，要尊敬父母。

歷代以來還有另外一種解釋。翻譯成：「孔子說，現在所謂的孝順是指能夠奉養父母，但是人對狗和馬也能養啊。如果沒有尊敬之心，怎麼分辨這兩者呢？」居然把奉養父母和一個人飼養畜生並列在一起思考。這種翻譯與理解是不能夠接受的。因爲古人講狗和馬有特別的含義。狗替人守門，馬替人拉車，這都是爲人服務的，到今天我們還用這樣的成語，你對我這麼好，我要效犬馬之勞。把子女比喻爲狗和馬這比較合理。但是把子女奉養父母，把父母比喻爲犬馬，這是非常不尊敬的。簡直是太不孝順了，哪裡有這樣的比喻呢？所以我認為「至於犬馬皆能有養」是說狗與馬也能奉養人，應該這樣去理解。

也有一位學者說，如果是人養狗與馬，何必談「能」呢？講狗馬也都能奉養人，「能」字才有意思，代表狗馬也有能力啊，也能奉養人啊，就好像子女他有能力奉養父母，這兩個並列，但是狗和馬不會尊敬人。所以做子女的奉養父母親，還要懂得如何尊敬父母親。就好像曾參孝順父親，除了養口體，讓父親吃飽喝足，還要能夠奉養父親的心意，讓父親做好事。這就是尊敬父親，還要讓父親的心意可以實現。那才是孝順。

接下來的《為政第二》第八章的內容也與此相關：

子夏問孝。子曰：「色難。有事，弟子服其勞；有酒食，先生饌，曾是以為孝乎？」

子夏也來請教什麼是孝，孔子說：「子女保持和悅的臉色是最難的。有事要做時，年輕人代勞；有酒菜食物時，年長的人吃喝。難道這樣就可以算是孝了嗎？」

這樣還不算，還要臉色保持和悅。比如說父母年紀大了，我現在每天讓父母吃飽喝足，有什麼事我來做，但是我臉色不好看，這還是不夠孝順。我們現在奉養父母親一定要記得，孝順來自於內在的情感。孔子因材施教是非常有技巧的，他對貴族子弟，就不太談內心的情感。而子游、子夏，都是一般的百姓，年輕的子弟，他回答的時候就特別對子游說要尊敬父母，對子夏說臉色要保持和悅。因為一個人內心有眞的情感，自然而然臉色就會愉悅。比如說我們喜歡一個朋友，看到他自然是滿臉微笑。喜歡一個老師，看到他自然而然會覺得心裡很輕鬆。愛護父母親，看到父母親自然覺得很愉快，感覺到自己的生命有一種安定的力量，因爲父母是我們生命的來源。孔子教學生的時候，特別重視內心情感的培養。要尊敬，同時要由內而發保持好的臉色。現在父母年紀大了，我們就要特別注意到自己的臉色。父母要我們幫他忙，陪他去看病，幫他做一些事，我們就推三阻四的，給父母臉色看，那是非常不孝的。

我們學習儒家的思想就會發現，外在的各種表現一定要深植在內心的情感上，也就是以內心的情感作爲基礎，外在的表現就自然而然非常理想，眞正外在的規範只是一個恰當的形式。如果內心沒有情感，恐怕都是勉強，都是委屈，很難持久，也很難做得好。有時侯，我們幫別人忙，別人還不領情，恐怕就因爲我們說錯一句話，或者臉色不好看，以至於別人認爲我們很勉強，那何苦呢？所以一定要先想清楚，要孝順嗎？要跟朋友講道義、講信用嗎？想清楚之後就開開心心地做，因爲不管怎麼樣都是要做，爲什麼不開開心心呢？既然要做，爲什麼不想得透徹呢？想得透徹由內而發，由眞誠產生力量，這是儒家的思想。

人活在世界上，免不了是從自己的角度來考慮事情，如果佔用我的時間，花我的力氣，甚至花我的金錢去爲別人服務，這時候便須思考清楚，我是不是眞誠地願意這樣做？如果有勉強，朋友之間還可以去溝通、去了解。但對於父母親，儒家有特別的要求，各種倫理關係，只有父母對子女這一倫，我們做子女的不能計較任何條件。這不是只有我們對父母必須儘量順從，同時我們將來有子女，我們也希望他們如此。

但是如果只說子女要順從父母，萬一父母有偏差的觀念或是不當的作爲，該怎麼辦呢？我們不要擔心，將來還會談到孔子對孝順的看法，你就會發現，孔子也提到，如果父母有偏差的作爲，子女該如何做。孔子有另外一套觀點提供我們參考。怎麼孝順？一是要尊敬，一是要由內而發，有眞正的情感，保持好的臉色。這是我們得到的啓發。

【第20講】

《論語．為政第二》的第十章。原文是：

子曰：「視其所以，觀其所由，察其所安；人焉廋哉？人焉廋哉？」

孔子說：「看明白他正在做的事，看清楚他過去的所作所為，看仔細他的心安於什麼情況，這個人還能如何隱藏呢？這個人還能如何隱藏呢？」

他最後還一再強調「一個人如何隱藏？」孔子前三句說的是：看明白、看清楚、看仔細，好像是越來越困難了。首先，看明白他現在正在做的事，你要了解一個人一定要看明白他正在做什麼事；第二個，要看清楚他過去一路走來，所作所爲如何；最後還要看仔細，他的心安於什麼情況。簡單說來，要了解一個人，要認識一個人，要看他的過去、現在還有未來。但是未來沒有人看得到，所以這時只能夠把未來說成是他的心安於什麼情況。「安」字很有意思，現代人通常都比較不安，感覺到浮躁，總覺得自己有一些想法沒有實現。你心安嗎？心安便表明在做這事時，沒有別的念頭，覺得人生走到這一步是好的，一路走來問心無愧，做我該做的事。所以這個「察其所安」的「安」是很重要的。我剛才提到現代人大多心不安是因爲有時候新聞太複雜了，每天上網看很多消息，看多了之後總覺得與別人比起來，自己很委屈了，好像別人比我幸運，有貴人相助。這是現代人的各種訊息太多造成的許多煩惱，心很難安下來。我們講到認識一個人在儒家是很重要的，而《孟子》裡面有一段話可以對照參考：孟子說，你要了解一個人最好看他的眼珠。眼珠如果很亮，表明胸中正，若胸中不正，眼珠就昏黃。這是孟子很特別的想法。孟子主張身心配合，我內心裡面有什麼樣的想法，眼珠就會表現出來。西方也說眼睛是靈魂之窗。孟子也強調「人焉廋哉？人焉廋哉？」，和這篇所說的相同。

儒家都希望可以認識別人。但是如何認識呢？最難的是第三點，察其所安。說到「安」字，孔子曾經用過，比如說宰我認爲守喪不必要三年，孔子問他如果守喪滿了一年就吃得好、穿得好，心裡安不安？所以孔子很強調一個人心要安的，「安」是什麼意思呢？我們可以藉《孟子》裡的一段來做描述。孟子這段話描寫舜，他說舜在年輕時，吃乾糧、啃野菜，在田裡工作，好像準備這樣子過一輩子似的。等他後來受到堯的提拔當了天子，穿上麻葛單衣，手中撫著琴，堯的兩個女兒在旁邊侍候，又好像他本來就擁有這一切似的。我念到這裡時很感動。舜在任何情況下心都能夠安。他年輕的時候家裡很窮困，吃乾糧啃野菜，生活非常貧困，他沒有任何抱怨，好像準備這樣過一輩子似的，每天時間到了到田裡耕田，做該做的事，不會有任何的胡思亂想。等他當了天子，享受榮華富貴，又好像本來就是屬於他的似的，既不驕傲，也不狂妄，更不會窮奢極欲去享受。舜的「安」是安在他自己內心裡面。也就是問心無愧，坦坦蕩蕩。所以要認識一個人要看他現在正在做什麼事？怎麼做的？合規矩嗎？然後再看他過去一路走來如何做人處事。有時候要調查一個人身家背景，作用何在？倒不是說過去就決定現在，現在的永遠不會改。而是過去一路走來做過這些事，難保將來不會重犯啊！必須證明自己與過去不同，改過向善了。這樣別人才能夠給我們更好的機會重新開始。否則，一路走來有這樣的言行表現，將來可能和過去一樣，因爲人是習慣的奴隸呀，習慣是第二天性。要改過遷善，須得痛下決心。

最難的是「安」。「安」字對現代人來說特別有意義。瑞士的心理學家榮格，他問過一個問題，對現代人而言，這個問題非常直接。他說我從事心理治療的工作幾十年，來找我看病的人大多數身體健康、心理正常，但是並不快樂。這句話是非常具有代表性的，很能夠描寫現代一般人的情況，身體健康、心理正常，但是並不快樂。這就說明快樂需要身心之外的特別的因素，不快樂是因爲生命的最根本的自我沒有得到安頓。身心的健康正常，一般人只要年輕、只要保持運動、有好的營養都可以做到。但內心裡面的自我能不能安頓呢？這是沒有把握的事。要看人能不能夠經常自我反省，對自己的處境能夠接受嗎？今天有這樣的遭遇要怪別人還是要自我反省呢？反省了之後就知道下一步應該往哪裡走。所以「察其所安」的「安」在時間上來說，可以指現在與過去之外的未來，就好像我非要達到什麼目的才能夠安頓下來。但是要想清楚，通常我們達到目的的時候能夠安頓嗎？不一定。有時候又會出現新的欲望，就是一山望見一山高。

小時候覺得我只要考上某一所學校就滿意了，一旦考上了之後發現還有更高的目標才能滿意，就算讀到了博士，當到了一個單位的主管，還是有別的方面的欲望，永不會滿足。這樣一來人生不是很辛苦嗎？人生不是活得很累嗎？所以孔子說要了解一個人，讓他無法隱藏，對於他的過去、現在了解之外，要特別注意到察其所安，看他的心在什麼情況下會安定下來。

儒家很強調了解自己，也強調了解別人，這樣才能夠在選擇行爲時有適當的分寸。

【第21講】

《論語・爲政第二》第十一章，原文是：

子曰：「溫故而知新，可以爲師矣。」

孔子說：「熟讀自己所學的知識，並從其中領悟新的道理，這樣才可以擔任老師啊。」

「故」代表我們已學習過的知識學問。老師教書的教材經常都差不多，如果年復一年只是把過去的資料不斷地熟讀，沒有新的領悟，上課時照本宣科，那不夠資格當老師。能夠擔任老師是非常難得的福分，有責任把自己的知識、觀念、心得教給下一代、教給年輕人，要珍惜這樣的機會。西方學者研究人的各種職業，特別提出一種觀點值得參考，他說有三種行業要靠合作才能產生效果：第一，農夫。農夫耕田不論如何努力，都得老天的配合，該下雨時沒有雨，該颳風時沒有風，再努力也不會有好的收成。所以農夫耕田不能只靠自己，還需要天氣的配合。第二，醫生。醫生不論醫術多麼高明，就算華陀再世，如果病人不肯配合，醫生給他藥吃，他吃一半不吃了；叫他運動，他不運動；叫他鍛鍊，他也拖延。想想看，醫生能有什麼辦法。所以醫生的醫術要表現出來，一定需要病人的配合，才能夠產生好的效果。第三，老師。一個老師教很多學生，教出來的學生表現各不相同。有的眞的成了人才，有的原地踏步。甚至同一班學生教出來之後，有的可以當老師，有的還只是學生而已。這說明老師教書需要學生的配合，學生樂於學習一定是老師有心得。所以溫故而知新才可以當老師，這其中有它的道理。否則，讓學生被動地接受老師的教導，而老師的教導都是陳腔濫調，憑什麼讓學生好好用功呢？憑什麼讓學生感謝這位老師呢？所以孔子說的話的確有道理。知識可以是過去的，體驗一定得是新的。像我們今天讀《論語》，就要有自己的心得，自己的心得有時候要配合實踐，體會才會更深刻。不同年齡有不同的體會，比如孔子講到他的生平，四十而不惑，「不惑」就是沒有迷惑。有些人小時候書讀得好，覺得書本上的知識沒有迷惑了。但是進入社會之後才發現，社會上的問題絕對比書本上的問題複雜多倍，甚至各種問題都會讓人陷入其中時，迷惑便更深、更困難了。所以須得慢慢地用生命的經驗和書本上對照，慢慢地體驗到書本的眞諦。

爲什麼須要「溫故」呢？因爲每隔幾年去念同一本書，就會發現自己在這幾年之內有什麼成長，有什麼長進。比如《論語》，很多人小時候都讀過了，甚至會背了。但是他中學時代讀與大學時代讀，進入社會之後讀、做父母之後讀、年紀更大之後再讀，體會都不同。這就是我們講到「溫故而知新」的道理了。所以身爲一個老師，有責任在這方面不斷提出新的見解，然後讓學生有站在他的肩膀上繼續往前走的機會。

有一位老師，我們非常佩服他，他強調老師最大的悲哀是沒有教出勝過自己的學生。一個老師教一輩子的書，如果所有的學生都比不上他，代表老師沒有好好教，或者說學生沒有好好用功，沒有得到好的啓發。所以老師本身溫故而知新對學生來說是一個好示範，他們才能夠跟著老師的腳步繼續往前走。很多人推崇牛頓，牛頓說：我只不過是站在巨人的肩膀上。也就是把別人研究的成果作爲基礎，在他們的肩膀上可以看得更高、看得更遠。否則你一個人從頭開始，慢慢累積，時間恐怕來不及的。沒有人的知識是從零開始的，每一個人都是從別人的心得開始學習，並避開了許多重複的錯誤，許多實驗上的困難，有一個很高的起點再往上走，所以人類社會的知識才能不斷進步。講到教書這一行，孔子是專家，他講的話是以他的體驗做根據的。他另外有一句話和教書有關，是「有教無類」，出現在《論語》的〈衛靈公第十五〉。

關於有教無類，一般的理解都是說孔子教學生的時候，他不會給學生隨便去分出什麼類別，說你是哪一國人，哪一國人有問題，他也不會說你家裡很窮，太窮了我不教。更不會說你資質不夠，不夠聰明我不教。有教無類就是不去區分國家、背景、貧富等階級，無論什麼情況，只要願意來學，孔子都很樂意地教，也沒有任何保留。

一個人要擔任老師，一定要把《論語》念熟了，因爲《論語》裡面孔子作爲老師的示範很多。他有一次有點感歎說：各位同學，你們以爲我有所隱瞞嗎？我沒有什麼隱瞞的，我任何言行表現都在你們前面展現出來。同學們與孔子學了很久發現自己沒什麼長進，就覺得老師是不是有什麼隱瞞呢？有什麼秘笈沒有教，希望我們去他家補習呢？其實不是的。孔子講這段話，「二三子以我爲隱乎？吾無隱乎爾。」我沒有任何隱瞞的，我任何行爲都在你們前面表現。代表他身教重於言教。而言教身教相互配合，學生們才知道原來教育可以讓一個人生命產生這麼大的變化，孔子本身就是教育所造就的最傑出的典型。他從平凡走出不平凡的一生，這就是很好的示範。他小時候家境非常貧寒，他自己好學，到處向人求學，到最後能夠集大成，把所學的知識總結在一起，有自己的看法。我們強調孔子的思想時經常用一句話來概括：承禮啓仁。「禮」代表周公的制禮作樂，他把它接過來，但是發現禮壞樂崩，靠復古不可能直接恢復，他就開啓「仁」。什麼是「仁」呢？「仁」就是從眞誠引發力量，也就是我常常講的，讓一個人內在自覺，有行善避惡的要求。「禮」本來是外在的規範，規範人們的行爲讓大家行善避惡。「仁」就是內在自覺，自己要行善避惡。所以儒家思想之可貴即在此，孔子發現靠外面的規範、法律、各種政令來要求已經是沒有效果，老百姓避開這種懲罰，但是不一定有羞恥心。如果靠內在引發自覺，讓自己願意去行善避惡，那是最好的方法，所以孔子本人就是溫故而知新的一個最典型的例子。

【第22講】

《論語・爲政第二》的第十二章，可以說是《論語》裡面非常短的一章，只有六個字：

子曰：「君子不器。」

孔子說：「君子的目標，不是要成為一個有特定用途的器具。」

在古代，君子本來是指貴族子弟，後來用以代表一種特定的人格表率，德行方面比較完美的人，所以君子成了每一個人都要追求的目標。一般談到君子都會強調立志，你有志向嗎？你希望成爲君子，那就要努力了。孔子說「君子不器」，器就是器皿，像鍋盤碗盞都是器皿，我們開的車子、飛機也都算一個器皿，器皿代表它有一定的用途。在孔子的想法裡，作爲一個君子應該是全方位地學習，而不僅僅局限在某一方面，這也就是強調全人教育。全人教育分三個層次：也就是人才、人格和人文。首先談人才教育，在社會上只要念完大學，念完專科，就能擁有一個特定的專長服務於社會，找到工作，得到一種社會地位。但是不要忘記，能不能在社會上發揮所學，有時候要看機會，看是否得到賞識。如果說只強調讓一個人成爲人才，那麼此階段這個人才也僅僅是一個專業的工具或者器皿，如果碰到其他方面的挑戰，也許就束手無策了。因此學習的過程要注意到整個人格的發展，人才教育用之於外，不管用得多好，將來都要退休，退休以後還是要面對晚年的生活。並且在一生裡與別人來往，交朋友，或者同事間的互動，所牽涉到的，和專業的知識技能多半沒有直接的關係。現在很多人都說，一個人只有智商高不夠，會念書不夠，還需要情商，要能夠調整好自己的情緒。否則，在社會上還是到處碰壁，所以人才是用之於外。

而人格的培養，就求之於內。任何人格方面的陶冶，都要求由內在的眞誠開始。比如說我做一件事，可能只考慮效果，考慮利害關係，這是一種情況。同時我也考慮是不是由內而發，是不是眞誠，是不是主動願意這麼做，這又是另外一種情況。如果只考慮第一種，永遠把自己當工具，做一件事，只考慮利益，比如我表現不錯，別人給我讚揚，我就很開心，但是我沒有由內而發，不管做多少事，都無法改變內在的自我。所以重要的是人格上要能求之於內，由眞誠開始。我們講人格教育，不是要求學生上完課，學會了之後立刻變成了君子，那不可能。人格教育需要學校，需要老師，並且強調身教與言教並重，比如父母教子女做好人、做好事，這是言教，而身教就是父母自己要能夠做好人做好事，子女看了之後，當然是有樣學樣，也跟著去做，最後能夠自己主動願意做，那才眞的會有道德方面的效果，也就是不斷地提升人格的品質。

此外還有人文教育，人文教育的簡單理解，就是有沒有藝術的愛好和修養，有沒有個人的宗教信仰，這些都屬於人文方面的考慮。我們將來也會指出，一個人生命是完整的，像孔子一樣，他也有許多宗教方面的觀點值得我們參考，所以我們談「君子不器」，是說不要只看「人才」這一點，很多時候我們發現一個孩子如果在人格方面有好的教育，其價值遠遠超過他專業上的才能，這個社會不缺人才，但是人格方面卻有普遍的要求。愛因斯坦說過一句話，聽起來很刺耳，他說專家只是訓練有素的狗。如果只有專業知識，沒有普遍的對人的關懷，那麼人格是有缺陷的。比如一位科學家，研究生物科技，到最後可能想做一個複製人，若眞複製出人，對社會的影響是很難評估的。在社會的道德方面、社會的秩序方面恐怕都有新的挑戰，所以科學家不能只爲了探索的理由，不斷地去發明，到最後造成危害社會的結果，像各種武器的發明，對人類就構成了很大的威脅。不但是科學家如此，藝術家也如此，有的藝術家說我要爲藝術而藝術，聽起來很專業，但是爲藝術而藝術，對於社會，一般人來說，恐怕也是一個壓力，因爲有些藝術家爲了求新求變，他不顧社會一般的生活規範，也不顧各種善良的風俗習慣，他一味創新，結果達到創新的目的，但是對許多人來說，負面影響難以想像。所以每一種行業都有它的專業，如果它只顧自己，忽略社會責任，那後果恐怕不見得好。同樣的，我們教書也一樣，只作一個教書匠，而忽略了社會責任，那麼這個教師就不合格。《論語》有一句話，說一個君子在用人的時候要「器之」，他用人的時候會因材來使用人，你是這一方面人才，我就用你做這一方面的事情。按照你的才能來加以規劃，讓你發揮，這是用人方面。但是不要忘記，每一個人都是一個完整的生命，這個完整的生命一定要得到全方位的發展，也就是在人才教育之外還有人格教育與人文教育。儒家側重的一向是在人格教育方面，所以儒家給人的印象就好像有點教條八股，說你要好好孝順，要講信用，要如何如何，我們學儒家千萬不要只看外表的規定，而要學會其中人性的理論，就是要問自己，當我孝順的時候我快樂嗎？如果我不快樂，就要再進一步問自己，是不是因爲不了解爲什麼應該孝順。

同樣的，做父母親的愛護子女，他照顧孩子的時候恐怕也很累，他就要想，我照顧孩子的時候快樂嗎？事實上人生的快樂與痛苦有時候很難分清楚，有時候我們把這種帶有負擔，帶有壓力的快樂，稱爲甜蜜的負擔，人在世上找不到完全的自由，也沒有不帶任何壓力和負擔的事情。但你盡力去做了之後，內心的快樂是難以想像的，因爲善是我與別人之間適當關係的實現，所以講人格教育時，並不是一句空話，而是需要不斷地修練自己，同時對於人我關係要做正確的判斷。

孔子講「君子不器」，他不是說不要當人才，而是說當人才很好，但是還不夠。我們要常常記得，「不錯，但是不夠」這幾個字，我們學習的時候也一樣，我學到那麼多孔子的觀念，不錯，但是還不夠，因爲還有很多，要繼續往前走才能夠了解得更完整。

【第23講】

《論語・爲政第二》的第十三章，原文是：

子貢問君子。子曰：「先行其言，而後從之。」

子貢請教怎麼樣才是君子？孔子說：「先去實踐自己要說的話，做到以後再說出來。」

這個回答我們一般聽起來都要想一想，他在說什麼呢？先去實踐自己要說的話，做到以後再說出來，他爲什麼這樣回答呢？子貢比孔子小三十一歲，是言語科的高材生，說話方面高人一等，一個人很聰明，口才好，說話說得漂亮、說得多，但他不見得做得到，這正好可以反映孔子如何因材施教，當時孔子一定經常提到如何作君子，但是學生不見得了解。學生有時候在學習的過程，聽到老師提到一個概念，比如說將來會有很多人問什麼是仁？什麼叫做君子？怎麼樣從政才是對的？這些問題都代表孔子在這一方面有他個人的見解，所以學生才要不斷地請教。我們前面提過君子是指一種德行完美的典型，平凡的人也希望成爲君子，能成爲君子，就會得到大家的稱讚、大家的肯定。孔子因材施教，對子貢說，要記得要先去實踐你要說的話，做到之後再說出來。這一點事實上不但對子貢是很好的教誨，對每一個人都一樣。

孔子很重視言和行。因爲一個人的表現就是說話和做事。我們前面說過了，一個年輕人最好是做事很勤快，說話很謹慎。類似這樣的話有很多，比如「君子恥其言而過其行」、「一言既出，駟馬難追」等相關的篇章，都是對言行的要求。爲什麼孔門四科，言語科排第二呢？這是值得我們去了解的，言語科排第二是因爲說話是一個人內心的表達，叫做言爲心聲，表達自己的心意。而表達心意，就要看是不是恰到好處，所以在《易經》裡也提到要「修辭立其誠」，說話要修飾，修飾言辭才能建立內心的眞誠。一個人眞誠不代表有話直說，有話直說還要看對象，對象如果不能理解，直說就沒有效果了。所以在這個時候就要調整，在出於內心眞誠的前提下，對不同的人用不同的表達方式。這當然得要用心，否則，對不同的人都講同一句話，不同的人有不同的理解，到最後恐怕產生很多誤會。說話是非常困難的事情，我們這一生能夠把自己的嘴訓練好，很不容易。病從口入，禍從口出，多少人是因爲說錯話了帶來各種複雜的後果，甚至帶來各種災難。

子貢是很好的學生，在《論語》出現最多次的三個學生，第一是子路，第二是子貢，第三是顏淵。孔子提問，有一個習慣，會按照先問子路，再問子貢，再問顏淵的順序，就好像，一層比一層高。我們這樣講時必須考慮他們的年齡，子路比孔子小九歲；顏淵比孔子小三十歲；子貢比孔子小三十一歲。子路和子貢，差二十幾歲，一般講二十幾歲幾乎是一代了，但孔子教書是因材施教，並不考慮學生的年齡，歲數與個人在認知上、德行上的修養沒有直接的關聯。比如說顏淵年齡比較小，他比起子路來小了整整二十一歲，但是顏淵的德行確實比子路高。孔子對子路的教導非常認眞，對他愛護有加。只不過每一個學生都有不同的性向，他不見得能夠達到孔子要求的標準。子貢口才特別好，還有另外一位口才可能比子貢更好的，叫做宰我。宰我被孔子教訓很多次，幾乎每一次出來都要挨罵，因爲他確實是一個很調皮的學生，但是不可否認，宰我非常聰明，我們如果想知道儒家對人性的看法，孔子對人性有什麼觀點，往往就要從宰我請教孔子的問題去著手，比如有關「三年之喪」的問題。所以一個聰明的學生口才好，言語表達得不錯，這說明他也勇於思考，也就是說具有批判的精神。作爲老師，孔子就怕學生不願意批判、質疑，學生越批判、越質疑，孔子的思想重點就越能夠表達出來。不說話有兩種：一種是完全不懂，無從發問。一種是完全了解，不必發問。顏淵屬於第二種，起先孔子覺得顏淵好像看起來很笨，因爲他對任何問題都沒有意見，後來孔子才了解，顏淵不是很笨，而是特別聰明，孔子一講，顏淵立刻知道，知道就不再問了。

子貢請教如何成爲君子，孔子所要求的是針對他喜歡說話的特性，希望他先做到他要說的話再來說，這一點如果做成的話，對子貢來說，就是成爲君子的一條路。每個人都有他性格的特色，要針對自己的性格的缺點來加以修正、加以改善，這就是成爲君子的最重要的一種方法。

【第24講】

《為政第二》的第十四章，原文是：

子曰：「君子周而不比，小人比而不周。」

孔子說：「君子開誠佈公而不偏愛同黨，小人偏愛同黨而不開誠佈公。」

《論語》中關於君子小人對比的篇章非常多，大家耳熟能詳的有「君子和而不同，小人同而不和」，「君子泰而不驕，小人驕而不泰」，「君子坦蕩蕩，小人長戚戚」。在君子小人的對比中，我們首先要明瞭何謂小人，一般來說，小人就是小孩子。但是這個小孩子身體年齡慢慢在成長，而他並沒有脫離小孩子的心態，任何事情都替自己著想，只注意到自己的利益，也就是他從來沒有立志，要去改善自己，成為一個像君子一樣的人，那就是小人。小人不是壞人，他只是一般人，他有時候是缺乏學習的機會，有時候他不懂得為什麼要立志，不懂得人生的道理所在的，所以是小人。君子就不同了，君子有志向，他要往上提升自己，成為君子。君子小人對比在《論語》裡面常常出現，本章以「周」和「比」兩種情況來做比較，「周」代表周延，就是君子普遍地關心每一個人，他不會特別和哪一個朋友比較好，和另外一些人比較不好。而小人不同，小人偏愛同黨，只注意到自己少數的幾個朋友，有什麼好處，大家來分。但凡在這個圈子之外，小人就不理會了，他不考慮公正與否，只考慮個人的感情，對自己交的朋友，大家來分享好處，是為小人比而不周。

在《易經》有「比卦」。比卦不見得是壞事，等於是大家要團結在一起，一起做朋友。我們有時候說兩個人比肩而行，肩膀靠肩膀，一路往前走，代表好朋友，但是在人間行走，不能只在小圈子裡做到大家親近相處，還要能夠開拓心胸，能夠與所有的人都互相尊重、互相欣賞。爲什麼不容易達到君子的境界？因爲在講到人生的價值觀時，在《論語》裡面表現出來的，我們可以大致區分爲三個階段：

第一個階段是自我中心，一般人年輕時比較重視自我，有時候父母親叫小孩子念書，說不要管別人，只管自己念書，這種說法眞的有些問題。因爲小孩子從小只顧自己不管別人，到長大之後，他就不會去考慮別人了，他小時候養成習慣，從念書開始就是只顧自己不管別人，那進入社會之後，他也不知道怎麼樣去關心別人。所以很多時候我們要了解，小孩子慢慢成長，他一定要突破這個自我中心的階段。

第二個階段是人我互動，就是別人與我互動。這時不能只顧自己，只追求自己的生存，自己的發展，有時候甚至爲了達到發展的目的而不擇手段。與此同時，還要設法有情有義。儒家的價值觀是一步一步往上提升，從自我中心提升到人我互動，再提升到超越自我。超越自我是最難的了，因爲人都有一個自我，考慮任何事情都是爲自己著想，這本來是一種生物本能，無可厚非。如果說一個人總是不替自己著想，他的生活一定會有困難，比如現在我要去搭飛機，我到了機場之後，看到很多人都在等不同的飛機，我就替別人著想：希望別人飛機都準時起飛，我的飛機慢一點無所謂。這樣想，我何必去機場呢？我去機場等的時候，不在乎我的飛機是否準時，只關心別人的飛機是否準時，很少有這樣的人。事實上每一個人都把自己安頓好，對社會也是一種貢獻。我到機場去，我只問我的飛機有沒有準時，如果我的飛機準時了，我再關心別人的飛機有沒有準時，這是正常的情況，這樣替自己著想不是壞事，只不過要記得一個原則：千萬不要損人利己。如果我和別人有利害衝突，我就想讓別人損失，自己得到好處，這萬萬不可，損人利己，一定會招來怨恨，也許在別的方面、別的機會，恐怕也會被別人所損，最後眞正吃虧的還是自己。所以基本上談到君子小人，要特別就如下的價值觀來看，第一是要由自我中心的階段提升到人我互動的階段。在人我互動的時候，要守法而重禮，大家遵守法律，社會就有基本的公平和正義。同時大家重視禮儀，社會的文明教化就往上提升。然後還要有情有義，才能感受到人與人相處非常的溫暖，很容易展現人性的關懷，感覺到做人很值得。

第三個階段是超越自我，這時候就是君子的表現──「無私」，沒有私心。君子沒有私心，才能夠「周而不比」，我普遍關心每一個人，而不只是偏愛我的少數親朋好友。君子泰而不驕，神情舒泰但是不驕傲，因爲驕傲來自於自我中心，我覺得自己勝過別人，我才會驕傲。我沒有私心，沒有自我，怎麼會驕傲呢？一定是神情舒泰，看到別人成功也替他高興。同時，「君子坦蕩蕩」，因爲他心中開朗。至於「君子和而不同」也是類似的意思，與別人相處，可以各自發展自己的才華，大家像不同的樂器一樣，發出不同的聲音，可以造成一種和諧的效果，而不要求同，同就是一致，只能有一種聲音，只能有一個人說話算話。儒家所謂的君子確實是一種了不起的表現，它要求我們要經過修練才能達到這樣的高標準，我們不要怕挑戰，因爲這麼高的人格表現，不是一天修成的，也不是只要立志就可以立刻做到的。

在讀《論語》時，常會看到「君子」二字，我們要把它理解爲一個動態的，發展的過程，是立志成爲君子，走向君子的過程。如此代表大家志同道合，一起朝這個目標前進，有人先來，有人後到，但是只要方向相同，大體上都不會差太遠。孔子在很多篇章提到君子小人對比，我們後面還會一再地讀到，看到時就要想到價值觀，從自我中心到人我互動，再到超越自我，了解之後，再去看《論語》裡各種言論，會發現人確實是需要這一套價值觀，因爲人生就是不斷選擇的過程。當你在選擇時，如果沒有價值觀作爲參考，將會無所適從。如果選擇的時候有一套價值觀，就知道做這個選擇在哪一個層次，我應該往上走，達到有情有義，再繼續往上走，做到無私；最後目標是止於至善。到達止於至善的程度，幾乎是天下一家，整個人類像一個人一樣。如此我們就會覺得生而爲人是非常幸運的事情，所以儒家的理想如果實現，整個世界絕對有一個美好的未來。

我們在學習以及介紹儒家的過程中，要避免讓它變成教條，一旦把它視爲教條，別人便不易接受。大家一定要了解，它是一套完整的系統，也就是後來孔子很強調的「吾道一以貫之」，有一個完整的一貫的系統。這個系統說出來之後才能讓人的生命從小到大，從生到老，再到結束，有一個完整的理解，這樣的人生觀才是比較合理、比較正確的。

【第25講】

《論語・為政第二》的第十五章，原文是：

子曰：「學而不思則罔，思而不學則殆。」

孔子說：「學習而不思考，則將毫無領悟。思考而不學習，就會陷於迷惑。」

這兩句話要分開來說。首先我們看「學而不思」，只學習而不思考，表示並沒有眞的理解，更不必談應用。這樣的學習不會有任何領悟，考完試就忘記了，一離開書本就想不起來了，這樣的學習徒然浪費時間。我有一位學生到國外留學，接受新的訓練，寫信告訴我他在國外念書，每一次上完課之後，老師都要求用一分鐘把今天上課的心得做一個總結。念完一本書，寫下心得，一本書一、二百頁，只能寫一頁心得，說明老師要學生思考。西方的教育很強調學習之後要有自己的心得，甚至要用自己的話再說一遍，說出來的話，要讓別人不看書也能知道書中的主要內容，所以孔子說「學而不思則罔」，只有「學」配合「思」，才能有主體的領悟，才能夠眞正學有所得。我們要練習，學了之後去想，想了之後再用自己的話說一遍，才能發現將來離開書本，也能夠有些心得。美國一位哲學家，他是羅素的老師，名叫懷德海。懷德海對教育也很有研究，他講過一句很有趣的話，他說要到課本都遺失了，筆記都燒光了，為了準備考試而記在心裡面的各種細節全部忘記，這時候所能說出的才眞的是自己的心得。換句話說，不看課本、不看筆記、不去背那些細節，對別人說我最近念過《論語》，試問自己能說出什麼呢？很多小朋友從小就背

《三字經》、背《論語》，朗朗上口，但是若問他何謂「學而不思則罔」？他並不知道意思，以背誦作爲孩子啓蒙教育是可以的，眞的想學習則不夠，背完不知道意思，學了也白學，將來很容易忘記。所以學一定要「思」，有了思考才有主體性，才有反省。用自己的話再說一遍，才有眞正的心得。

第二部分是思而不學則殆，「殆」本來是有危險的意思，但是思而不學談不上什麼危險，所以就要理解爲，陷於迷惑，只思考而不學習，就會陷於迷惑。如果只有思考而不學習，所思考的只有身邊發生的事情，比如說每天只看看報紙，聽別人說說八卦消息，那都是身邊發生的事情，只想這些事情，不太可能有完整的理解，都是東一句，西一句，各種片段的消息，很難構成一個完整的了解，能不迷惑嗎？

一般講到人的求知，有三個階段，第一得到許多資訊；第二得到專業的知識；第三，得到人生的智慧。從資訊到知識到智慧是三個不同的層次，一般資訊，只要打開電腦，都能得到，但不太可靠。我們常常開玩笑，說如果你同時看三份報紙的話，大概就弄不清楚昨天發生什麼事了，因爲每份報紙寫的都不太一樣。知識是一個系統工程，專業細分往往合作不多，比如研究天文學的，和研究地質學，不見得可以配合，更不要說天文學和社會科學，社會科學和人文方面的學問更是各有各的專長領域，各有各的知識。而智慧一定牽涉到兩個詞，一是完整，一是根本。當我們認爲一句話很有智慧時，這句話必然是完整而根本，就像一個人活在世界上應該如何，不是只看現在，而要看整個一生。所謂的根本，是爲這個理想或原則做多大的犧牲都願意，表明它是很根本的，不是泛泛的一種想法。

談到「思而不學則殆」，《論語·衛靈公第十五》裡有一段孔子本人的經驗，孔子說：我曾經整天不吃飯，整夜不睡覺，去思考，結果我發現沒用。因爲不論多麼聰明，只是思考，別人的研究都不看，別人的心得也不聽，孔子認爲沒有用，不如學也。那就不如去學習，學習《詩》、《書》、《禮》、《樂》、《易》，翻開書本立刻就發現到各種知識構成系統。《詩》代表文學，《書》代表歷史，《禮》代表生活規範，《樂》代表音樂藝術，《易》代表哲學，每一項都是老祖先智慧的結晶。認眞學就能徹底了解某一種專門的知識，就會對它有個系統的認識。這時比一個人關起門來想要有用多了，因爲閉門苦思有時空的限制，只能想今天的事，最近發生的事，或在自己周圍發生的事，範圍越來越小，所以孔子說「學而不思則罔，思而不學則殆」是很重要一段話，提醒我們學習和思考要配合起來，要以自己的心得爲重。

我們常常講人生的發展，可用三句話加以概括：好學，深思，以及力行。我們一方面要好學，一方面要深思，好學而不深思，就像兩腳書櫥，到最後把圖書館的書念完了，別人問時任何事都知道，但是卻沒有主體的心得，無法融會成一個系統。而只深思，會陷於迷惑，想不清楚爲什麼這一切這麼複雜。所有的學問在古人都稱爲「天下之公器」，天下人都可以用，絕不會因爲他讀了我就不能讀，任何書任何人都可以讀，端看個人之開卷與否了。所以學與思配合，一切要落在力行實踐上，只是學與思，不去實踐還是沒用的。很多時候書上所寫，要親自做了，才知道究竟所論爲何，也才知道何以如此立論。我們常常說，如人飲水，冷暖自知。念書求學問就好像每一個人自己喝水一樣，冷暖只有自己知道，只是看別人說這個冷、這個暖，那沒用的，要自己去體會，才知個中滋味。

《論語》裡簡單的一句話，背後都有很多道理，我們加以引申之後就能了解得比較完整，我們學習儒家的思想常常要記得，孔子是一個溫和的理性主義者，我們強調理性主義是說他重視每一個人都是理性的，這個理性需要經過學習鍾煉，才能夠發揮它的作用。作用發揮出來之後，人與人之間就很容易建立共識，大家相互商量人生路徑該往何處。談到商量，我們將會發現，孔子也有他特別的見解，這個我們留待下一次再說。

【第26講】

《論語．爲政第二》的第十六章，原文是：

子曰：「攻乎異端，斯害也已。」

孔子說：「批判其他不同立場的說法，難免帶來後遺症。」

「攻」字，在《論語》出現不只一次。都做「批判」來解。有些人認爲「攻」可以指研究，所以就把這句話說成：孔子說，你去研究不同的說法，就會有壞的結果。勸人不要研究異端。這種說法對不對呢？首先我們認爲「攻」字在《論語》裡面既然都指「批判」，忽然把它解爲「研究」不太適合。更重要的是何謂「異端」，「異端」本來並沒有特別的意思，是說我有一種立場，和我不同的立場稱作另外一端，異端就是另外一端。所以講異端時，與我這一端其實是平等平行的。孔子並不指異端爲邪說。孔子講「異端」代表不同的說法，因此便沒有研究的必要，因爲天下有多少和我不同的說法呢？太多太多了，恐怕研究不完。在孔子之後，就有所謂的九流十家、諸子百家這樣的稱法，但是把別人當異端似乎不是孔子的立場。所以「攻乎異端，斯害也已」，我們把它翻譯成，孔子說：批判不同的說法，會帶來後遺症，會有害處的。因爲你批判別人，把別人當異端，別人也同樣把你當作異端來加以批判，這不是變成大家吵成一團嗎？

批判不同的學說會帶來後遺症。孔子反對我們隨便批判別人，因爲他說過，「道不同不相爲謀」。這句話很清楚了，彼此的理想不同，不必互相商量。天下這麼大，你走你的路，我過我的橋，有什麼關係呢？兩個人何必非要講清楚不可。因爲各種說法有時候有它層次上的不同，你今天認爲我說的不對，也許再過十年，你就了解我爲什麼這麼說，就好像我們今天認爲有些人說得不太對，再過幾年之後呢？說不定我們也了解別人這樣說有他的道理，所以人生是有不同階段的，不要著急。「道不同不相爲謀」，孔子很少和別人辯論，立場不同，大家各行其是，「君子和而不同」，這是孔子的說法與立場。

孟子就不同了，孟子處在戰國時代中期，比孔子晚了一百多年，他的思想非常精彩。也因爲有他，孔子到孟子才連成一個系統，成爲孔孟之道，代表儒家。但是孟子對於異端，立場就不同。因爲戰國中期天下大亂，孟子說過，天下人的說法，不是歸於楊朱，就歸於墨翟。楊朱、墨翟是兩個不同的學派，楊朱這個學派只替自己著想，費一點力氣替別人服務，不可能。「拔一毛，利天下而不爲」。墨翟這個學派完全不同，摩頂放踵，替別人服務，完全不計代價。這兩個學派走兩個極端，一個是完全替自己考慮，一個是完全替別人考慮，這叫做走極端，孟子認爲都不太好。因爲孟子是一位哲學家，作爲哲學家，很習慣把一種理論設法推到它邏輯的結論，比如一個不喜歡替別人服務的人，稍微幫一點忙，讓自己累一點都不願意，我們可以想像，他肯定要逃稅漏稅的，他能夠節省就節省，能不交稅就逃吧。像這樣的人，等於是不需要國家，所以孟子就說像楊朱這樣的人，叫做無君，無君就是無視於君主的存在。一個人怎麼可能沒有國家呢？沒有國家誰來保護你呢？另一派是墨翟，他講兼愛，非常理想。任何人聽到墨翟的學說都覺得很感動，「兼相愛，交相利」，大家友愛互助。但是「兼愛」並非同時愛很多人，而是同時並且平等地愛每一個人。比如一個墨家搭車時，自己的母親和鄰居的大嬸也在車上，爲了要兼愛，依據年紀大小決定讓誰坐，那母親一定很傷心，這個兒子不是白養了嗎？把我和鄰居的大嬸看成平等的，這樣在人情上講不通的，儒家講愛是有差等的。我當然先讓給我的母親，如果我的母親覺得大嬸年紀比她大，身體比她差，需要座位，我母親再來讓她。兼愛不是一般人做得到的，所以墨家的做法在孟子來說，是無視於父母親的存在。因此孟子的批判就很厲害了，「楊子為我，是無君也；墨子兼愛，是無父也。無父無君，是禽獸也。」讀《孟子》有時會嚇一跳，他動不動就把別人說成禽獸，好像很兇，但他為什麼這樣說呢？他說如果把這兩種立場推到邏輯的結論，那人的世界就瓦解了，一個是不要國家，不要國君，一個是不在乎父母的重要性，那怎麼得了呢？所以我們講到異端，就自然想到孔子、孟子兩個人，他們生活的時代不同，性格也不同。所以他們對異端有不同的想法，孔子的性格比較溫和，而他的時代是春秋時代末期，他還可以有些作為，所以他認為不要批判異端，批判異端會有後遺症，也就是別人也把我們當異端來批判，後代確實發生這樣的事情，儒家批評墨家，墨家也批評儒家，儒家批判道家，道家也批評儒家。到後來就是吵得不可開交。如果按照孔子的說法，「道不同不相為謀」，天下這麼大，大家不妨各自去發展，也許在不同的階段會有相通的地方。孔子說「攻乎異端，斯害也已」，是一種非常包容的心態。

我們不能忘記，孔子這個人基本上是能夠欣賞差異的，別人和他觀點不同，他認為別人有他的道理；別人和他說法相同，他也覺得很開心，因為別人了解他的立場。我們在做人處事上也可以向孔子學到很多。千萬不要以為只有自己對，也許在這個角度上，今天看是對的，但是又如何知道別人一定不對呢？西方第一部哲學作品是柏拉圖的《對話錄》，它是比較完整的作品。在他之前也有很多斷簡殘編，留下來資料很少，所以一般講希臘哲學第一部完整的哲學作品是柏拉圖《對話錄》，說到「對話」這兩個字，一定是有正方、有反方，兩個人意見不同，立場不同，才能產生對話。若別人所說我都稱是，便是附和，怎麼能稱為對話呢。對話有正有反，然後就尋找他們的「合」，設法往上提升，我看到這一面，你看到另外一面，我們溝通、對話之後，可以從你的角度再來看我的立場，如此一來，就能比較完整地照顧到每一方面，這時候就可以讓自己提升了，因為我以前只知道這一面，不知道那一面，現在知道之後，我就可以超越我自己。能夠不斷地與別人對話，往上提升，對每一個人都是很好的事情。

本章談到孔子這段話，和他前面講「君子和而不同」、「周而不比」、「泰而不驕」都相通，相連起來理解就比較完整，而不用把「攻」當研究解，其實孔子說到攻，將來我們發現，都指批判，比如說要修養德行，要批判自己的過錯，不要批判別人的過錯，德行自然高了；相反的，若批判別人，別人的過錯關我們什麼事呢？批判他，他也不見得改。對我們來說，自己的過錯還是存在，所以不如批判自己的過錯。

【第27講】

《論語・爲政第二》的第十七章，原文是：

子曰：「由，誨女〔汝〕知之乎！知之爲知之，不知爲不知，是知也。」

孔子說：「由，我來教你怎樣求知，知道就是知道，不知道就是不知道，這樣才是求知的態度。」

這段話聽起來好像很容易。由就是子路，孔子對子路說：我來教你怎樣求知。「知之爲知之，不知爲不知。」知道就說知道，不知道就說不知道，這才是求知的態度。

爲什麼孔子要這樣說呢？這句話又有什麼深刻的含義呢？讓我們先了解子路這個人，子路是孔子的同鄉，比他小九歲，年輕時像個俠客，有一段對他的描寫很有意思，說子路年輕時，頭上插著公雞毛，身上披著野豬皮，帶一把劍到處晃，路見不平就拔刀相助，是行俠仗義的人物。孔子看到子路這個人很豪爽，很有俠義精神，希望子路也來學習，就主動對子路說，你爲什麼不來跟我學習呢？子路很有自信，他說不必學習，南山有竹，砍下來當劍，可以射穿犀牛皮。他把自己比喻爲南山的竹子，品質非常好，根本不需要有特別的修練，砍下來當劍，便可以射穿犀牛皮。中國古代很多犀牛，在《孟子》裡提到周武王起來照顧百姓時，先驅逐四種猛獸：虎、豹、犀、象，犀牛便包括在其中，顯然當時犀牛很多。子路對自己很有自信，認爲自己不需要特別學習。這時候，孔子就順著子路的話說，你如果把這個竹子前面削尖，裝上箭頭，後面再插上羽毛，不是能射得更遠、更深嗎？這一講子路立刻明白自己的才華如果稍微加以琢磨，能有更大的用處，表現更好的優勢，所以他立刻拜師。他拜師之後，有時候還爲孔子帶來一些煩惱，因爲子路屬於行動派，他不太喜歡文藝方面的科目，子路在彈瑟，孔子聽了皺眉頭，說這個學生彈的瑟怎麼會在我門下出現呢？據說子路彈瑟的時候，帶有殺伐之氣。接著他說子路已經登堂，但是還沒有入室。

子路也有他的特色，孔子收他爲學生之後，別的不談，至少從此以後，沒有人敢公開批評孔子，要是有人批評孔子，子路當然要過來理論了。所以每個學生都有他的特色，子路不太喜歡做思考，對於求知方面恐怕也不太有耐心，孔子就教他一個基本的求知態度，就是你知道的就說知道，不知道就說不知道。一般人對於第一句比較沒有問題，我知道了我當然說我知道，問題在第二句，不知道的就說不知道，有時候會不好意思。比如我們上課的時候問，同學們都知道了嗎？大家都說知道。眞的讓同學解釋，很少有人說得清楚。只要心裡面稍微有點懷疑，你就要承認，說我還不太清楚，因爲我們在學習的過程只是聽還不夠，要配合思，還需要行，也就是實踐。這種知與不知有時候不容易說得透徹。所以孔子教學生，像子路這樣的學生，他就提示求知的態度。只要掌握第二句，不知道就說不知道，如此便可以不斷上進。

希臘哲學家蘇格拉底，大家都說他最有智慧，但他認爲自己什麼都不懂，怎麼會最有智慧呢？別人說是去神殿裡面求籤，神殿的籤說他是最有智慧的人。他便要讓大家去見識誰是有智慧的。蘇格拉底帶著一群年輕人去拜訪三種人。第一種人是當時城邦的政治領袖，他向他們請教，知不知道人生的根本目的何在？眞正的人類福祉在何處？這些問題，當時的政治人物都很難回答，因爲他們只了解如何發展經濟建設；接著他再訪問第二種人，就是當時的許多作家，他們的書是年輕人愛看的，表示能夠給年輕人很多啓發，應該很有智慧吧。一問之後才發現，很多作家都是喝醉酒時有了靈感，文章便寫得很好，問他是什麼意思，有時候也不見得講得清楚，可見他們也不是眞有智慧；第三種人，就是當時的科技專家，因爲雅典本身的海軍艦隊很強，有些人專門造軍艦，有些人造神殿，需要高大的城牆，他們都是專家。問他們爲什麼要這樣做，答案都是按照藍圖來做的，師傅怎麼教我，我再這麼做，再教給我的徒弟。換句話說，社會上公認的最聰明的人，其實並沒有眞的了解，而他們所知道都是很有限的片段知識。最後蘇格拉底得到一個結論，他說我現在知道神爲什麼說我最有智慧，因爲在人類裡面，只有我知道我是無知的。這在西方是很經典的一段材料，說明：我只知道一件事，就是我是無知的。別人連自己無知都不知道，就代表別人比蘇格拉底更愚昧了。

蘇格拉底知道自己無知，是件耐人尋味的事，因爲平常我們和別人來往時都會談各種人生的問題，談話中就會發現我們使用許多概念，而我們並不了解它是什麼意思，比如我們說人生應該勇敢、應該謙虛、應該友愛，這些詞聽起來都不錯，但實際上到底什麼意思呢？不見得講得清楚。蘇格拉底強調要設法從無知變成有知，要不斷去探討，要在學習的過程中不斷去知道更多東西。對於不知道的就要說不知道，這樣對於自己的學習才會有更大的要求、更大的動力。至於知道的，就要說知道，表明對自己有很大的信心。人一方面要有信心，另一方面還要虛心。這樣才能夠把握住已經有的知識，再不斷增加新的認識。這種求知的態度，不但對於像子路這樣的人有效，對每一個人，對每一個學生，都是有參考價值的。

【第28講】

《論語．爲政第二》的第十八章，原文是：

子張學干祿。子曰：「多聞闕疑，愼言其餘，則寡尤。多見闕殆，愼行其餘，則寡悔。言寡尤，行寡悔，祿在其中矣。」

子張請教怎樣獲得官職與俸祿。孔子說：「多聽各種言論，有疑惑的放在一邊，然後謹慎去說自己有信心的，這樣就會減少別人的責怪。多看各種行為，有不妥的放在一邊，然後謹慎去做自己有把握的，這樣就能減少自己的後悔。說話很少被責怪，做事很少會後悔，官職與俸祿自然不是問題。」

本章是子張這位學生第一次出場。他年紀很輕，比孔子小四十八歲，在《論語》裡算是最年輕的了。比他年長兩歲的是曾參，小孔子四十六歲。子張年紀雖然輕，志向卻很高。像他提這個問題，有些人認爲好像不太好吧，怎麼一上場就問老師怎麼樣獲得官職和俸祿呢？因爲在古代，學習的目的就是希望能夠去做官，只有做官才是讀書人正當的出路，將來可以把自己的所學用之於社會，造福百姓。而不是學習是爲了做官，做官是爲了追求個人的富貴，儒家的考慮首先在於爲民服務，這一點原則是很清楚的。所以子張請教怎樣獲得官職和俸祿。對孔子來說，不會怪他一捧書本就希望將來可以做官，得到職位、得到薪水。孔子的回答分言和行兩方面。第一，要多聽。多聽別人說話，聽了覺得有疑惑的，不太妥當的，就放在一邊。和別人說話就要說自己有信心的話，這樣就會減少別人的責怪，因爲已把不太適合的話都放在一邊了。一個年輕人到社會上工作，開始的時候說話確實要謹慎。給人的第一個印象很重要，第一個印象有問題，以後別人要改變需要很長的時間，所以說話時，別人就會注意到這個年輕人說話有沒有分寸，是不是合大體，在時機上，在身份上，在角色上是不是都恰如其份？如果都能做到，代表這個年輕人能夠察言觀色，知道如何適當地表達自己，與別人相處，也比較容易協調，這是在說話方面應當注意的。接著，在行爲上，孔子說多看各種行爲，有不妥的，放在一邊。因爲剛剛進入社會，本身做事的經驗很有限，別人做時我們可以多觀察，把所有不妥的、不太適合的放在一邊，然後去做自己有把握的事情，這樣就能減少自己的後悔。前面提示說話時小心，不要讓別人責怪；後面提示做事時小心，不要讓自己後悔，這兩方面都做到，官職與俸祿自然不是問題。

孔子對這個年紀比自己小了幾乎半個世紀的學生，一定是像對待自己的孫子，很誠懇地告訴他，言行方面要多看、要多聽。一般人學儒家，總以爲只要自己有道德操守就好了，本身做得正就行了，其實，儒家講人的問題不能離開社會，既然在社會上，就要尊重社會的規範。一個社會能夠發展到今天絕不是偶然的，它有它的各種規則，包括明的、包括暗的。多了解，多看多聽，然後去說一些自己有信心的話，做一些自己有把握的事，自然而然就不會被抱怨或責怪，自己也不至於對自己的行爲感到後悔了。

我們學儒家，看到孔子不論對於從政做官或求職安身賺錢，都是非常理性的。有些人談到儒家，喜歡強調儒家偏重人格教育，只重視道德的修養，而比較不注意現實生活的需求，其實未必如此。日本有位學者，他寫了一本《論語與算盤》，算盤代表利益，《論語》代表道義，事實上這兩者可以配合，只有一個原則，當我們發現利益時要問合不合乎道義，這樣就可以了。所以孔子教我們要多思考，做任何事寧可思考之後再做，以免將來後悔，「言寡尤、行寡悔」這六個字，應該要列爲座右銘來提醒自己。很多時候明知這話說出來會得罪人，卻因爲修養比較差，或者因爲心直口快，直接說出來，果然得罪人。其實有話想說而不說，也是一種修養，我們一再提到「禍從口出」就是這個意思，說話不要逞一時之快，而要能夠稍微轉個彎想一想，但是也不要想太多，想太多之後變成什麼話都不敢說。所以說話是一門非常困難的藝術，要掌握住重點，運用得恰到好處，恐怕花大半輩子都學不會的。

孔子給子張一個比較具體的建議，就是多聽別人怎麼說，說話不要讓別人責怪，做事的時候要記得，不要讓自己後悔。很多事情一做了之後不能再回頭，時間不能復返，事情做成之後也很難重來。人生只有一次，必須一路往前走，做每一件事時都把它當成是惟一的事情。比如我自己教書已經超過三十年了，每次上課我都會提醒自己，今天是第一次上課，雖然明知早已上了無數次課、講了無數場，但是時間不能重來，每一個時段都是一剎那，這一剎那過去了，就是下一剎那了，下一次和這一次不同，不可能替換。所以我也常常在問自己，每一次上課說話是否恰到好處呢？能不能再改善呢？如果準備得比較好的話，自己也覺得很有把握，能說得更完整，讓別人聽得更明白。還好，這個世界本來就不完美，而每一個人都有提升的空間，只有不斷地去改善自己，不斷地自我反省，跳開自己來觀察自己，來聆聽自己，這樣才有可能在下一次類似的場合把話說得更好，把事情做得更圓滿。

人生是永無止境的挑戰，我們在年輕時會希望一次把事情做好，把話說對，這是很好的要求與自我期許，但是事與願違，人生永遠沒有圓滿的時候。當別人稱讚孔子時，他說「若聖與仁，則吾豈敢」。你說我是聖人，說我是仁者，我不敢當。因爲只要還活著，就有繼續往上超升的可能，這是因爲人性是一種力量，這種力量要求我們要做得比過去更好，永遠要比過去更好，自我超越是永無止境的。就因爲這樣的觀念，我們在人生的過程中才感覺到源源不絕的奮鬥動力。

【第29講】

《論語・爲政第二》的第二十一章，原文是：

或謂孔子曰：「子奚不爲政？」子曰：「《書》云：『孝乎惟孝，友於兄弟，施於有政。』是亦爲政。奚其爲爲政？」

有人對孔子說：「您為什麼不參與政治呢？」孔子說：「《尚書》上說：『最重要的是孝順父母、友愛兄弟，再推廣到政治上去。』這就是參與政治了，不然如何才算參與政治呢？」

這段話很有意思。「或」經常出現。「或」就是「有人」，但他的名字大家不記得了，也許不是孔子的學生，也許是一個朋友，在《論語》裡「或」字用過很多次。

有人問孔子爲什麼不參與政治，這個問題出現在魯定公初年。魯定公上臺之後，孔子不願意出來做官，他認爲條件還不成熟。後來在定公九年，西元前五百零一年，孔子出來做官，那年他五十一歲，首先擔任中都宰，中都縣的縣長，做得非常好。第二年就升任小司空，司空是負責國家工程部門的，負責建設的。同年又升爲司寇，司寇負責治安，孔子做官兩年就做到了大夫的階級，司寇的位置，這是非常傑出的表現。到後來還能夠行攝相事，也就是當到代理行政院長這樣的位置。但是眞正的實權還在國君與季氏的手上。孔子在魯國做了五年的官，大有作爲，但是五年之後就發現他要求的理想在魯國國君和季氏心中還是太高了，沒辦法實現。同時齊國還來攪和，送來一群能歌善舞的女子給魯定公，魯定公定不住了，對孔子就不再信賴，所以孔子才離開魯國周遊列國去了。

孔子在魯國做官五年，本章所談的問題出現時，孔子顯然還沒有做官，所以別人就問他說，您目前年紀已經過了四十歲了，您的才華大家都知道，爲什麼不出來做官呢？孔子回答說，在《尚書》上說，最重要的是孝順父母、友愛兄弟，再推廣到政治上去，這就是從政。不然如何才算從政呢？他講的是一個家庭裡，如果能夠做到孝與友，孝順父母，友愛兄弟，那一個家就治好了。如果每一個家都能夠做到兩點，孝和悌，那麼整個社會、整個國家不就太平了嗎？政治還有比這個更根本的嗎？孔子當時是用《尚書》上的一句話來作爲他的回答。他的理由就是剛才我們所說的，由小的範圍推到大的範圍，一個國家要上軌道不能只靠幾個領袖來做，需要每一個人設法做到父慈子孝，兄友弟恭，那社會怎麼會有問題呢？因爲沒有好好去培養並發展家庭裡的親情，沒有設法讓每一個人的才華都得到學習、鍾鍊與表現的機會，於是社會就複雜而紊亂了。所以社會的問題是隨著國家的範圍擴大、人口增加而越來越複雜，孔子這樣的回答是一個社會的理想，那麼在當時的情況能做到嗎？當然做不到。一家人都做得很好，那別家人不做怎麼辦呢？要全國每一家人都能夠做到孝順父母，友愛兄弟，談何容易啊！但是基本的原則還是一樣，就是要讓你回歸到最基本的人際關係上。

從家庭到鄉里，再到鄉黨，最後推及社會、國家，孔子對政治始終是關懷的，因爲儒家的思想原則在於對人性的定義，是人性向善。而對善的理解是什麼呢？是自己與別人之間適當關係的實現。所以如果把人性界定在與別人適當的關係，就不可能一個人獨善其身。說到「獨善其身」，我們也要說明一下，因爲這個詞是孟子用的，孟子說「窮則獨善其身，達則兼善天下」。和我們現在的用法不太一樣，孟子說：人窮困的時候，就設法讓自己的修養趨於完美；如果有機會便要兼善天下，同時讓天下人也都一起趨於完美。所以儒家的政治理想一定要落實在道德的實踐上。換句話說，要把國家當作學校，把政治當作道德方面的教化，這樣才能使人間變成一個樂土。

有些人喜歡比較中國人與西方人，尤其是基督徒，其實基督徒也好，佛教徒也好，都把人間看成一個受苦受難的地方，佛教說眾生皆苦，在基督徒來說，也認爲這個世界充滿了各種災難和不幸，只有儒家的思想，比較特別，他強調要把這個世界改造成爲一個理想的世界，必須通過大家的一起努力。由此可知，儒家思想是非常入世的。而這種入世絕不是說追求社會上的各種成就，這樣就把儒家看得太膚淺了，真正儒家的思想是關心每一個人。我們將來會談到孔子的志向，他要讓老年人、青少年都得到安頓，而做朋友的能夠互相信賴，這樣的社會一定是上軌道的，讓天堂這樣的理想在人間慢慢實現，這是儒家的一種願望。

但是我們看到的是事與願違，這樣的願望太好了，以至於很難實現。因爲教育是永遠做不完的，無論如何都很難達到完美的程度。教育了這一代，還有下一代呢？每一代每一代要接下去，沒有接好，就造成複雜的問題。像天下，一治一亂、一治一亂，好像變成規律了，分久必合，合久必分，也變成我們很熟悉的一些想法了。

儒家的願望的確是弘願，總希望能夠通過每一個家庭，每一個小的人群單位的改善，最終整個國家、整個天下能夠上軌道，這種想法很值得珍惜，雖然做不到，但也不妨礙我們去取法，「雖不能至，心嚮往之」，「取法乎上，得乎其中」。相對於其他的宗教，儒家這種思想顯然是更爲積極、更爲進取。宗教常告訴信徒，如果人間不理想，那就要修練自己，在生命結束以後進入一個更理想的情況，但是這樣一來，這個世界要交給誰來負責呢？如果大家都認爲這個世界不夠理想，而卻只追求個人生命的完善，這個世界又該怎麼辦呢？儒家顯然不怕這樣的挑戰，不畏這樣的艱難，他就要面對這樣的世界，積極從事政治的活動，要設法提升政治的品質，隨之讓百姓的生活也得到更大的安頓，讓他們的生命走上正確的道路，在德行修養上完成人性應該有的目標。

【第30講】

《論語・為政第二》第二十四章，這也是〈為政篇〉的最後一章。原文是：

子曰：「非其鬼而祭之，諂也。見義不為，無勇也。」

孔子說：「不屬於自己應該祭祀的鬼神，若是去祭祀，就是諂媚。看到該做的事，而沒有採取行動，就是懦弱。」

本章提出祭祀、鬼神，反映了孔子的宗教態度。不屬於自己應該祭祀的鬼神，若加以祭祀就是諂媚。表示如果是屬於自己應該祭祀的，就是正確的作為。古人所說的鬼神就是祖先，先人死而為鬼，所以要對他們祭祀。為什麼有些人會祭祀他不該祭祀的鬼呢？他可能看到有哪一家人特別發達，就在家裡面把這一家人的祖先也拿來拜。換句話說，諂媚活人之外還諂媚古人，孔子是反對的。孔子贊成正確的宗教態度是該祭祀就祭祀，祭祀自己的祖先，要以自己的祖先為榮，要記得光宗耀祖是每一個人最基本的願望，因為生命的長河是隨著過去的祖先、現在的我們、將來的子孫而一路發展下去的。

本章的重要性，是因為可以由一種特殊的角度去了解孔子的生命。一個人活在世上，生命當然有限，我們持續的祭祀祖先，將來子孫也會同樣把我們當祖先祭祀。所以我們在這個環節裡面一定要盡好自己的責任，一方面要做到不要讓祖先蒙羞；另一方面也要做到不要讓子孫為難。所以祭祀的含義非常深刻。先說不要讓祖先蒙羞，在《詩經》裡面就提到「毋忝爾所生」，「忝」就是慚愧，感到不好意思。不要讓生命的來源，也就是我們的父母、祖先覺得慚愧，這一生常常想著這句話，就會收斂自己的言行；另一方面不要讓子孫爲難，孟子說過一段非常具有參考價值的話，他說，在西周末年時，有兩位天子，一個叫做幽王，一個叫做厲王。幽代表昏暗；厲代表殘酷。人死之後，被後人追諡爲幽、厲，意即這兩位天子眞是做得不好。孟子說，即使後代有一百代孝順的子孫，也不能把這樣的惡名去掉。換句話說，作爲子孫的人想到祖先有人是幽，有人是厲，那眞是顏面無光，雖然後代的子孫孝順，也不能改變這一事實。所以我們要謹慎，不要讓子孫覺得難堪、覺得委屈。

對祭祀的重視，是我們民族特別之處。西方人常常說我們中國人的宗教就是祖先崇拜，不是沒有道理的。當然我們也知道，只談祖先崇拜，顯然還不夠。以孔子來說，除了對祖先定期祭拜之外，他還有他的信仰，就是相信「天」。中國古代是信天的民族，所以帝王稱爲天子，只有天子可以祭天地，一般老百姓就只能祭祖先。要祭祀自己的祖先，不要去麻煩別人的祖先，祭拜別人的祖先也是諂媚，有些人可能覺得祖先不夠光彩或者能力不太強，看看別人家的子孫很有成就，認爲是因爲有偉大的祖先加以庇蔭，便也跟著去祭拜別人的祖先，這種現象在當時肯定是有的，所以孔子才會說這樣不好，這也是一種諂媚。所以人除了諂媚活人之外還可能諂媚死人，這是儒家反對的。

其次談到第二句話，「見義不爲，無勇也」。今天我們使用的成語「見義勇爲」，即典出於此。「義」是該做的事。「義」要配合外在的行爲來判斷，這個字本來的意思是宜，適宜的宜。就是說這件事情該不該做呢？彼一時也，此一時也。也許昨天該做，今天不該做，對張三該做，對李四不該做。判斷一件事情該不該做的時候一定要考慮適不適合，進一步變成適當性，再進一步變成正當性。平常講「義」，就是正當的行爲，但是正當不正當需要判斷，所以儒家講到「仁」與「義」時，會特別強調需要智慧。

何以孔子將「見義不爲無勇也」，和「非其鬼而祭之，諂也」相連來談呢？這其中相關性在於

「義」，一是對於過去的先人，一是對於現在的百姓。對先人要以適當的方式祭拜，但是更重要的是不能忽略現在的責任，就是對於周圍的百姓或者周圍發生的事情，該做的事，如果沒做的話，就是儒弱，就談不上勇敢。這兩者要配合在一起。儒家很喜歡講對照，對照過去的情況，也要看現在。談到祭拜鬼神就不能忽略現在活著的人，這是儒家思想的特色。不論鬼神有多麼偉大，或者有多大力量，都已經過去了。所以孔子反對過度勞煩鬼神，什麼事都去求神拜鬼，這是不對的。人要盡人事，有什麼樣的身份角色，就把責任盡好。鬼神是祖先，他們已經在盡完責任之後安息了，不要讓他們受到太多困擾，做子孫的要把握現在，這是我們的責任，儘量改善世界，首先從自己開始。

孔子的思想之所以精彩，是因爲他的思想相當完整，比如講到祭祀祖先，就想到活著的現實世界上的人，是我們現在立刻要關心的，比重上不能忽略。眼下發生了旱災、水災、地震，不就實際情況加以了解，該做的事沒有立刻做，卻反而去求神拜佛，希望他們帶來奇蹟，這是「不問蒼生問鬼神」。古代有很多求雨的故事，或者在雨澇成災時希望雨停，都會有各種宗教的儀式，以這樣的方式予以百姓安慰，我們並不反對，但是不能過度，過度託付不可知的力量，到最後會忘記活著的人應該有什麼責任了。

從這裡我們可以了解儒家的思想是重視現實的人生，不論過去如何輝煌，那是祖先的成就。我們也不要問將來如何，因爲將來很難預測，我們要把握的是現在我們這些活著的人要如何面對今天的挑戰，好好盡責任，把該做的事做到。該做的事是永遠做不完的，這個社會有不義的事情，有不理想的情況，甚至還有很多人受委屈，需要我們幫忙，需要我們照顧，需要我們伸出援手，這些該做的事是做不完的。同樣的，這個世界也很難達到完美的程度，人只能夠追求完美，正如曾參說的一句話，「死而後已」，到我們生命結束的時候，才能說我終於可以問心無愧了，安心地離開了。

八佾第三

【第31講】

《論語・八佾第三》第三章原文是：

子曰：「人而不仁，如禮何？人而不仁，如樂何？」

孔子說：「一個人沒有真誠的心意，能用禮做什麼呢？一個人沒有真誠的心意，能用樂做什麼呢？」

人而不仁的「仁」，是指眞誠的心意。一個人如果沒有眞誠的心意，用禮做什麼？比如，見到老師，就鞠躬、行禮，但是心裡並沒有眞正的尊敬感，只是客套而已，表面做個樣子，這是孔子反對的。再如，見到父母親，我很守規矩，該怎麼稱呼，該怎麼問安，都做到了，但就是沒有眞誠的心意，這就大錯特錯了。音樂也一樣，樂是和諧人際關係的表現。演奏音樂時，如果沒有眞誠的心意，就不能把音樂的內涵表現出來，所以，不同的演奏者的演奏效果相差甚遠。唱歌也是這樣。有些人唱歌很動情，而另外一些人則純粹只是賣弄自己天生的好嗓子而已。

短短的兩句話，含義非常深刻。禮樂是周公創制的社會生活規範，不過，這種規範是外在的，情感才是內涵。如果只有形式，而沒有內涵和內容，恐怕只是做樣子而已。「仁」強調的是眞誠的心意，只有眞誠，才能由內心生發出力量，對自己嚴格要求。儒家一再強調眞誠的重要性，因爲人是所有動物裡唯一可能不眞誠的。因爲人會計較利害關係。一旦開始計較，就不眞誠了。比如，我坐在公共汽車上，上來一個老太太，要不要讓座？我心裡嘀咕，車上好像有人比我年輕力壯，好像有人比我精神更好，我上一天班很累了，為什麼要我讓座？這就是計較。如果內心眞誠，看到白髮蒼蒼的老太太一上來，就會立刻讓座，因為只有眞誠，才有力量由內而發，讓人主動做該做的事。

孔子最擔心的就是禮壞樂崩。而禮壞樂崩的前兆就是人因缺乏眞誠，以致禮樂成為純粹的形式而已。一個社會，如果所有人都行禮如儀，卻沒有任何眞情實感，好像在做遊戲，這不就是禮樂崩壞了嗎？儒家特別強調眞誠的原因就在這裡。孔子還說過另外一段話：「禮云禮云，玉帛云乎哉？樂云樂云，鐘鼓云乎哉？」正好可以與《八佾》這章相參證。它出自《論語．陽貨第十七》。意思是說：「禮啊禮啊，難道只是指玉帛嗎？樂啊樂啊，難道只是指鐘鼓嗎？」玉帛往往作為祭祀儀式中的禮器。鐘鼓則在樂曲開場和結束時使用，聲音最大，最能夠喚醒人。「禮」難道只是玉帛之類具體的東西嗎？「樂」難道只是鐘鼓這些樂器與它們發出的聲音嗎？絕對不是！禮最主要的是心意，而不是外在形式或外在的具體事物。樂也一樣，最關鍵的是心意，而不是外在的樂器和聲音。

顯而易見，孔子的思想重點在於眞誠。所有人文教化都以眞誠為出發點，再以適當的方式來表達眞誠的心。

下一段與之相關，也就是《八佾第三》的第四章。它的內容是這樣的：

林放問禮之本。子曰：「大哉問！禮，與其奢也，寧儉；喪，與其易也，寧戚。」

林放請教禮的根本道理。孔子說：「你問的真是大問題啊！一般的禮與其鋪張奢侈，寧可簡約樸素；至於喪禮，與其儀式周全，不如心中哀戚。」

我們很少看到孔子誇獎學生的問題是「大哉問」，這說明孔子非常高興。林放請教的是「禮」的根本道理。看到各種禮儀、禮節、禮貌後，還要追問禮的根本。這當然是大問題了。孔子回答說，禮還是簡約樸素比較好，不要太注重外表。至於喪禮，這是禮儀中最重要的，因爲人死爲大。所以，舉辦喪禮的時候，與其儀式周全，面面俱到，還不如心中哀戚，表達眞誠的情感。我們也許會覺得奇怪，孔子既然說這是「大哉問」，爲什麼回答卻那麼簡單？其實，問題再大，說穿了就很簡單了，禮的根本就是眞誠，眞誠的情感。這就是孔子對禮的獨到見解。

很多人回答問題的時候喜歡面面俱到，但孔子不同。他往往直指要害，抓住問題的核心所在。禮一定要以情感爲重，它是根本。比如，我在校園裡看到一個學生迎面過來，他向我點頭行禮，但是臉上很不情願的樣子。我看了都會覺得委屈，也許忍不住對他說，不用鞠躬了，既然你心裡並不尊敬老師，就不必在表面上這麼客氣了，我當老師的受不起啊！在禮儀方面，要有眞誠的情感做基礎，再表達出來，才能恰到好處。否則，外表一切都合乎規矩，內心卻沒有情感，別人只會說，這個人在演戲，是浪費生命。如果每一次的作爲都有眞誠的情感做基礎，人就會有比較強的內在力量，就能自我整合得比較完整，生命就能夠呈現長期的良性發展，最後慢慢累積起來形成人格的特質，內外表裡追求一致。這其實也是一種快樂和享受。

【第32講】

《論語・八佾第三》的第七章，原文是：

子曰：「君子無所爭，必也射乎！揖讓而升下而飲，其爭也君子。」

孔子說：「君子沒有什麼可爭的，如果一定要有，那就比賽射箭吧。比賽時，上下臺階與飲酒都拱手作禮，互相謙讓，這樣的競爭也是很有君子風度的。」

這段話首先說，君子和別人沒什麼好爭的，君子追求的是自我提升，而不是和別人比賽。但是，如果一定要爭的話——「必也」引導的是一個假設句，那就比賽射箭吧。因爲古代比賽射箭的時候非常講究禮儀，所以，後面緊接著說：「揖讓而升下而飲。」就是登上臺階、走下臺階以及互相敬酒的時候，都要打躬作揖，以示謙讓。即便要爭，也要表現出風度——君子的風度。不管輸贏，都要做到謙讓。這段話說明孔子對於古代六藝中射箭的看法。

中國古代的六藝指的是禮、樂、射、御、書、數。孔子都很精通。曾經有年輕人議論說，孔子非常博學，但是他好像沒有什麼專長啊，這就是所謂的博學而無所成名。這話傳到孔子耳中，孔子對學生說，成名嗎？我可以靠什麼成名？駕車嗎？射箭嗎？那我駕車好了。駕車就是御，是六藝之一。可見，孔子對自己的「六藝」技能非常自信，這也說明孔子確實是文武雙全。一般人認爲，孔子是一個文弱書生，其實不然，他六藝皆通，而且對於射箭、駕車更是在行。在古代，駕車屬於一種運動項目，在作戰的時候，更是一種必備技能。我們可以想像，孔子身高大約一百九十二公分，在古代被稱作長人，他駕車的時候顯然氣勢非常威武。孔子的身高大概與遺傳有關。他的父親叔梁紇就是一位大力士，曾經率領軍隊攻入敵方的城池，後來發現中了圈套，敵人要把城門關閉消滅他們。叔梁紇就一個人把城門頂住，讓三百個軍士全部撤出，他才離開。這是一個非常有趣的典故。

如果射箭贏了別人，應首先向輸的人作揖鞠躬，表示承讓，這是禮貌。所以，人與人競爭的時候，還是不能忘記基本的禮儀。既然贏了，就要向別人打躬作揖，讓對手下臺。這就是運動風度。談到運動，我們有時候會覺得運動場上是非常現實的，輸贏之間沒有妥協。我記得有一年，在歐洲舉辦的一屆冬季奧運上，有一則廣告說，如果你是第二名，你仍然是一個失敗者。結果引起了公憤，很多人投書電視臺，要求撤下這個廣告，否則就不看節目了。其實，在競賽的時候，第二名確實是輸給了第一名。這個廣告說的是事實，第二名照樣是失敗者。可是，我們都知道，在奧運賽場上能得到第二名已經非常了不起了，如果仍被視作失敗者，天下還有幾個成功者？在競爭的時候一定要記得，不要老想得第一。人外有人，天外有天。有時候，智慧一點，幽默一點，用自己的強項和別人的弱項比，那就會讓自己獲得心理滿足。一個美國人有一天回家對太太說，今天眞是我的好日子，我勝了兩個奧運冠軍！他太太說，怎麼可能？你在體育方面表現平平，怎麼可能勝過奧運冠軍？他得意地說，我和奧運游泳冠軍比賽網球，和奧運網球冠軍比賽游泳，我都贏了。沒錯，他確實贏了兩個奧運冠軍，但是，他比的不是對手的強項。這說明，人要有點幽默感，要懂得自我解嘲。

人的運動生命是有時間限制的，所謂長江後浪推前浪。很少有人在運動場上可以縱橫十年以上的，往往到了一定的年紀，也許並不太大，三十或四十，就非退不可了。所以，人應該往心智方面、往靈性方面發展。比如說讀書，基本上沒有限制。這當然也需要一些體力，不然連熬夜都熬不下來。此外，讀書時，如果年紀大一點，記憶力也許下降，但是理解力同時提高了，想像力與創造力也比較好了。所以，談到人與人的關係時，要把比賽或運動當作一種娛樂，這就是奧林匹克精神。古希臘的奧林匹克運動會上，選手們都是代表自己的城邦參加比賽，獲勝者得到的獎品就是橄欖枝編製的桂冠，這相當於今天的金牌，但是完全沒有任何商業上的考慮，沒有獎金，它代表的是榮譽。賽場上的成就說明，獲勝者的城邦重視體育，人民身體健康。在希臘人的觀念裡，身體健康與心靈美麗，是相輔相成的。如果一個人的身體不健康，他的心智也可能受到干擾；反之亦然。所以，希臘雕像都是以最完美的男性、女性爲模特兒，其作品到現在依然難以複製。有的雕塑斷了一隻手，但現代頂尖的藝術家也無法修復，高科技也無能爲力。可見，不同的時代有不同的文化，很難複製。我們不要只在運動項目或者體力方面與人競賽。這些項目的參與時間都很短暫。我們應該把目光轉向更公平的、長期的競賽，那就是不斷提升自己的德行修養。在這個領域，一方面，天下人都在競爭；另一方面，人與自己競爭才是最主要的，可以不斷地自我超越。

這就是爲什麼在《論語》中很少看到對比賽的討論。我們加以引申，幫助大家理解孔子的思想精髓。

【第33講】

《論語・八佾第三》第八章，原文是：

子夏問曰：「『巧笑倩兮，美目盼兮，素以為絢兮。』何謂也？」子曰：「繪事後素。」子夏曰：「禮後乎？」子曰：「起予者商也，始可與言詩已矣。」

子夏請教說：「『笑眯眯的臉真好看，滴溜溜的眼真漂亮，白色的衣服就已經光彩耀目了。』這句詩是什麼意思？」孔子說：「繪畫時，最後才上白色。」子夏接著問：「那麼，禮是不是後來才產生的？」孔子說：「能夠帶給我啓發的就是商啊，現在可以同你談詩了。」

這段話很讓人驚訝。因爲整部《論語》中，被孔子公開稱讚能讓他獲得啓發的只有子夏這個學生。子夏比孔子小四十四歲，是文學科的高材生，能夠讓孔子公開說受到啓發，那也是難得一見的。子夏在這裡問的是《詩經》中的一句話：有一個女孩子很漂亮，天生麗質，她穿上白色的衣服就顯得更加絢麗動人。白色本是很純的顏色，所以子夏不懂，爲什麼一個漂亮女孩穿上白色的衣服就光彩耀目呢？孔子答說：「繪事後素。」就是說，繪畫時最後上白色。現代人畫畫，是在白紙上塗抹斑斕的色彩；古代繪畫和現代不同。就以漢墓中出土的帛畫爲例，這種絹帛是咖啡色的，有點像樹皮的顏色。所以，古人用絹帛畫畫，其實是在咖啡色的底色上工作。因而，白色就是一種特殊的顏料。畫畫時，先上各種彩色，青色、紅色、黑色、黃色，最後才上白色。上白色的時候，看起來是沒有顏色的，但是它使其他彩色全部凸顯出來。所以一個漂亮女孩本身就是彩色了，穿上白色的衣服，就顯得更加漂亮了！

孔子的講解本來已經結束了，但是，子夏忽然有了一個靈感，接著請教說：「照這樣說的話，禮儀是不是後來產生的？」人性向善，本身就非常美。「禮」是形式，讓人內心眞誠的情感表現出來，所以，白色的禮就是讓內心多姿多彩的情感有適當的表現。孔子聽到這個問題立刻說，能夠給我啓發的就是子夏啊！爲什麼？因爲孔子以前也沒有考慮過「禮」是白色這樣具體的問題。一般人都認爲「禮」是彩色的，比如，朱熹的注解就說禮是彩色的。爲什麼朱熹會有這樣的觀點呢？因爲朱熹是南宋學者，當時畫畫已經用白紙作底，再上彩色，所以，朱熹翻譯這句話的時候加了一個字，「繪事後於素」，意思是，繪畫的時候是在白色的底上去畫上彩色。這就完全改變了孔子的原意，大錯特錯了。

在《論語》中，孔子曾經說過，可以和兩個學生談《詩》，一個是前面介紹過的子貢。孔子與他討論貧窮應該如何，富裕應該如何，子貢就引用《詩》裡面的「如切如磋，如琢如磨」來回應，孔子很滿意。在這一章中，孔子竟然說，能給我啓發的是子夏呀！就子夏的一生來看，這實在是最精彩的片段。

《易經》中的賁卦恰好可以與「繪事後素」參照理解。賁(bì)(ㄅㄧˋ)就是裝飾，它的卦象是山火賁，山下有火。火光使山更清楚、更漂亮，所以它是裝飾品。而賁卦講到最後一爻，就用了兩個字「白賁」，白色的裝飾是最高級的。換句話說，裝飾如果是彩色，反而會使本來的狀態受到遮蔽，比如，一個人穿上鮮豔的衣服，化很濃的妝，我們根本無法知道她究竟長什麼模樣。相反的，以白色作爲裝飾，就會使其眞實面貌一覽無遺。

在這裡，我們要再次強調儒家思想的一個重點：眞實的情感才是人類生命裡最重要的根據、最重要的基礎；我們所受的教育、所學的禮儀，都是爲了讓我們用適當的方式表達眞實的情感。由此而言，這段話的重要性就不言而喻了。此外，這段話也體現了孔子的教育思想：教學相長。我們教書時，往往以爲這是單向行爲。殊不知，有時候學生的一個好靈感、好反應會讓老師有所啓發，就像上文中孔子的反應一樣。有些學生素質很好，在某一方面也有專長，但是對孔子來說，最重要的還是德行的修養。孔子後來對子夏也有很多期許，尤其希望他不斷提升志向。在孔門弟子中，顏淵是最好的學生，但孔子反而沒有說過，從他身上獲得了什麼啓發；只是說，我和你顏淵是同一個水準！作爲老師，孔子確實値得我們效法和尊敬，他勇於承認學生給他的啓發，也願意把學生擺到與自己一樣的水準來肯定。

【第34講】

《論語・八佾第三》第十二章的原文：

祭如在，祭神如神在。子曰：「吾不與，祭如不祭。」

祭祀時有如受祭者真的臨在，祭鬼神時有如鬼神真的臨在。孔子說：「我不贊成那種祭祀時有如不祭祀的態度。」

八佾篇大部分都是談「禮」的問題。古代人非常重視禮與樂，因爲它們是社會規範，使人與人之間保持適當的關係，又能夠在情感上得到適當的表達。本章可以分兩部分來理解。第一部分是孔子本人在祭祀時候的表現。此時，好像祖先眞的在面前似的，他的態度非常莊重虔誠；祭鬼神時也一樣。有學生請教老師，您的態度這麼莊重虔誠，好像受祭者眞的在面前一樣，爲什麼要這樣做呢？所以才有第二部分的「子曰」，孔子解釋自己的表現。可是，很多人都把這句話的句讀弄錯了，因而產生了誤解。如果斷句爲「吾不與祭，如不祭」，就應該翻譯成：「孔子說：『我沒有參加祭祀，就好像我沒有親自祭祀。』」這樣的解釋前後二句相互矛盾，實在沒道理。在古代「與」字至少有兩種解釋，一是參與，二是贊成。在這裡，「與」當「贊成」講，是說孔子不贊成。「祭如不祭」意思是，有些人在祭祀的時候因爲看不到鬼神，就態度散漫，好像不在祭祀一樣。「與」這個字作贊成、欣賞講，在《論語》中出現了好幾次。比如，孔子和學生們談志向時，他最後說「吾與點也」，我欣賞、贊成曾點的志向。在這段話裡，孔子說，我不贊成祭祀的時候態度散漫隨便，好像不在祭祀一樣。

這個解釋不是我個人的想法，唐朝學者韓愈就是這麼講的。韓愈是唐宋八大家之一，文起八代之衰，他也研究《論語》，並指出，孔子曾經譏笑那些祭如不祭者。這話沒錯。孔子確實認爲，一個人做什麼就要像什麼，不能說因爲老師、長官在面前，做事就特別認眞；祭祀祖先、鬼神時，反正什麼也看不到，就輕忽隨便了。對古人而言，祭祀是非常嚴肅的事情，先要戒七日，然後再齋三日，就是所謂的齋戒。通俗點講，就是在十天裡，這個不能做、那個不能吃、這個不能喝。這有什麼效果呢？當人不再進行社交活動，或者在飲食方面非常克制，十天下來，精神就會比較專注。這時候去祭祀，就好像受祭者眞的在面前出現一般。所以，古人講究齋戒是有道理的。人與繁華的世界、熱鬧的場合分離，專注地思考，再過幾天就要祭祀了，這樣才能夠在祭祀時表現出虔誠愼重的心態。正是如此，孔子才能「祭如在，祭神如神在」。祭祀一定要虔誠，所謂心誠則靈。是否靈驗不能用感官來判斷，而要看實際作用。比如說，一個人祭拜祖先之後，做人處事就比較上道了，做事也比較有分寸了。這就說明祭祀起作用了。

我們常常感受到，有些古人雖然不在了，但他們的影響還在。比如，我們今天學習儒家，聽孔子說這個，看孔子做那個，並擇善從之，改變、提高了自己。很少有人完全只受現實生活經驗的影響，事實上，每個人心中都有一些古人的觀念在影響自己，並在現實生活中發揮作用。所以，中國人很喜歡講「即用顯體」。某樣東西的本體是否存在，要根據它的作用來判斷。西方人也說，判斷一棵樹的好壞，要看它結的果子怎樣。一棵樹長得很漂亮，但結的果子不好，就稱不上是棵好樹。果子就是我們說的結果，看事情的結果、作用，才能檢驗前面的基礎打得好不好。

我們講解《論語》，特別強調祭祀方面的問題。這不是我個人的偏好，而是因爲孔子對待這些事情確實特別謹愼。將來我們會看到，孔子一生最謹愼的三件事是：一、齋戒；二、戰爭；三、疾病。齋戒排在第一位。古人齋戒的目的只有一個，就是爲了祭祀。不像現代人，有時候吃素是爲了健康。孔子最重視齋戒，這說明他把與古人的關係作爲頭等大事。其實，這不僅僅是孔子個人的觀點，而是整個春秋時代的共識。《左傳》中就說：「國之大事，在祀與戎。」國家最重要的事情有兩件：第一個是祭祀；第二個是軍事。軍事當然很關鍵，如果力量不夠強大，恐怕會被別國消滅。但是，它僅僅排第二，第一是祭祀。一個國家，必須知道自己的祖先是誰，必須肯定自己的文化傳統，才能對老百姓產生凝聚力，才能將文化傳統發揚光大。

時至今日，我們仍然堅信，一個國家要眞正成爲偉大的國家，不能沒有自己的文化傳統，而軍事武力最多只能排在第二位。孔子的觀點即是有力的證明。

【第35講】

《論語・八佾第三》第十三章，原文是：

王孫賈問曰：「『與其媚於奧，寧媚於竈。』何謂也？」子曰：「不然。獲罪於天，無所禱也。」

王孫賈請教孔子說：「『與其討好尊貴的奧神，不如討好當令的竈神。』這句話是什麼意思？」孔子說：「不是這樣的。一個人得罪了天，就沒有地方可以獻上禱告了。」

這段話含義非常豐富。事情發生在孔子周遊列國的時期。他曾在衛國待過相當長的時間，交了很多朋友。王孫賈是衛國的大夫，負責管理軍事。那時，衛國政界紛爭不斷。衛靈公的夫人南子，是一位美女，但品行不太好，有些醜聞。所以她希望能夠獲得更多的支持。而大夫王孫賈與彌子瑕同屬另外一派，也手握大權。孔子周遊列國時，身邊總帶著幾十位學生，都是人才。所以，他每到一國，國君、大臣都想拉攏他。

這次，王孫賈見到孔子，問他「與其媚於奧，寧媚於竈」這句成語的意思。「奧」是房間的西南角，代表很尊貴的位置。「竈」是竈神，就是廚房的神。因爲廚房有東西吃，所以竈神比較實用，也比較實惠。一般認爲，奧神暗喻衛靈公與他的夫人南子。他們的地位高高在上，但是不見得能給人實際的好處。而王孫賈這幾位權臣則掌握著不少利益，就像是竈神。所以，他用這句當時流行的俗語暗示孔子，討好那個尊貴的奧神是沒用的，他高高在上，不會給你恩惠的；竈神卻能給你很多好處。可見，古人說話是很有藝術的。他不會直接說：你到我們這邊，我們給你好處。所以，就用一句俗語來讓孔子自己作答。孔子當然明白。他一到衛國，就立刻發現這個國家內部極其混亂，衛靈公實在是無道，但是因爲任用了一些人才，所以沒有滅亡。看來，一個國家，如果國君很糟糕，只要有些人才撐住場面，還是能勉強維持一段時間的。衛國眞正大亂是在衛靈公死後。

孔子並沒有直接回答問題，而是從另一個角度說：這句話不對，人如果得罪天，就沒有地方可以獻上禱告了。「獲罪於天，無所禱也」這句話太重要了，它說明孔子相信天。中國古人是信天的民族。《詩經》中諸如「天生烝民，有物有則」、「天作高山，大王荒之」之類的詩句，都把人類與自然界歸之於天——一切都是天所創造。因而，古人把帝王稱爲天子，就是天的兒子。換句話說，上天創造百姓，並讓天子來照顧、領導百姓。所以，孔子認爲，天的地位遠遠高於所有鬼神。一般所謂的鬼神，統指「鬼」與「神」。鬼就是我們的祖先，人死爲鬼。我們現在聽到鬼，可能覺得有點可怕，其實沒什麼好擔心的，古人講，人死就是回家、歸鄉。鬼與人的差別就是鬼沒有形體。在古代，傳說中的某些特別傑出的人物受上天之命管理名山大川，死了之後被奉祀爲神。比如，鎮守泰山的一位大官，功勳卓著，死後被尊爲「泰山之神」；鎮守黃河的官員死後成爲「河神」。鬼與神常常聯用，它們都屬於靈異世界。孔子的話說明，他的禱告對象就是最高的神，也就是天。所以，他說，如果得罪天的話，向什麼神、什麼鬼禱告都沒有用了。

人有信仰是可以理解的。因爲人的生命總是會終結的，如果一切就隨之全部消失，一生奮鬥所爲何來？所以，孔子在面對人生重大關鍵時，也會思考人生的意義究竟何在。在傳世文獻中，有不少證據能夠說明孔子是相信天的。我們最常提到的就是他兩次差點被殺的故事。一個人只有在面對死亡時，才會坦誠地說出內心的信仰。孔子的信仰使他相信，人死了之後可以得到適當的報應，正所謂，善惡到頭終有報，但是怎麼報，誰也不知道，因爲我們不能把死後的世界拿來做驗證。

孔子是一位哲學家。哲學家總是要對人生經驗做全面的反省。這樣說，雖然好像是借用了西方的概念講中國哲學，但是，哲學家確實具有某些共性，孔子也一樣。孔子公開強調，「吾道一以貫之」。這說明他的學說有一個中心思想，是一個系統。同時，孔子不是宗教家。宗教家要傳教，而孔子從來不傳教，他談的是「道」。「道」指的是人活在世界上應該怎麼走。人生道路與對死後的信仰是聯繫在一起的。但是，如果過多地談論死後的世界，會讓人覺得太過神秘。這是宗教家負責的領域。孔子不是宗教家，但是他有堅定的信仰。他的信仰不是讓他逃避現實的責任，而是使他更勇敢地承擔現實世界的責任，遇到任何問題都不迴避。他要「知其不可而爲之」，肩負自己的使命，一路往前走。

孔子的思想在這一章中表現得非常具體生動。他在衛國是客人，別人分兩派在鬥爭，身爲客人幫哪一邊都不好，最後恐怕是兩邊不討好。所以，孔子在衛國的這段時間可能過得很緊張。事情還有後續的發展，我們將來談到相關故事的時候再來說明。

【第36講】

下面介紹的是《論語．八佾第三》的第二十章。我們跳過了中間好幾章，是因爲這些內容涉及很多古代禮儀，離現代實在太遠了，對現實生活沒什麼啓發，所以我們只揀選適合一般人學習的部分加以說明。

第二十章的內容很簡單：

子曰：「《關雎》，樂而不淫，哀而不傷。」

孔子說：「《關雎》那幾首詩的演奏，聽起來快樂而不至於耽溺，悲哀而不至於傷痛。」

本章提到的是情感表現。我們都知道，孔子教學的主要教材是《詩》、《書》這些典籍。當時，《詩》、《書》是每個讀書人都要學的。至於禮與樂，還有具體的演奏，那就是另外一套學問了。古時候，詩都是唱出來的，詩、樂不分。

這裡的《關雎》指的是《詩經》開頭的《關雎》、《葛覃》幾首詩。「樂而不淫」就是讓人覺得快樂，但不至於沉迷其中。「淫」的本意是下雨下多了，引申爲沉迷在裡面。而像《卷耳》這樣的詩，或是懷念在前線打仗的親人，或是感歎遇到的災荒，讀起來就讓人覺得很悲傷，但並不感到傷痛。可見，《詩經》描述的就是我們在實際生活中的各種情感，但要適可而止。我們以前也談過，孔子對於《詩》有一個總結，叫「思無邪」。意思是，《詩》的所有內容都是出於眞誠的情感。這一章就是一個很好的證據。樂與哀，都是發自內心的。

此外，孔子對詩教的概括是「溫柔敦厚」四個字。就是說，如果大家經常讀詩，並以之作爲生活原則，社會風氣就會變得溫柔敦厚。因爲情感得到調節，能夠發而皆中節，謂之和。儒家很講究和。其內容可以從四方面來說：第一是個人內在的和諧。《中庸》裡說：「喜怒哀樂之未發，謂之中。發而皆中節，謂之和。」人的內心有各種情感變化，喜怒哀樂恰到好處地發出來就是和，內在的和諧。第二是人我的和諧。我與別人相處時，要保持適當的關係。但是如果只注意到人我和諧，盲目地以和爲貴，放棄原則，恐怕就變成鄉愿了。我們還是要堅持原則，並以適當的方式來維持，這時候就需要禮與樂。人我關係的和諧，是孔子的關注點，也是我們談得比較多的問題。第三是人與大自然的和諧。《論語》中很少有對自然界的描述。不過，孔子看到松樹、柏樹時感慨地說：「歲寒，然後知松柏之後凋也。」天氣很冷很冷的時候，才知道松樹、柏樹是最後凋零。別的花草樹木，天氣稍微涼一點兒就凋零了，但是松柏不畏嚴寒。孔子還提到千里馬：「驥不稱其力，稱其德也。」對於千里馬，我們所推崇的不是它的力氣，而是它的品德。因爲千里馬能夠行千里，不是靠力氣，而是靠耐力、靠恆心。可見，孔子很喜歡從自然界中找比喻，用其形象來說明人應該怎麼做。顯而易見，孔子對自然界基本上持欣賞的態度。第四就是我們多次強調過的，人與祖先的關係。千萬不要以爲人只有這一輩子，其實，我們上有祖先，下有子孫，綿延不絕。我們可以通過適當的祭祀，與祖先保持和諧的關係。

《論語》中有多處提到《詩》。孔子就曾明確告訴自己的兒子，你不學詩，就沒有辦法和別人談話！談話時，要文雅、婉轉，最好能夠引述《詩》的詩句含蓄地表達心意；直接講，可能會讓雙方都覺得沒有迴旋的餘地，所以，學習《詩》對古人來說是必要的。有困難時，念一句《詩》，別人就知道你需要幫助。願意幫助別人，念一句《詩》，別人就知道你願意出手。孔子還進一步教育兒子說，你如果不好好學習《詩》的話，就好像面對牆壁站著——無路可走，不知道該往哪裡去！有些年輕人喜歡玩腦筋急轉彎。

很久以前，有個小朋友問我：「地上有一本書，你卻不能跨過去。爲什麼？」當時我想，這是我們的四書五經嗎？因爲從經典上跨過去很不禮貌啊。是《聖經》嗎？這也不能隨便跨過去啊。至於《佛經》也一樣啊。我的腦筋比較呆板，想來想去，只好答說，因爲它是一本經典，跨過去不禮貌。小朋友得意地說，不是，因爲書放在牆角啊。孔子的話與這個腦筋急轉彎的問題異曲同工。不讀《詩》，就好像面壁而立，無路可走。這說明，《詩》能夠教人做人處世的道理，告訴我們，應該用什麼方式與別人相處；相處時要有何種心態。人得意時，不要太囂張；失意時，不要太難過，所有情感都可以中和地表達。

《詩經》中詩篇的來源非常複雜。古代有采風之官到各地收集民謠，據說最初得到的有三千多篇，然後慢慢篩選，剩下三百零五篇。選擇的原則就是眞誠，最怕矯揉造作。比如，明明沒有感情、沒有經驗和體會，但是硬要寫一篇文章。結果，別人一看就是無病呻吟。文學作品最怕無病呻吟。我們喜歡讀的，能夠流傳千古的，都是顯現眞性情的辭章。就好像尼采說過，他喜歡讀用血、用淚寫的書。

現代人讀《詩經》的不多，而且讀的時候，有些地方也不容易理解。比如，「關關雎鳩，在河之洲。窈窕淑女，君子好逑」，「好(ㄏㄠˇ)逑」就不能念成「好(ㄏㄠˋ)逑」。「好(ㄏㄠˋ)」是副詞；好逑，就是追求。「好(ㄏㄠˇ)」是形容詞，好的；逑是伴侶，連起來就是好的伴侶，意思是，窈窕淑女是君子的好伴侶。

【第37講】

《論語・八佾第三》第二十二章的內容是這樣的：

子曰：「管仲之器小哉！」或曰：「管仲儉乎？」曰：「管氏有三歸，官事不攝，焉得儉？」「然則管氏知禮乎？」曰：「邦君樹塞門，管氏亦樹塞門；邦君爲兩君之好有反坫，管氏亦有反坫。管氏而知禮，孰不知禮？」

孔子說：「管仲的見識與肚量太小了。」有人就問了：「他節儉嗎？」孔子說：「管仲有三處公館，手下人員不必兼職工作。怎麼算得上節儉呢？」這個人再問：「那他懂得禮嗎？」孔子說：「國君在宮室的大門內設屏牆，管仲的公館也設屏牆；國君為了宴請友邦貴賓，在堂上設有放置酒杯的土台，管仲也設置了這樣的土台，管仲這種作為如果算是懂得禮，那麼還有誰是不懂得禮的？」

這話說得很嚴厲。孔子明確指出管仲有三大毛病：第一，器小，器識與肚量狹小；第二，不儉，不知道節儉；第三，不知禮，完全不懂得禮儀。這樣一個人有何可觀？爲什麼要談他呢？我們將在以後的章節中談到，管仲在歷史上有非常特別的貢獻，這裡姑且就事論事，略作說明。

其實，管仲也是孔子很佩服的一個人，他的成就很大。不過，人無完人，他也有自己的缺點。孔子首先說，管仲這個人很可惜，他的器識、見識和肚量太小。管仲成功之後，只懂得享受榮華富貴，而沒有繼續幫助齊桓公使周朝恢復以前的繁盛。春秋時期，有所謂的春秋五霸，齊桓公是第一霸，他靠的就是管仲的輔佐。但是，管仲貪圖作爲齊桓公宰相的生活享受，沒能實現周朝的統一、安定與繁榮，所以孔子說他的心胸、肚量還不夠。然後，問者追問，管仲很節儉嗎？既然他器識、肚量狹小，那是否具有節儉的美德呢？孔子說，不然。齊桓公有三處公館，管仲也要有三處。爲什麼？因爲管仲覺得自己功勞很大，如果不是自己過人的能力，齊桓公是無法成就霸業的，所以他認爲自己理應享受很好的待遇。而齊桓公也很不簡單，他對管仲確實是言聽計從，無論什麼要求，一概答應。結果，管仲不但設了三處公館，而且公館裡的人員不兼差。就是說，如果廚師、車夫等崗位只有一套人馬，今天到甲公館，明天到乙公館，就得全體轉移。管仲很奢侈，手下不用兼差，配備了三套人馬，今天到甲公館，乙、丙兩處的人員就休息了。於是，問者再問，這樣的話，管仲懂得禮嗎？這說明，禮儀是需要金錢作支持的。古代社會等級區分得很清楚，只有大夫階級的人才有資格談論禮儀、禮節。因爲提到禮儀，就涉及規格問題，這是非錢莫辦的麻煩事。所以，管仲既然這麼有錢，又這麼鋪張，他應該懂得禮啊。結果，又錯了。屏牆現在已經不常見了，但是在古裝劇中，進入縣衙門，迎面就是屏牆，繞過去之後才看到大堂。這是讓人產生距離感，在心裡產生敬畏，知道上了公堂，說話、做事都要小心。以國君的身份，宮殿中當然要建屏牆。儘管管仲沒有這個資格，他卻違反禮制，在家裡建了一道屏牆。在有關漢代的古裝劇中，我們也能看到「反坫」。那時的人吃飯有點像我們今天的自助餐，進餐者都在一個土台前。只不過，現在的自助餐是自己去拿取，漢代人的是分好的。吃的時候，大臣面前只有一個土台，酒菜飯食全都放在上面。而國君就不同了，除了面前放菜的檯子，他旁邊還有一個專門放酒杯的土台。結果管仲也如法炮製，與國君享受同樣的待遇。

這說明管仲完全不懂得禮儀，他忘了自己的身份，破壞了禮制。所以，孔子說，如果管仲懂得禮，還有誰不懂得禮呢？這話眞是罵得很嚴厲啊！照理說，像管仲這樣的人，器小、不儉、不知禮，三大毛病，似乎一無是處。但是，我們不能要求一個人盡善盡美，而要從大處著眼。春秋時期，各國不斷征戰，管仲幫助齊桓公用外交手段避免了一些戰爭，這個功勞可不得了，因而受到孔子的讚譽。打仗難免會有很多傷亡，而且大多是年輕人。管仲的才華拯救了無數人的生命。有這麼一個大功勞，其他生活細節、小毛病姑且放在一邊吧。我們不能求全責備，苛求別人不能有一點瑕疵。天下沒有這樣的人，這樣的要求也不公平。通常，每個人都有優點和缺點，有些來自性格，是天生的；而後天的修養也有一定的影響，比如，學習的專業會對人看問題的角度、眼界產生作用。

所以，人生需要修養，而修養是永無止境的。以管仲來說，他的修養顯然有待提高。但是，孔子看人著眼於大體，就是說，他大方面做得好，在宰相的位置上做得不錯，別的細節就不必追究了。比如，我現在是管仲，我器量很大，又很節儉，還懂得禮儀，可是沒能把國家治理好，宰相當得一塌糊塗。這就是不稱職！別的方面再好都沒有用。這就叫做看人看大體，別的方面有缺點，慢慢改善。

顯然，儒家論人關注的是作爲共同生活範疇的社會，所以，每個人都要根據自己的身份、角色、位置，承擔自己的責任和義務。個人修養則可以慢慢來。這就是儒家的寬容之處。

【第38講】

《論語・八佾第三》第二十四章相當特別，原文是：

儀封人請見，曰：「君子之至於斯也，吾未嘗不得見也。」從者見之。出曰：「二三子何患於喪乎？天下之無道也久矣，天將以夫子爲木鐸。」

守儀城的封疆官員請求與孔子相見，說：「有名望的君子來到這裡，我從來沒有不與他相見的。」隨行的學生安排他們會面。他出來之後說：「你們這些人為什麼擔心失去官位呢？天下失去正道已經夠久了，天將會以你們的老師作為教化百姓的木鐸。」

當時，孔子正在周遊列國。「儀」這個地方在衛國西北角的邊境。「封人」是守邊疆的官員。孔子帶著學生經過儀，當地的官員聽說孔子來了，就對孔子的學生說，我要與你們的老師相見，因爲所有著名的君子經過這裡，我都會與他們見面的。此處的「君子」，我們理解爲有名望的、聲名遠播的人，也就是德行高尚的人。學生就安排他和孔子見面。結果，談話之後，他出來反而勸孔子的學生說，各位同學，你們不要垂頭喪氣，更不要難過，你們老師雖然沒有官位，但是天下長期無道，上天會以你們的老師作爲木鐸去教化百姓。弟子們聽了這話，都覺得很振奮。

孔子離開魯國來到衛國。他在魯國的時候，當過司寇，管理全國的治安，是大夫，權力很大。但是，後來魯定公、季桓子這些人不能採納他的建議，他就辭職周遊列國。所以，當孔子帶著弟子們路途遙遠地來到衛國時，可以想像，大家一定都很辛苦，有點像別人說的喪家之犬，一副疲憊不堪、無家可歸的樣子。儀封人與孔子談話，了解了孔子之後，反而勸孔門弟子們要堅持理想。連他都說天下無道已經很久了，說明當時確實是天下大亂。「無道」就是是非善惡不分，好人沒有好報，惡人沒有惡報。鐸分兩種：一種是金鐸，打仗的時候使用，就是所謂的金口銅舌。金就是銅。金鐸是銅鈴，銅舌，聲音很尖銳，一敲就知道是敵兵來了，要打仗了，就像空襲警報一樣。另一種是金口木舌的木鐸，銅鈴，木舌，敲起來咚咚響，聲音比較柔和，不會讓人那麼緊張。在古代，木鐸是用來宣傳政令、教化的。那麼，儀封人為什麼以之為喻形容孔子呢？首先，「天」要以孔子為木鐸，說明「天」不但關懷人間，而且隨時注意，尋找適當的人選來教化百姓。這反映了古人的觀念。其次，孔子被上天選中去糾正無道。不言而喻，儀封人認為孔子的觀點是正道。這就是此章重要的原因。儀封人不是孔子的學生，而是守儀城的官員。如果孔子的學生說，我們的老師擔負著上天的使命，會讓人覺得有點誇張、自大、主觀。就好像唱戲的時候後臺叫好，不算數的。但是，話出自儀封人之口就不同了。在古代，守邊疆的人都有特別的智慧，比如，大家耳熟能詳的老子的故事。老子在周朝本來是管理國家檔案的，很有學問；後來退休了，騎著青牛出關，被守關人攔下來說，你這麼有學問，請留下智慧吧。於是，老子才停下來寫了《道德經》。這當然只是傳說。今天看來，《道德經》不太可能是一個人寫的，而應該是一群人集體智慧的結晶。老子出關遇到的守關人，有很高的見解；孔子遇到的這位儀封人在一談之後，居然對孔子心悅誠服，相信孔子負有天命，上天要他做木鐸。

在古代，「天命」這兩個字可不能隨便說。從夏朝、商朝到周朝，得到天命就可以成為天子。但是，到孔子的時代，天命變了。最明顯的線索就是孔子說自己三十而立，四十而不惑，五十而知天命。五十歲，我了解了上天賦予我的使命。這與儀封人所說的「天以夫子為木鐸」完全應合。了解了天命之後，就應該順天命而行事。

所以，儀封人一談之下就發現，這個人與別人不同，他做事不是以自己為出發點考慮，也不是謀求自己的發展，而是為了順應天命。他有使命感，看到天下這麼亂，老百姓流離失所，民不聊生，不忍心，希望各個國家能夠慢慢安定下來。當時名義上還是周朝，所以，天下人才為天下所用。你是魯國人，魯國不能用你，沒關係，你到衛國、陳國、蔡國、宋國都可以。只要有國家任用你，那就讓其安定下來，並逐步擴展到其他國家，直至重建一個統一強盛的周朝。這就是孔子的思路，所以他周遊列國，在種種艱難險阻中保持著堅定的信念。儀封人守關久矣，恐怕第一次看到這樣的人。孔子不但了解古代歷史的發展，而且從中汲取經驗教訓，清醒地知道面對眼前的危局周朝應該怎麼辦，所以他才可以成為上天的木鐸，能把「無道」變成「有道」。儀封人認為，從孔子開始，天下就要走向有道了，所以他才這麼興奮，這麼喜悅，向孔子的學生們宣佈：「天將以夫子為木鐸。」

我們學習《論語》的時候，要對孔子這方面的角色有特別的體認，這樣才能增強學習《論語》的信心。

【第39講】

《論語・八佾第三》的第二十五章，原文是：

子謂《韶》：「盡美矣，又盡善也。」謂《武》：「盡美矣，未盡善也。」

孔子評論《韶樂》時，說：「美得無以復加，並且善得無以復加。」評論《武樂》時，他說：「美得無以復加，尚未善得無以復加。」

「韶」是《韶樂》，「武」是《武樂》，是古代的兩支樂曲。《韶樂》是歌頌舜的音樂；《武樂》是歌頌周武王的音樂。孔子評論《韶樂》是盡美盡善，就是今天講的盡善盡美。他評論《武樂》說，盡美，但是還沒有達到盡善。《韶樂》與《武樂》都失傳了，現在我們只能就文字來體會孔子的藝術見解。

先說《韶樂》。舜起初幫助堯治理百姓，後來自己當了天子，前後共五十多年。老百姓在舜的恩澤下，生活非常好。所以，後代有堯天舜日之說，反映出堯舜時期的百姓眞是幸福無比。《韶樂》就是歌頌舜德行的樂曲。「盡美」說明它在形式方面是完美的。孔子本人就是音樂專家，所以，這是很高的評價。至於「盡善」，指的是內涵，就是舜對百姓的恩德。他把百姓治理得很好，讓老百姓生活幸福。

相形之下，《武樂》就不同了。《武樂》歌頌周武王，在形式上達到了盡美。何以沒能「盡善」呢？理由大概有兩個：第一，周武王之所以被稱爲「武」，說明他起來革命，推翻了商紂，建立了周朝。用武力取得政權，總是會有許多人不幸犧牲；第二，武王上臺六年就病故了，儘管他有德行，但是不像舜一樣有五十多年的時間照顧百姓，所以，百姓對周武王的德行感受不深。統治者需要一定的時間，才能通過教化，讓百姓感受到恩澤。周武王病故後，他的兒子周成王繼位，因爲年紀比較小，由武王的弟弟周公輔政。成王成年之後，周公將政權交還給成王。周成王爲了感謝他，把他封在魯國，並允許他有太廟之禮。本來，只有天子才有太廟，但魯國也有，就是因爲周公的功勞。這說明，周武王在德行方面比舜還是差了一截。所以，孔子才會說，《韶樂》盡美又盡善；《武樂》盡美，卻還沒有盡善。「盡」表示到頂了。沒有盡善不見得不好，只是還沒有到最高點而已。

儒家常常使用「盡」字。《孟子》就有一篇叫〈盡心〉，把內心的要求完全地實現出來，就知道自己的本性是什麼了。是向善的。了解了自己的本性向善，就可以明白天是要我們行善避惡！《孟子．盡心》把上述思想講得更加完整，透徹地分析了人性，討論了人生道路。藝術家有一種說法稱爲「爲藝術而藝術」，從事藝術活動，絕不考慮世俗的功名利祿，也不用考慮道德問題。因爲一考慮道德問題，藝術就很狹隘了。比如，唱歌必須唱愛國歌曲，音樂、舞蹈要教忠、教孝，這個晚會就沒人參加了，大家還不如去聽課呢。所以，藝術有自己獨立的世界。不過，我們也知道，有一些歌曲、舞蹈很美，但是它們不見得有助於教化，甚至有的時候還可能對風俗產生壞的影響。這樣一來，問題就出現了。另一種觀點自然浮現，即便在西方，也有很多人說，藝術應該爲道德而存在，道德就是善，藝術就是美，美不能獨立存在。如果美是獨立的，與道德無關，與社會風俗、人心無關，到最後恐怕會造成反效果。這時候，我們就應該思考一下儒家的觀點。

任何事物，只要涉及文化，都與人有關。我們講到文化時，要記住它有幾個特點：第一，它和自然不同。比如，在海邊撿到貝殼，那一定會說大海孕育了貝殼。如果在海邊撿到一個錶，肯定不會說，大海產手錶。手錶是人造的。人造的一切，不會在自然界自然生成；人砍伐樹木，做成桌子、椅子，這就是文化。第二，文化表現傳統。任何一種文化都有自己的傳統，比如我們常常引以自豪的中華文化，就是五千年綿延不絕發展下來的。我們要珍惜文化形成的傳統，如果沒有傳統，我們的祖先究竟如何一路走過來的呢？沒有傳統，我們到底應該站在什麼位置去評價人間的價值、善惡是非呢？第三，文化都是要設法找到自己的核心位置。每一種文化都認爲自己是中心。我們中國人在這方面最直接、最明顯，逕自稱自己的國家爲中國。「中」就是中間，以「中」爲標準，才能分辨東南西北。所以，自稱爲中國，在文化上有一種自我肯定的意味。此外，文化是有生命的，它有興盛衰亡的發展軌跡。如果想要我們的文化持續興盛，不陷入衰亡，每一代人都要努力，掌握文化的精華並發揚光大。

很可惜，孔子提到的《韶樂》、《武樂》都沒有傳下來。我們只能通過想像來體會。但是，孔子在這一章中著力表達的是：美側重於表現方式；善側重於對老百姓的恩澤，所以，「善」與「德行」有關。這段話也反映出儒家的文藝觀：文藝不可能獨立，文藝最終還是要回歸人生，那就要記得人性向善。有益於人的身心發展，幫助人性走向善道的才是好的文藝作品。

里仁第四

【第40講】

《論語・里仁第四》第一章，原文是：

子曰：「里仁爲美，擇不處仁，焉得知？」

孔子說：「居住在民風淳厚的地方是最理想的，一個人選擇住處，而錯過了民風淳厚的地方，怎麼算得上明智呢？」

這裡有兩個重點，第一，民風淳厚是很理想的；第二，選擇何處居住是很重要的。里仁爲美的「美」，指値得欣賞。我們選擇住家的時候要看它的社會風氣。好的社會風氣一方面讓生活有安全保障，鄰里相處，大家可以守望相助、敦親睦鄰。而更重要的一方面是，孩子能在這樣的環境長大比較令人放心，古代就有很多這樣的故事。

「孟母三遷」，就是最典型的例子。孟子小時候，家住在墳場附近，看到有些人上墳去拜拜，他就跟著去看，甚至還學別人怎麼挖墳墓，怎麼祭拜，媽媽一看，小孩子三四歲學著別人去祭拜，去哭墳，實在不太適合。於是就搬家到市場旁邊。之後，孟子又跟著別人稱斤論兩，學起買賣。媽媽一看，這麼小的孩子稱斤論兩，和別人談條件、講價錢，好像也不太適合。再搬家，第三次搬到一所學校的旁邊，小孟子還沒有到念書的時候，每天看到比他年長的大哥哥們去念書，就跟著去。在外面看，在外面聽，也開始念書了。此時孟母才覺得放心，認爲這才是應該選擇的地方。孟母非常賢慧，足以爲天下母親的表率，因爲她選擇適合孩子成長的地方居住。

幾乎所有的家長都希望自己的小孩讀好學校，這點可以理解。但是我一向認爲孩子太小，讓孩子進入好的學校，競爭壓力很大。我比較喜歡強調孩子念書有一個漸漸往上的過程。這與我個人的經驗有關，我小時候在鄉下念書，上的是一般國民學校，絕不是講究升學率的明星學校，到小學五年級還是光腳上學，和鄉下孩子完全一樣。中學時代就到大城市附近去念書，這是一所中間程度的學校，我在這個學校建立了自信，因爲我功課很好。大學的時代，我也沒有念最好的學校，上研究時才念比較好的學校。然後再到美國念書。這一路慢慢往上的求知過程，讓我一直充滿信心，相信只要用心力爭上游就可以把功課念好。自信對很年輕人很重要，太早讓孩子進入最好的學校，去和最好的同學競爭，不見得是好事。

今天做父母的比較重視孩子的成績，和進好的學校。往往忽略「里仁爲美」，淳厚的、善良的風氣，在一個風氣善良的環境中學習，遠比選擇成績競爭激烈的學校，對孩子一生的正向影響深遠得多。每一個孩子的成長過程不同，有些孩子只會念書，別的事情都不會，會念書固然是個優點，但是只會念書，人生的發展也有很大的缺陷。另外一些孩子，雖然念書不見得很好，但是別的方面，比如德育、體育、美育、群育都非常好，那麼他人格的發展就會比較完整。所以儒家談到對孩子的教育，除了人才教育之外，還有人格教育，以及人文教育。人文教育，特別重視藝術修養，有好的藝術修養，自然能造就善良淳厚的氛圍，配合美好的居處和學習環境。

每一個人都要找到自己的專長，全能的人畢竟是鳳毛麟角。所以做長輩的，做父母的，做老師的都要設法欣賞年輕的學生，創造機會讓他的專長可以完全發揮。

【第41講】

《論語・里仁第四》第二章，原文是：

子曰：「不仁者，不可以久處約，不可以長處樂。仁者安仁，知者利仁。」

孔子說：「不行仁的人沒有辦法持久處在困境中，也沒有辦法長期處在順境中，行仁者是自然而然走在人生正途上，明智者則是了解人生正途的重要而作此選擇。」

這裡我們要把「仁」當作動詞來用，不仁者與仁者意義的區分，就是不去行仁的人，以及去行仁的人。把「仁」當做動詞，才能夠分辨一個人行仁或不行仁。不行仁的人不能長久處在困境和順境裡面。不行仁，簡單說來就是沒有走在人生的正路上，如果處在困境裡面就容易胡作非爲，但若處在順境又容易沉迷於生活享受。所以孔子說得很清楚，人活在世界上只有兩個選擇：或者走上正途，或者不走上正途，沒有中間的情況。後來孟子引述過孔子的話，他說：「道二，仁與不仁而已」。人生的路只有兩條，或是行仁，或是不行仁。用現在的話來說，或是做好人，或是不做好人。如果不做好人，不走在正路上會有什麼結果？在困境會放棄原則，在順境也會放棄原則。就如同孟子所謂的大丈夫「富貴不能淫、貧賤不能移、威武不能屈」。富貴不能淫，這是大丈夫。不是大丈夫的人，擁有富貴就淫了。沉溺在富貴裡面吃喝玩樂，不長進。貧賤不能移，如果貧賤就改變一個人志向，這人必不是大丈夫，也就是不行仁的人。所以爲什麼不行仁的人不能長期處在順境，也不能長期處在困境，因爲他無法堅持理想。

我們都知道處在困境不容易，什麼事情都不順利，很辛苦。但是，處在順境也不容易，許多人在飛黃騰達時，往往不再堅持最初的理想了。在任何環境中能否堅持的關鍵是行仁，如果不行仁，無論順逆都無法堅持自己的理想。如果能行仁，就是孟子所說的大丈夫，在富貴裡面不會被它迷惑，在貧賤的時候也不會失去志向。

「仁者安仁」，我們翻譯為：行仁者是自然而然走在人生正途上。《為政篇》讀過「視其所以，觀其所由，察其所安，人焉廋哉？人焉廋哉？」中曾提到過「安」，就是在什麼情況下可以安心、可以安頓。這往往可以看到人內心中最深的願望。比如我現在決定走上人生正途，決定做好人，那麼做好事便很自然，毫不勉強。因為真誠由內而發產生力量，是我主動願意去做的。這就是安於行仁。做好事本來就有兩種情況，第一種做好事的理由是從外而來的，也許是金錢的誘惑，所以去做好事，也許是外在的壓力，因為別人看著我、別人要求我。第二種是由內而發，自己願意做好事。第一種狀況從外在誘因而做好事，做好事往往只是虛應一番，一旦誘因消失，就不做了。第二種狀況是由內而發，一旦動心起念，就不會受到外在的干擾，也不在乎別人怎麼說。這才是儒家的思想。所以講「仁者安仁」，基本上是說行仁的人安於行仁，自然而然就去做好事，因為他真誠，由內而發產生力量。

「知者利仁」，「利」這個字代表有利，「知者」代表聰明的人，了解道理的人。聰明人知道行仁對自己有利。我們都很重視別人的評價，有些人不見得立刻就可以做仁者，立刻就自然而然由內在主動去行善。但是很多人很聰明，知道如果為善、行仁，別人會給予根本上的肯定，因為大家都是人性向善。所以說行仁後得利最多的是自己。舉例來說：假設我坐在車上，一個老太太上來，我是仁者的話，我自己願意讓座，完全沒有人要求我，這是行仁。但是一般人做不到。一般人最多做「知者」，老太太上車，我把座位讓給她，老太太感謝我，其實我才應該要感謝老太太，因為她給我一個機會肯定自己是一個向善的人，這個更重要。

平常我們與別人來往的時候，都不太談仁，往往只計較利害關係，這是一般的社會情況。如果一味這樣，到最後恐怕會爲了目的不擇手段，多麼可惜。好好的一個社會，就變得複雜紛亂，最後分崩離析了。再比如一個企業家捐款給災區，他如果眞是要行仁的話，根本就不在乎別人是否知道。這叫做安仁，仁者安仁，就做自己該做的事，做的時候心裡很愉快。換做知者利仁會是什麼狀況呢？他捐款之後，因爲要報銷，所以要公佈公司捐款的流向，和捐款若干，這對企業的形象也有利，這就是知者利仁。捐款消息一公佈，所獲得的廣告效果遠遠超過花錢登廣告。很多企業家是很聰明的。他作爲企業家，一定會將本求利，精打細算，好不容易賺了錢，卻要他安於行仁，完全不要計較得失，這樣有點強人所難。他只要能做到很聰明，知道出錢做公益事業，公司的社會形象更好，而且廣告的效益更大，有這樣思考方向的公司負責人很聰明，我們也贊成這樣的聰明。

儒家不只教人做好人、做好事，同時也說明這樣做對自己最有利，這一點是我們要特別強調的。因爲它可以使你向善的人性不斷得到實現的機會，感覺到生命越來越充實，越來越圓滿。當然最高的境界還是要到安仁的階段，可以完全不在乎任何一切，只爲了該做，就做。

【第42講】

《論語・里仁第四》第三章，原文是：

子曰：「唯仁者，能好人，能惡人。」

孔子說：「只有行仁者能夠做到喜愛好人、厭惡壞人。」

一般人都是喜歡朋友，討厭敵人。朋友好壞先不管，只要是我的朋友我就喜歡，敵人好壞我也不管，只要是我的敵人我就討厭。只喜歡朋友而討厭敵人，而忘記了應該喜歡好人，討厭壞人。這章說明只有行仁者能夠做到喜歡好人、討厭壞人，不管這個好人壞人是朋友或是敵人。這相當困難，會被批評為不近人情。

一般人會因為是朋友，所以不論好壞一味包涵；因為是敵人，所以不論好壞盡情打擊。這樣是不分是非，敵人雖然是對手，但也有好人，孔子說這些話，可供我們深思。蘇格拉底說過：壞人沒有朋友。壞人為什麼沒有朋友呢？黑道上大家相互稱兄道弟，彼此講究義氣，壞人怎麼會沒有朋友呢？原來蘇格拉底認為「朋友」這兩個字一定要以「道義」為主，壞人本身既不講道義，當然沒有朋友。美國很多黑社會老大，最後都是因為內訌進了監獄。這就是蘇格拉底說的「壞人沒有朋友」的意思。

但是人是會變的，好人可能因為墮落變成壞人，壞人也可以因為改過而成為好人。所以人的生命充滿著動態的力量，人們無時無刻不面對選擇，選擇錯了要立刻改善。儒家並非主張人性本善，因為儒家知道每一個人都有弱點，每一個人都要做選擇，每一次選擇都是挑戰，都是考驗。所以只有仁者可以做到喜歡好人，討厭壞人，不管朋友還是敵人，都是一樣。

《論語・里仁第四》第四章，原文也是很短。

子曰：「苟志於仁矣，無惡也。」

孔子說：「只要立志行仁，就不會做壞事。」

說到「立志」，在《論語》裡面出現過三種「立志」。第一是志於學。第二就是本章所說的志於仁，立志於行仁。第三是志於道，立志於求道。三個志，它的對象內容大同小異。所學的是什麼？學做人處世的道理。

「仁」是什麼？「仁」在《論語》裡面出現了一百多次，學生每一次問「仁」，孔子的答案都不同，我們也很難說明它的具體意義。但是我們可以這樣解釋，「仁」就是每一個人的人生正路。學生問仁的時候，孔子的回答都不同。他因材施教，按照每一個學生的情況，給他一個行仁的方法。

學生司馬牛問老師什麼是仁？孔子就說：「仁者其言也訒。」訒的意思是說話慢吞吞，這也算是行仁嗎？我們都以爲行仁應該是很重要的一件事情，應該像孔子回答顏淵的「克己復禮爲仁」，那樣冠冕堂皇。結果他回答司馬牛「說話慢一點就是你的人生正路」，說明了「仁」這個德行的實踐是因人而異的。

立志行仁，就是立志走上個人的人生正路，那麼絕對不會做壞事。《易經》第一卦乾卦有文言傳，其中說到「閑邪存其誠」，意思是說，要防範邪惡以保存內心的眞誠。這話說得好，人只要眞誠，就會跟邪惡勢不兩立，由此可知人性向善。立志行仁，眞誠由內而發，走上人生的正路，跟邪惡勢不兩立，絕不做壞事。只有這種行仁的人，才能夠作到喜歡好人、討厭壞人。

儒家思想談到「仁」時，一再強調人性向善，「仁」就是由眞誠引發力量，力量代表「向」，力量由內而發，自我要求做該做的事，該做的事便是「善」。雖然這個向善的過程還需要教育來引導，但是內心裡面引發的力量才是關鍵。若沒有內在的力量，行善永遠都是被動的。仁者安仁，只要眞誠由內而發，產生力量，就自然而然安心地去做該做的事，這才是儒家的理想。只問是非，只問善惡，這樣的人行仁才能眞正達到沒有私心的要求，稱爲無私。

【第43講】

《論語・里仁第四》第五章，這一章內容較長：

子曰：「富與貴，是人之所欲也；不以其道得之，不處也。貧與賤，是人之所惡也；不以其道得之，不去也。君子去仁，惡乎成名？君子無終食之間違仁，造次必於是，顛沛必於是。」

孔子說：「富有與尊貴是每一個人都想要的；如果不依正當的途徑加於君子身上，他是不會接受的。貧窮與卑微，是每一個人都討厭的；如果不依正當的途徑加於君子身上，他是不會逃避的。君子如果離開了人生正途，憑什麼成就他的名聲？君子不會有片刻的時間脫離人生的正途，在匆忙急迫的時候堅持如此，在危險困頓的時候也堅持如此。」

這段話非常深刻。每一個人都想要富貴，每一個人都不想要貧賤。但是，如果沒有按照正當的途徑把富貴加在君子身上，君子不會接受。但是面對貧賤就不同了，如果不依正當途徑把貧賤加在君子身上，比如該當官不給官位，該賺錢不給機會，因這樣的狀況而陷入貧賤，君子是不會拒絕、逃避的。

我們不免要問：爲什麼都是不依正當的途徑，君子不要富貴，卻能接受貧賤呢？照一般人的理解，只要不依正當途徑，給我富貴我不要，給我貧賤我也不要。但是儒家不這樣想，這值得我們思考：富貴與貧賤究竟有什麼差別呢？我們都知道，富貴對人來說具有誘惑，很容易因爲富貴而忘記了根本，得意忘形。

一個人有了富貴之後，便容易忘記他年輕時的理想。所以孔子對於富貴，有相當程度的戒心。至於貧賤，自然也不好受，貧賤夫妻百事哀，要一個貧賤的人堅持理想，也不容易。儒家認爲，一個人在貧賤中，外面沒有任何依靠，反而比較容易收斂自己，回歸內心去思考人生應該何去何從。所以通常我們講到富貴與貧賤這兩種極端的時候，會發現凡是有見解的哲學家與宗教家都有他特殊的看法。比如，釋迦牟尼本來是印度迦毗羅衛國的王子，擁有榮華富貴。但他爲什麼要出家去追求貧賤的生活呢？因爲他要修練，他要修道，最後他也確實放棄了一切，修成正果，在菩提樹下悟道。這是佛教的一個很好的啓示。再看基督教，耶穌也認爲，一個人如果擁有富貴，麻煩可大了，他說：「有錢人進天國，好像駱駝穿針孔一樣。」對此有兩個解釋，一個說駱駝其實應該是駱駝毛。駱駝毛要穿針孔不容易，駱駝毛很粗。第二個解釋，說耶路撒冷有一個門叫做針孔門。第二種解釋我個人覺得還滿合理的。針孔門，很小，駱駝要鑽過需要先練成縮骨功，那是太難了。耶穌爲什麼這樣說？因爲有錢人、富貴者沉迷於富貴，不易進行心靈上的修養。所以佛教和基督教對於富貴都有戒心，因爲它會讓人沉迷其中。

相反的，對於貧賤，他們反而覺得不見得不是好事。因爲貧賤會讓人收斂自己，知道在世界上我們都是過客而不是歸人。人在世間是短暫的一生，所以要把握的不是外在的成就，也不是富貴，而是內在的修練，修養自己的心靈。所以宗教界對於貧賤顯然是抱著比較正面的態度，因爲它會讓人往內在去發展、去修練，去往上提升。

孔子也抱持同樣的態度，當處在貧賤中時，反而可以修練自己。孔子評價顏淵，「一簞食，一瓢飲，在陋巷，人不堪其憂，回也不改其樂。」他雖然貧窮，但非常快樂，有錢人都沒他那麼快樂。我們透過這段話便能知道儒家的思想。比起宗教，儒家有同樣的境界，孔子不是宗教家，但是他的哲學有宗教的高度，也包含了宗教的情操。

接著後半段說，君子如果離開了「仁」字，離開了人生正途，憑什麼來成就他的名聲呢？「君子去仁，惡乎成名」？這句話相當重要，因爲孔子說過一句話，君子最討厭的是離開了這個世界沒有留下好名聲。要靠什麼出名，這句話就是答案，「君子去仁，惡乎成名」。離開了「仁」，憑什麼出名？一個君子靠有錢出名、靠做官出名，都不夠，要靠走在人生的正路上出名，這才是標準答案。所以君子離開人生的正途而成就名聲，是不可能的。

我們學儒家一定要記得，它絕不是只告訴我們要積極入世，要努力做官服務人群，那些只是方法或手段。活在世上，眞正要做的是走在人生正路上。

最後一句話，眞是精彩。君子不會有片刻的時間脫離人生正途，並且「造次必於是，顚沛必於是。」在匆忙急迫的時候堅持如此，在危險困頓的時候也堅持如此，都不能夠偏離人生的正路。也就是在這個時候，才能夠檢驗出來你是否眞正有行仁的決心，有行仁的理想。富與貴是人之所欲也，貧與賤是人之所惡也，而君子對此的不同態度，正好顯出儒家思想的最主要特色。

【第44講】

《論語・里仁第四》第六章，原文是：

子曰：「我未見好仁者，惡不仁者。好仁者，無以尚之；惡不仁者，其爲仁矣，不使不仁者加乎其身。有能一日用其力於仁矣乎？我未見力不足者。蓋有之矣，我未之見也。」

孔子說：「我不曾見過愛好完美人格者，與厭惡不完美人格者。一個人愛好完美的人格，已經達到最好的極限了。厭惡不完美的人格，他追求完美人格的辦法，是不使偏邪的行為出現在自己身上。有沒有人會在某一段時間致力於培養完美人格的呢？真要這麼做，我不曾見過力量不夠的。或許真有力量不夠的，只是我未曾見過罷了。」

這段話說得相當傷感。因爲他多次提到「我沒有見過」。孔子沒見過什麼樣的人？他說：我沒有見過一個愛好完美人格的人。這裡把「仁」這個字翻譯成爲「完美的人格」。我們以前談過，孔子的「仁」有三個重要內容，第一是人之性；第二是人之道；第三是人之成。所以仁義的「仁」這個字，就是我們的人之性、人之道、人之成，只有這樣的理解才比較完整。第一，「人之性」，只要眞誠，就會發現自己向善的力量由內而發，要行善避惡。第二，「人之道」，就是人生的正路何在，在於擇善固執。第三，「人之成」，人的完成在止於至善。

在這一章裡面講的「仁」是完美的人格，表示人的完成。所以孔子才會說沒有見過愛好完美人格的，也沒有見過厭惡不完美人格的。這兩句話聽起來好像孔子有點悲觀。他接著就說了，好仁者，無以尚之，一個人愛好完美人格，沒有比他更好的了。人生應該追求的最高目標就是完美的人格，只要愛好完美的人格，這一生不會做壞事，一定努力向上。他也沒有見過厭惡不完美人格的。這一種當然是比第一種差了。第一種是主動積極地愛好完美的人格。第二種是討厭那種不完美的人格，不使偏邪的行爲出現在自己身上。

孔子教學生一向是兩種策略。第一種是消極的，不要做壞事。第二種是積極的，要去做好事。人的學習要使自我從消極到積極。西方的教育也相同，做一件事情，消極的就是指不要做這個、不要做那個，或者不要這樣做、不要那樣做，消極帶有否定的意思。積極就是正面的，就是說你要這樣做、你要那樣做，你要去做什麼。孔子在這裡，他先說積極，愛好完美的人格，再說消極，厭惡不完美的人格。可惜這兩種人孔子都說沒見過，常人對於完美的人格不太在乎，只求自己生活的方便，往往做到「比上不足，比下有餘」就算了。孔子認爲這樣不夠好，眞正要做到好，應該往上走，沒有第二條路。他接著說，有誰能夠在任何一段時間致力於追求培養完美的人格？如果眞要這麼做，我不曾見過力量不夠的。「有能一日用其力於仁矣乎，我未見力不足者」，一日代表很短的時間，任何一個人在任何一段時間裡面，他只要立志培養完美的人格，孔子會說：我沒有見過誰力量不夠的。這就是儒家給人們的信心。

我經常強調，春天的時候要讀《論語》，因爲春天是個適合立志的季節。讀《論語》就會發現，人生充滿希望，孔子認爲沒有誰力量不夠。任何時候只要願意走上人生的正路，絕不會力量不夠，就看自己願不願意選擇這條路而已。

所以我們學儒家思想就要知道，爲什麼孔子苦口婆心，一直要我們努力往上走呢？因爲人性向善，我們都身不由己，只要眞誠就會發現，內心有一種力量，有一種聲音，在要求我們繼續努力。我們追求的當然不是外在的成就，外在的成就也並非想要就有，但是內心的成長要求，人只要肯去做，一定會有成果。

這樣做會快樂嗎？顏淵爲什麼快樂？懂得這個道理，就知道這樣做是値得的，也是應該的。

孔子說：「吾未見好德如好色者也。」沒有見到誰喜歡美德像喜歡美色一樣。這是多大的遺憾。他說「如果有人想立志行仁，我沒有見到誰力量不夠，或許有這種人吧，只是我還沒有見過呀。」這給我們很大的鼓勵，我們應該從這句話得知，孔子對每個人都有一樣的期許，因爲每一個人都有同樣的人性。這一章談到「好仁者，惡不仁者」，要理解「仁」是完美的人格，才能講得通暢，講得較清楚。

【第45講】

《論語・里仁第四》第七章，原文是：

子曰：「人之過也，各於其黨。觀過，斯知仁矣！」

孔子說：「人們所犯的過錯，各由其本身的性格類別而來，因此察看一個人的過錯，就知道他的人生正途何在！」

這段話至少有兩方面的意思，一方面是每一個人都難免犯錯。比較溫和的人所犯的過失就可能偏向懦弱這一面；有些人個性比較剛強，所犯的過失，恐怕就顯得比較莽撞。所以，有什麼樣的個性，就會導致什麼樣的過失，這是很難避免的。在《論語》裡面，孔子也多次承認自己有過失，當別人發現他的過失，孔子非常高興，他說：我很幸運，只要有過失，別人都會發現，也會告訴我。他後來學習《易經》，表示如果再過幾年，到五十歲的時候，專心研究《易經》，將來就不會有大的過失了，這表明小的過失還是很難避免。這就是實際的人生，沒有人是完美的，也沒有人不能走向完美。

古希臘有三大哲學家，蘇格拉底、柏拉圖、亞里斯多德。亞里斯多德的學說，一般被稱作中庸之道。我們會覺得很好奇，中庸不是我們儒家的特色嗎？其實西方也是一樣，亞里斯多德很強調修養，他解釋「中庸」的意義；比如要判斷一個人是否勇敢，那麼先把兩種不好的極端找出來，一邊是懦弱，一邊是魯莽。在懦弱跟魯莽之間，尋找一個往上提升的空間，這便稱爲中庸。中庸絕不是站在中間停止不前，而是站在中間，但往上提升，取雙方的優點，在西方也有這樣的見解。

這段話另一方面的意思是，孔子認爲人們所犯的錯誤都因其本身的性格類別而來，「黨」這個字，在古代指的是一種類別。在各種心理學的研究裡面，都把人分成偏向感覺或感性，偏向理智或理性等類型。過度感性的人，遇事容易衝動，很難做冷靜的思考；優點是熱情，相處起來很溫暖。如果偏重理性，對任何事情都很冷靜客觀，善於分析，但是有時候便缺乏行動的力量。所以性格的類別，各有不同。犯的過失，也各有不同。

怎麼辦呢？不要擔心，孔子說：「觀過，斯知仁矣」。看到一個人的過失，就知道他的人生正途應該往哪裡走。做老師做父母的，看到孩子有過失，不要擔心，從孩子的過失中我們能了解這個孩子應該往哪裡發展。最怕的是看不到過失，如果一個孩子的表現讓人看不到任何過失，便很難給予指導。孩子有時候刻意讓自己的過失不顯出來，老師和父母反而無從教起。孔子教學最有名的例子，是他教兩個學生，子路和冉有。他們兩個人，都問同一個問題：聽到該做的事，要不要立刻做呢？子路個性勇敢向前，所以孔子對他說：不行，有父兄在，做任何事都要先商量請教，不要那麼衝動。冉有個性比較軟弱，所以孔子建議立刻去做。因爲冉有謹愼有餘而動力不足，比較退縮保守。這說明的確每一個學生都有過錯，但是只要知道他的過錯，就知道他應該在哪一方面下工夫。其實，一個人最難的就是不再犯同樣的過錯。在孔子的學生裡面，顏淵是最好的代表。孔子用六個字來評價顏淵：不遷怒、不貳過。不貳過，就是不犯同樣的過失，一旦知道這個事情是錯的，下一次絕不再犯，這非常不容易。一旦發現自己有問題，立刻調整自己的性格。很多人說「江山易改，本性難移」，性格可以改嗎？「性格」，可以分爲性向與風格。性向很難改變，每個人都有不同的性向，有些人喜歡自然科學，有人喜歡社會科學，這種性向有時候是天生的。而風格則不同，西方學者懷德海說：教育就是風格的培養。因爲你受過教育，知道該怎麼樣做人處事，你有什麼原則要堅持，於是就形成了你特殊的風格。我們到現在還在說，某某人做領袖，他有他的領導風格。個人要建立什麼樣的風格，這一生要怎麼發展，要明知自己的優點，也要了解自己的缺點，如果能夠針對自己的缺點加以改善，優點就可以更加充分地表現出來。

【第46講】

《論語・里仁第四》第八章，原文是：

子曰：「朝聞道，夕死可矣。」

孔子說：「早晨聽懂了人生理想，就算當晚要死也無妨」。

這簡單的七個字，含義很深刻。因爲它第一個談到「道」，第二個談到死亡，像孔子這樣的偉大的哲人，對於死亡，肯定有特別的觀點。孔子把道與死連在一起，確實是一種特別的價值觀，值得我們注意。

宋代學者朱熹教學生學《論語》，一邊教學，一邊討論。有學生問：老師，孔子說早上聽懂了道，晚上要死也無妨。這好像不太對吧？因爲聽懂了道，應該加以實踐，設法改善我自己。比如說多活個半年，半年之內加以實踐和改善，這不是更好嗎？朱熹就說，確實應該如此，你不要那麼急，早上聽懂了，還沒實踐和改善，怎麼可以匆匆地就離開呢？朱熹和學生討論這個問題，沒有把握到一個重點。怎麼理解孔子說的朝與夕？下面我用宗教教主的觀點來做說明。

聖經裡有一個故事。當耶穌被釘在十字架上的時候，左邊釘了一個強盜，右邊也釘了一個強盜。這兩個強盜，是當時有名的通緝要犯，而耶穌，是一位善良的人。左邊的強盜，就故意拿耶穌開玩笑。他說，我們既然一起被釘死，算是有一點情份，你如果是上帝，那能不能顯一個奇蹟，讓我們三個人一起從十字架上下來，好好作一番事業，這話有些諷刺的意味。右邊的強盜良心發現了，他對左邊的強盜說，我們兩個人一輩子做壞事做多了，今天有這個結果是可以料到的，但是耶穌肯定是冤枉的。於是右邊那強盜就對耶穌說，如果你是上帝的話，能不能讓我得救呢？耶穌回答他：今天晚上你就可以升天堂。當我小時候念到這個故事，覺得很驚訝，這個壞人釘在十字架上，完全沒有做任何好事，他只是在死前悔悟，有了一點懺悔。耶穌竟然對他說：今天晚上就升天堂。孔子的「朝聞道，夕死可矣」，不是一樣的境界嗎？這就說明在人生的修養過程裡面，做幾件好事是「量」的問題，但是心轉向正確的方向，轉向光明，那是一個「質」的問題，質的問題顯然更重要。佛教其實有一句很通俗的話：「放下屠刀，立地成佛」也體現了這個意思，放下屠刀，還沒有做什麼好事，爲什麼立地就成佛？這表示一旦覺悟，生命就轉向光明了。所以我們常常強調，行善時，重要的是內心要轉向光明，不要計較做了幾件好事，誰做得多。行善的數量多，並不代表功德就一定超過別人。許多人不能正確理解孔子這句話的含義，人生的關鍵在於能夠轉向正確的方向，一旦轉向正確的方向，做起該做的事來，就非常的自由，非常的自在，也非常的主動，生命本身並不在乎做幾件好事，而在於只要轉向善，整個生命在質方面將完全改變，與過去判若二人。

世界各大宗教都有類似的觀點，意即不管這一生如何，只要發現自己有錯，就要找到正路，立刻悔改與改善。一旦找到正路，所有的過失很快就可以化解，彷彿立即感到自己的生命充滿力量由內而發，遇到該做的事，當仁不讓於師。連對老師也不要客氣，該做的事，立刻就做，因爲在一個行善的人心中，沒有什麼老師、學生的問題，我該做的，就去做，能做到，人格就往上提升了。

【第47講】

《論語・里仁第四》第九章，原文是：

子曰：「士志於道，而恥惡衣惡食者，未足與議也。」

孔子說：「讀書人立志追求人生理想，卻以簡陋的衣服與粗糙的食物為可恥，那就不值得與他談論什麼道理了。」

我們一再強調，談到孔子的志向，要注意到他有三個方向。第一，志於學：一輩子要好好學習。第二，志於仁：志於行仁，仁是個人的人生正路。第三，要志於道：道是指人類普遍的正道。

本章要談的是志於道。讀書人如果立志於學道行道，就不應該因為吃不好，穿不好，而覺得可恥。如果這樣的話，就不值得跟他談論人生的理想了。一般而言，「道」有兩個意思，一是每一個人都有自己的路。第二是人類共同的正路，人人都應該走在上面。儒家的思想所掌握的是第二點，意即一個念書人如果立志於求道與學道，那麼他心思應該專注於內在，致力於自我的成長，而不要專注於外在，專注於外在的話，就很容易被富貴榮華所眩惑。

古時候也有類似的故事。管寧、華歆兩個人是朋友，年輕的時候一起耕田、一起念書，有一次，在耕田時挖到一塊黃金，管寧根本看都不看，繼續耕種。華歆卻把黃金撿起來看了一下，再把它丟掉。為了這事，管寧與華歆差點絕交。因為管寧耕田種菜，過清苦的生活是要念書，是為了懂得書中的道理，將來好出來服務百姓。華歆顯然對黃金、對錢財有些興趣，此二人道不同，你華歆可以去賺你的錢，賺錢不是壞事。但是，我管寧的志向是念書。道不同不相爲謀，「道」是中性的，就好像人生有路，條條大路通羅馬，表明人生的路不同。如果路不同的話，還要一起商量嗎？

有時候學習儒家會有壓力，因爲儒家的思想，一方面給人很高的要求，而另一方面，又很少人眞正了解孔子的「一貫之道」。所以學習儒家，只感覺到壓力，而不太容易發現他的快樂。顏淵能夠感受到快樂。他那麼窮困，但是卻特別快樂。爲什麼呢？北宋學者周敦頤教學生時，常常喜歡問「尋孔顏樂處」，孔子跟顏回，爲什麼快樂。孔子和顏淵，都很窮。但是他們都很快樂，難道他們喜歡窮困的生活嗎？不是的，沒有人會喜歡窮困的生活。孔子也說過：貧與賤，是人之所惡也。但是爲什麼他們在貧賤的情況之下，還能夠快樂，這就是儒家思想的重點，孔子不反對富貴，也不特別排斥貧賤，如果走在正路上而得到富貴，其實這是好事。我們千萬不要以爲儒家排斥富貴，孔子也說：天下上軌道的時候，如果你貧賤，這是很可恥的。因爲既然天下上軌道，人才必然能被社會所用，好好發揮，自然有富貴。相反的，天下不上軌道的時候，如果你富貴，這是很可恥的，因爲富貴一定是非法得來的。

《論語》書中所載往往都有其背景，在什麼情況下，孔子發表這樣的意見。而學生記錄的時候，並沒有把背景寫下來，所以我們學《論語》，如果不了解背景，就不知道他爲什麼講這句話。這也是今天爲什麼要特別介紹《論語》，仔細講解每一句話，就是設法把它可能的情況，做一個比較完整的梳理，這樣才能理解孔子的用心與苦心。

【第48講】

《論語．里仁第四》第十章，原文是：

子曰：「君子之於天下也，無適也，無莫也，義之與比。」

孔子說：「君子立身處世於天下，無所排拒，也無所貪慕，完全與道義並肩而行。」

這段話是孔子提醒他的學生們，到任何地方，如果你是個君子的話，就要記得，第一，無適也。「適」，在古代可以用作「敵」，就是對抗、排斥。第二，無莫也，「莫」這個字音和字義同「慕」。這句話的意思是說，跟別人來往，沒有要排拒什麼，也沒有要貪慕什麼，完全與道義並肩而行。

「義」這個字，我們進一步說明。孟子就特別提到「大人者，言不必信，行不必果，惟義所在」。孟子爲什麼這樣說？大人是德行完備的人，說話不必守信，做事不必有結果，這還得了？儒家不是講信用嗎？說話怎麼可以不守信？這裡就要思考了。從前答應的事，時間到了，我應該要做到，這是守信。但是不要忘記，從答應到現在，已有段時間差，這中間可能發生很多事情。我經常舉的例子，雖然不見得適用，但很容易理解。比如，我上個月買一把獵槍，我的好朋友下個月要去打獵，跟我借獵槍，朋友之間當然沒有問題。但是，現在時間到了，借不借，我就要考慮了，因爲這個月之內，他正好患了憂鬱症，有自殺的傾向，請問這個時候我還借嗎？我如果說爲了自己守信，答應的事情就要做到，不管情況如何都要把槍借他，他如果拿槍來自殺，誰負責呢？通過這個例子我們就可以了解孟子爲什麼這樣說了。守信本來是非常正常的事，答應的事情就要做到，但是從答應到做到之間有時間差，這段時間裡面，可能發生任何變化，不能不考慮，如果只拘泥於守信，說到做到，恐怕反而造成可怕的後果。這確實是很好的觀點，提醒我們，眞實的人生遠比我們在書本上所看的更複雜，更困難。至於如何理解「做事不必有結果」，比如我答應幫你蓋一棟房子，還沒蓋完的時候，我就發現這個房子你要用來販賣毒品，如果繼續蓋，不是反而幫你做壞事嗎？如果你怪我做事怎麼沒有結果，我就用孟子的話來回答，言不必信，行不必果，惟義所在，因爲你所做的事，你讓我幫的忙，不合乎道義。

有時學儒家的思想，要把握一個簡單的原則，也就是「守經達權」。經指常，是原則，要守住，要堅持。但是當你應用的時候，就要達權，權就是變化，你就要根據變化的情況來調整，否則你光是堅持原則，到最後變成完全不能變通了，反而容易被別人利用。複雜的問題，就要隨時看情況而定，以前每一次這樣做都對，並不代表你今天這樣做還是對的，你對每一個人這樣做都對，不見得你對這一個人這樣做也是對的。這就是我們所面對的眞實人生，確實非常複雜，所以孔子才會說無適也，無莫也，無所排拒，也無所貪慕。一切都要看道義，與道義並肩而行，義之與比。

【第49講】

《論語・里仁第四》第十一章與第十二章，這兩章較短，材料內容相近，位置又接近，我們就放在一起來介紹。第十一章的內容是這樣的：

子曰：「君子懷德，小人懷土；君子懷刑，小人懷惠。」

這裡又出現了君子和小人的對比。

孔子說：「君子關心的是德行，小人關心的是產業；君子關心的是規範，小人關心的是利潤。」

孔子的學生曾參說：「吾日三省吾身。」他所反省的這幾件事是：我替別人做事，有沒有忠，有沒有盡心盡力；我交朋友有沒有守信用；我要教給學生的，自己有沒有去實踐；都是德行方面的事情。曾參反省忠、信、習，這就是君子的表現。而小人關注什麼呢？小人就是雖然身體長成大人的樣子，心態還是小孩子，他只注意到產業。所以，他看到產業越來越多就很高興。

「君子懷刑」，就是說君子所關心的是典型，也就是規範，要建立一個規範讓大家來學習。君子在乎一個社會有穩定的規範。那麼小人所在乎的是什麼？利潤，我做一件事有什麼好處，利益如何。我舉個例子，假設我開一家小店，店上掛四個字：童叟無欺。那麼我有兩種考慮。第一種考慮，童叟無欺是一種很好的商業策略，因爲我童叟無欺，對老人對小孩都一樣的價錢，名聲出來之後，很多人都來光顧，生意越來越好，所以童叟無欺，是一個策略、一個手段，目的還是後面的利潤。如果有一天我發現童叟無欺無效，生意沒有更好，那我就不一定堅持原則了。另外一種情況是我認定做生意本來就應該童叟無欺，而毫不考慮是否帶來更多的利潤。我們都知道，很多人會尊敬第二種人，因爲他比較高尚，把堅持童叟無欺，堅持誠信當作原則來遵守，並沒有考慮實際的利潤，這是很了不起的。這是君子，他所關心的是德行，所關心的是規範。

儒家考慮的不是一時的利害關係，而是長期與人內在生命有關的理想和原則。外表所有的一切，包括所謂的功名富貴、成敗得失，如果一定要計較的話，計較不完。不論是任何時代，任何社會，只要把握住這個內在的原則：一件事情，要不要做，不要考慮利害，只問自己該不該做。「正其誼不謀其利，明其道不計其功」，這是漢朝學者董仲舒很喜歡說的話。我只問我該不該做，正其誼(宜)，「宜」就是義，一件事情，在正道上，將它掌握住，並加以發揮，而不要看它的成效，「功」代表成效、成果。這是很好的理想，但是一般人做不到的話，就會調整一下，改爲「正其宜亦謀其利，明其道亦計其功」。我做我該做的事，也要同時考慮它的利潤，最好是我做我該做的，又有合理的收穫，這不是皆大歡喜嗎？既走上人生的正路，又有很好的效果出來，不是兩全其美嗎？但是，人生有時候不見得那麼理想，當兩者不能並存的時候，還是要有所選擇。

孔子這段話是說，君子與小人對比，你要怎麼選擇，有時候就在一念之間，這一念之間是不能妥協的。

接著看第十二章，很短：

子曰：「放於利而行，多怨。」

孔子說：「做人處事全以利益來考量，就會招致許多怨恨。」

「怨」字在《論語》裡出現二十次之多，我們發現孔子對人的情緒反應非常關心。人常常抱怨，有時候是抱怨別人對自己不好，有時候是別人抱怨我對他不好。所以怨成了雙向，別人抱怨我，我抱怨別人。最後自然怨聲載道。孔子因此提醒我們一個原則，「放於利而行，多怨。」「放」代表「依」，全部都依這個爲原則，叫做放。和別人來往，完全看利益，看利害關係，而不講道義的話，很容易引起怨恨。有時候在商言商，堅持利益，無可厚非。但是有的事情涉及道義，比如幫助一些需要的人，或者爲社會做一些公益的事情，那就不用計較利害的問題了。只要有能力，該做的，行有餘力，就去做。否則，人的世界將非常無趣，每個人都拿個算盤，到處計較，便一點兒都不可愛了。

【第50講】

《論語・里仁第四》的第十五章，這一章特別重要，原文是：

子曰：「參乎，吾道一以貫之。」曾子曰：「唯。」子出，門人問曰：「何謂也？」曾子曰：「夫子之道，忠恕而已矣！」

孔子說：「參，我的人生觀是由一個中心思想貫穿起來的。」曾子說：「的確如此。」孔子出去後，別的學生就問曾子：「老師所指的是什麼？」曾子說：「老師的人生觀只是忠與恕罷了」。

這段話，一聽就知道它的重要性。二千多年以來，中國的念書人，只要一談到孔子的「一貫之道」，大概都以這句話作爲標準答案。但是我認爲這種說法值得商榷，第一個原因是，曾參比孔子小了四十六歲，年齡差距很大。所以這段話如果是在孔子六十幾到七十歲之間所說的話，曾參還在二十歲左右，他能夠明白孔子的一貫之道嗎？我有這種疑問，絕不是對古人有所不敬，而是因爲孔子的另外一位學生子貢也談過類似的問題。子貢比孔子小三十一歲，是個高材生，列名在言語科，是非常好的學生。而子貢就曾經對老師不了解，而被老師直接點醒過。子貢以爲老師是「多學而識之」，廣泛學習各種知識，然後把它記下來的。孔子說：「非也，予一以貫之」。表明子貢沒有了解老師的一貫之道。所以第一個理由，是因爲曾參實在太年輕了。第二個理由，孔子說過「參也魯」。就是曾參資質比較魯鈍。曾參一方面年紀比孔子差了一大截，另一方面，他特別魯鈍，請問他憑什麼去了解孔子的一貫之道？這是非常合理的質疑。孔子在〈憲問第十四〉公開說：沒有人了解我。這可以說是證據，如果曾參講的是標準答案，孔子後來為什麼說沒有人了解我。事實上，孔子為什麼主動對曾參說，吾道一以貫之，就是因為前面子貢曾經被老師點醒過這個問題，可是子貢沒有接著問，何謂也？所以孔子沒有發揮他的一貫之道。可惜這一章被排到後面去了。

有關子貢那一段，出現在《論語．衛靈公第十五》，而我們這邊所看到是〈里仁第四〉，所以大家可以先去了解後面那一段，孔子被子貢所誤會，心裡面一定覺得有點可惜。所以他要在上課的時候找機會說明他的一貫之道。為什麼選曾參？可能因為曾參年紀特別輕，並且比較魯鈍，他肯定會問老師「何謂也」？但是結果並非預期，教學失敗了。他說「參乎，吾道一以貫之」，他本來希望曾參問「何謂也」，結果曾參說「唯」，「唯」就是「的確如此」，孔子的反應也相當激烈，立刻離開教室。「子出」，老師離開教室，曾參的自作聰明，又一次讓孔子失望了。同學們聽到曾參回答「唯」，立刻圍過來，說「何謂也」。「何謂也」三個字，本來應該是曾參請教孔子的，現在變成同學們請教曾參這個學弟，曾參一看學長們都很嚴肅，因為大家都聽說過子貢被老師教訓的那一件事。子貢在同學們裡面地位是很高的，曾參大概是年紀輕，有點慌了，他說老師的道沒什麼特別的，就是「忠恕而已矣」，後面三個字露出了馬腳，老師這麼嚴肅看待的道，曾參卻說或是「而已矣」，好像是沒什麼特別的。

孔子明明說「吾道一以貫之」，曾參卻說是「忠恕」兩個字，那怎麼一以貫之？後代的學者解釋說：盡己之謂忠，推己及人之謂恕。把忠恕說成是我跟別人之間的互動。孔子的道，難道只是人我之間的互動嗎？還記得孔子說過「朝聞道，夕死可矣。」所以他的道，絕不是只有講人我之間怎麼相處的。他還談到生命的意義跟價值何在的問題，必要的時候可以殺身成仁的問題，所以孔子的道不是那麼單純的忠恕而已。

但是我們對於曾參，也要有所肯定，他年輕的時候，儘管是有些魯鈍，但是他非常好學，他的學問到了晚年的時候，的確有了更好的體會，在〈泰伯第八〉，曾參說了一段話，他說：「士不可以不弘毅，任重而道遠。仁以爲己任，不亦重乎？死而後已，不亦遠乎？」

這句話就說對了，把行仁當作自己的責任，然後到死爲止，這表明他了解孔子的一貫之道是「仁」，而不再是忠恕兩個字。事實上我們讀《論語》也清楚地發現，如果要問孔子的一貫之道是什麼，什麼觀念可以把孔子的整個思想，整個的人生觀綜合起來的，那當然是仁：人之性，人之道，人之成。如此一來，孔子的學說對於人生都有完整的說明，後世學習者也知道人生應該何去何從。

隨著曾參的成長和進步，他在年紀稍長後，特別說：把行仁當作自己的責任，這責任不是很重嗎？死而後已，不亦遠乎，這路不是很遠嗎？這是對的，是標準答案。忠恕是曾參的心得，曾參可以有個人的心得，但是他的心得並不等於孔子所認定的一貫之道，這兩者必須要分辨。

【第51講】

《論語・里仁第四》第十七章，原文是：

子曰：「見賢思齊焉，見不賢而內自省也。」

這段話的意思是：

孔子說：「看見德行卓越的人，就要想怎麼樣努力像他一樣，看見德行虧損的人，就要反省自己是否也犯同樣的毛病。」

「賢」指傑出，它有三種用法。第一，在德行上，是賢良；第二，在能力上，是賢能；第三，以明智論，就是賢明。有時候可以特別指某一方面，比如孔子提到顏回，說「賢哉，回也」，指的當然是德行。所謂的見賢思齊，就是看到別人在德行上、能力上、智慧上超過我們，我們就要想怎麼樣去像他一樣。這一來，就等於是取法乎上，到處向別人學習了。見不賢，如果看到有些人德行有虧，或者他太不傑出了，就要提醒自己，是否也犯過同樣的毛病。通常我們只注意到別人的毛病，而忘記去反省自己可能也有這樣的毛病，或者另外有別的毛病，而別人不見得會提醒我們。我們常常提到學思並重，學習的時候要思考。但是不只是學習的時候要思考，在任何時候，都要思考，講思考有時候太沉重，可以當作一種主體的自覺，經常要把自己放在一個特定的角度來對照。宋朝一個學者講到學習，做了很好的比喻。他說：像貓抓老鼠，豎起耳朵，全神貫注，注意看老鼠在哪裡，怎麼去抓它。我們在修練的時候也是一樣，要把一顆心放在手上，隨時提高警覺，看到別人表現好的時候，就要問：他為什麼做得到，我做不到？或者說，看到他做得不好，那就要小心，不要與他相同，要有高度的警覺。

提到「思」，大家很容易會聯想到西方哲學家笛卡兒，他說：「我思，故我在」。有些人認為這句話好像講錯了，應該是：「我在，故我思」。我活著，我在人世，我才能思考。其實很多人活著，但不一定在思考。相反的，當人思考的時候，「在」就在思考裡面得到驗證。比如我現在正在思考，那麼我到底在不在呢？如果我不在的話，是誰在思考呢？西方哲學，非常強調主體的自覺。笛卡兒這個話，可以再往前推到古代的羅馬時代，羅馬時代初期，有一位哲學家叫做奧古斯丁，有一次他思考：我到底存在嗎？浮生若夢，我以為我存在，而我可能受騙了。但是如果我以為自己存在是受騙的話，我必須存在，我才能受騙。所以他說：我受騙，所以我存在。這是最早的說法。笛卡兒受他的啓發，才說「我思，故我在」。當你說「我在思考」的時候，你不可能否認你的存在。因為這個思，正好證明你的生命是一個主體，有它主體的存在價值。

孔子還說過：「三人行，必有我師焉：擇其善者而從之，其不善者而改之」。和本章也有同樣的意思，都說明人與人相處時，要互相學習，互相鼓勵。曾參說要以文會友，然後以友輔仁。這話說得極是，我們怎麼交朋友？「文」包括文化、文學、文藝，人在學習以後，所獲得的某些能力，或者心得，用來與朋友分享。然後，大家一起互相幫助，走上人生的正路。孔子過世以後，有人就問子貢說：你們老師究竟向誰學習呢？子貢回答：文王、武王，他們的道散在民間，到處都有，只不過你沒有注意而已；我們老師，到處向別人學習，他沒有固定的老師。子貢以這樣的方式來描述孔子，說明孔子從十五歲立志求學，確實是到處學習，任何人都可以當他的老師。但重要的是，孔子可以集大成，把每一個人的優點全部學過來，並在自己身上加以實踐。

【第52講】

《論語・里仁第四》第十八章，這一章所講的是孝順的問題。原文是：

子曰：「事父母幾諫，見志不從，又敬不違，勞而不怨。」

孔子說：「服侍父母時，發現父母有什麼過錯，要委婉地勸阻，看到自己的心意沒有被接受，仍然要恭敬地不觸犯他們，內心憂愁但是不去抱怨。」

這章的內容提醒我們，父母也是人，也可能犯錯。例如：舜的父親幫助弟弟謀害他，舜該怎麼辦？他當然希望父親不要這麼做。但即使發現父親的過錯，舜也只能逆來順受。所以用舜做例子，孔子的話是講得通的。要委婉地勸阻父母親做不該做的事。因爲父母也是人，他在認知上可能有偏差，在欲望上也恐怕會有過度的地方。如果委婉勸阻了，卻看到自己的心意沒有被父母接受，這時候不能吵架，更不能翻臉，仍然要恭敬地不要觸犯他們。內心憂愁但是不去抱怨。這是儒家孝親的立場。眞正的儒家，是講道理的。所以在《孝經》裡面，就特別強調子女要勇敢地指出父母的缺點，但是態度要非常委婉，有這樣的子女，父母才會歡喜。《孝經》裡說，國君如果沒有忠臣爲他提出好的意見，那這個國君，一定會覺得很遺憾。同樣的，孝子也是一樣，孝順的子女，一定是希望父母親做到最好。父母親有問題，我們要委婉地勸阻，萬一父母不接受的話，我依然不去觸犯父母親，只在內心爲父母擔憂，但是不去抱怨，自己努力修德行善，替父母補救過錯吧。這才是儒家正確的觀念。

談到孝順，孟子也特別提到，如果父母將要犯錯，做子女的明知而沒有加以勸阻，等於是陷父母於不義，讓別人批評嘲笑他們，這就是不孝。做父母的被子女勸說應該高興，原來我的孩子不是只有偏向父母親，不是只重情感，也能夠做理性的判斷。因爲父母親改善了行爲，才會變得越來越完美，這才是儒家的思想。一家人在一起，也要互相鼓勵，走向完美。學儒家就要把握大原則，看見父母有過失，首先是委婉地勸阻，態度一定要非常和緩，非常適當；接著，父母不聽的話，你內心很憂愁，但不要去抱怨，能做到這幾點的話，就不錯了。然後用自己的行善，讓父母親的過錯可以得到彌補，這才是眞正的孝順。

【第53講】

《論語・里仁第四》第十九章以及第二十一章，都是談有關孝順的。第十九章原文是這樣的：

子曰：「父母在，不遠遊，遊必有方。」

這段話大家都很熟悉，它的意思很清楚。

孔子說：「父母在世時，子女不出遠門，如果出遠門，就必須有一定的去處。」

我們都知道古代是農業社會，安土重遷，平常不太遠離家鄉的，遠離家鄉多半是去念書，或者做官。也有去遊歷，或者遊玩的。在這些情況下要出門，如果父母還在世，應該怎麼辦呢？孔子說：父母還在世的時候，不要出遠門。若非要遠遊，一定要讓父母知道你的去處，以便隨時可以聯繫。

我們讀到孔子講孝順，會特別感動。孔子三歲的時候父親過世，十七歲的時候母親也過世了。他在講這些話的時候還能夠去體會父母親對孩子的心情，勸告子女要體諒父母親，不要讓父母操心。所以特別令人感動。如今每一個人都有手機，通訊非常便利，所以一個孩子到任何地方去，隨時可以打手機，通簡訊，讓父母知道你在什麼地方、做什麼事，父母親內心才會踏實。

《論語・里仁第四》的二十一章，也是跟孝順有關的。原文是這樣的：

子曰：「父母之年，不可不知也。一則以喜，一則以懼。」

孔子說：「父母的年紀，做子女的不能不記得，一方面為他們得享高壽而歡喜，另一方面，為他們日漸老邁而憂慮。」

做子女的，要記得父母的生日，生日的時候，別忘記給父母祝賀。一方面替父母的高壽高興，另一方面也替他們慢慢衰老的身體擔心，所以一則以喜，一則以懼，喜跟懼連在一起，這是做子女的一種很複雜的情感。

孔子這段話，反映出來的是人類普遍的經驗，是人類普遍的需要。我們爲什麼覺得孔子了不起呢？因爲他講的都是人類共同的問題，他可以超越個人特定的遭遇，去看待人類普遍的狀況，這就是偉大的哲學家。學儒家思想，常常感受到生命有一種普遍性。你只要是人，都有一樣的心態，一樣的要求，要求走向完美。父母子女是最深的關係，在儒家的五倫裡面，是最根本的一種關係，任何人都不能夠避開這種關係。那麼應該怎麼做呢？孔子有很多很好的建議，值得我們多多學習，多多思考。

【第54講】

《論語・里仁第四》的第二十三章，這章很短，原文是：

子曰：「以約失之者，鮮矣！」

孔子說：「因為自我約束，而在做人處事上有什麼失誤，那是很少有的。」

在《孟子》裡面，提到一段故事，弈秋教人下圍棋。他教兩個學生，第一個學生專心致志，另外一個學生三心二意，心不在焉，一面學下棋，一面想有隻天鵝快飛來了，要拿弓箭去射天鵝。不用問，最後學成的肯定是專心的學生，因爲他能夠約束自己。年輕的時候，欲望太多，這個想做，那個也想碰，到最後恐怕浪費了時間。孔子這句話說得很好，他說因爲自我約束而在言行上有什麼過失，那是很少見的。「鮮」這個字又出現了，前面學過「巧言令色，鮮矣仁」，「鮮」就是很少。很多年輕的朋友問我說，有沒有什麼字可以作爲座右銘？「約」就可以，約束自己，做自己的主人。

現代人學儒家要注意什麼呢？我把它歸納爲四點，第一，對自己要約；第二，對別人要恕，恕代表己所不欲，勿施於人；第三，對物質要儉，要節儉，不要浪費；第四，對神明要敬，神明包括鬼神、祖先在內。而第一點提到的「約」，就來自於本章，能夠約束自己才能集中力量，針對一個目標去奮鬥；能夠約束自己，也才能做到第三點，對物質節儉。所以約這個字有太多含義。好像我們的生命就由此集中起來，有一個重心，有一個核心。這樣的人，會發現自己很有力量。

有時候我們把人生比喻爲去打獵，這時可以有兩個選擇。第一是用霰彈。霰彈一打出去，打中了好幾隻小鳥，好幾隻兔子，這種獵物實在沒有什麼特別。第二種選擇是用威力很強的達姆彈，這種子彈可以打死一頭熊，打死一隻獅子，請問你選哪一個？霰彈代表興趣太廣泛了，不能收斂。達姆彈，威力很強，因收斂，約束，就好像放大鏡有個焦點，發出來的力量就很強。人只能活一次，要怎麼安排？以約失之者，鮮矣。約，能夠約束自己，做自己的主人，這樣的人是值得我們尊敬的。

【第55講】

《論語・里仁第四》的第二十五章，這一章很短，原文是：

子曰：「德不孤，必有鄰。」

孔子說：「德行是不會孤單的，它必定得到人們的親近與支持。」

短短的六個字，揭示了一個深刻的道理。一個人有好的德行，一定有鄰居。鄰居一定會支持他，接近他。「德」，在《論語》裡面有兩種用法。一種用法，是指一般的社會風氣。像曾參說「慎終追遠，民德歸厚矣」。「民德」就是民間的社會風氣，「厚」就是淳厚，這個德是中性的，代表風氣。另一種用法，「德」指德行，跟獲得的「得」，有相通的意思。一個人的德行，是他長期的修練，長期的行善所獲得的，所以德行的「德」就是獲得的「得」。你要長期地努力，才會獲得這樣一種品質。

所以儒家講到「德」的時候，它不是單單要求做好事，而是要長期不斷地做好事，並且有了心得。有了心得以後，就會發現自己的基本觀念，都向正確的方向慢慢調整了。所以說「德不孤」是因為長期不斷地實踐德行的要求，而不是做一件好事就算了，你需要長期，需要有心得。「必有鄰」的「必」，指一定有。為什麼在長期實踐德行後，有了善行芳表，就一定會有支持者呢？答案就是我們一直強調的，因為人性向善。當我們眞誠的把向善的力量由內而發表現出來後，由於人性向善，所以很自然的會得到別人的支援和理解。孟子說得更直接：「可欲之謂善」，我內心覺得很好的行為，那就是善的行為。比如我在路上，看到一個老太太過馬路，有幾個年輕人扶著她。我覺得很好，雖然我不認識他們，與他們也沒有利害關係，但是我看到年輕人幫助老太太過馬路這件事，心裡自然而然就很喜悅，覺得這是很好的行爲，非常的可欲，可欲就是值得我去喜歡它，值得對它有欲望，這就是善的行爲。

學習儒家的思想，如果不把人性理解爲向善，就很難理解爲什麼一個人非行善不可，爲什麼一個人長期行善之後，在德方面有了心得，表現出非常好的人格特質，就一定會有人支持。就如同「爲政以德，比如北辰，居其所，而眾星共之。」〈爲政篇〉一樣的意思，領導者表現出德行來，以德行來治理，就像北極星一樣，毋須移動，端坐在自己的位置上，所有其他的星辰都會各就各位，上軌道了，社會秩序也就建立起來了。因爲爲政者有德，人性向善，人們自然會追求他所領導的方向。

【第56講】

《論語・里仁第四》第二十六章，也是最後一章，原文是：

子游曰：「事君數，斯辱矣。朋友數，斯疏矣。」

子游說：「服侍君主，若是過於煩瑣，就會遭到侮辱。對待朋友，若是過於煩瑣，就會受到疏遠。」

子游是孔子的學生，在文學科列名爲高材生。子游這句話說了兩方面的事情。第一方面服侍君主，也就是今天與長官相處。第二方面，和朋友來往，跟朋友相處。第一方面，與長官相處，如果過於煩瑣，一天到晚提出許多建議，或者老是和他唱反調，就算說得有道理，長官聽了心裡也不舒服，也許會覺得很煩，請你閉嘴，這不是自取其辱嗎？第二方面是更普遍的現象，討論我們應該怎麼交朋友。交朋友本來的重點在友直、友諒、友多聞。子貢曾經請教老師，應該怎麼交朋友？孔子說：「忠告而善道之，不可則止，毋自辱焉」，孔子說：非常眞誠地勸誡他，好好去引導他。如果他不接受就停下來，不要勉強，不要自取其辱。子游怎麼說？他說：交朋友如果太過於囉唆的話，朋友就跟你疏遠了。

怎麼界定「朋友」呢？我將它分成四種情況：第一，是酒肉之交；第二，是利害之交；第三，是道義之交；最難得的是生死之交。我們也不要排斥酒肉之交，在一起吃飯、聊天、聚會，只要正當，也不見得是壞事，因爲有緣才會在一起。但是，不能只有酒肉朋友。第二層是利害之交，比如大家一起合夥做生意，合則兩利，分則兩傷，這是利害之交。第三層比較可取，道義之交，道是指人生的正路，義指正義。我們大家理想相近，志同道合，走到一起，變成朋友了。與這種朋友在一起是人生的樂趣。第四層最難，生死之交。一輩子難覓一個，我們稱爲知己。英國一個作家，說過一句耐人尋味的話，他說：人生得到一個知己，非常難得；得到兩個知己，幾乎不太可能；得到三個知己，那一定是假的。他的話雖然誇張，但強調了知己的可遇不可求，是要用命來換的。所謂的生死之交，就是心甘情願地爲對方犧牲，有這樣的朋友嗎？有，但不可求。患難中的朋友才是眞正的朋友，患難才能見眞情。有與我們一起製造美好回憶的朋友。有在朋友背後挺身而出，說公道話的朋友。交朋友是人生最普遍的現象，用眞心交友，總會得到眞誠的回報。

公冶長第五

【第57講】

《論語・公冶長第五》第一章，原文是：

子謂公冶長：「可妻也。雖在縲絏之中，非其罪也。」以其子妻之。子謂南容：「邦有道，不廢，邦無道，免于刑戮。」以其兄之子妻之。

這段話說的是孔子把女兒嫁給一個學生，把他的侄女嫁給另外一個學生的故事。雖然是他的家務事，但是有他特定的想法。

孔子談到公冶長，說：「可以把女兒嫁給他。雖然曾有牢獄之災，但並不是他的罪過。」孔子把女兒嫁給了他。孔子談到南容說：「國家政治上軌道，他不會沒有官位，國家政治不上軌道，他可以避免受刑與被殺。」孔子把哥哥的女兒嫁給了他。

古代的婚姻要靠父母之命媒妁之言，孔子把哥哥的女兒嫁給了南容。孔子有個同父異母的哥哥名叫孟皮，他的哥哥應該是比他早過世的，所以孔子就作主，把他的侄女嫁給一個好人家。古代兒、女都可以稱子。縲絏是古代的刑具，用來綁犯人手腳的，後面就引申爲牢獄之災。公冶長爲什麼坐牢呢？古代有許多有趣的說法。據說公冶長懂得鳥語，有一次，他在從衛國回魯國的路上聽到鳥說：青溪河邊有人肉可以吃。後來他遇到一位老太太，老太太詢問他是否見過她失蹤的兒子，公冶長要她去青溪找找看。老太太去到青溪，果然找到她兒子的屍體，公冶長因此被認爲有嫌疑，被抓進官府關了起來。他喊冤，但別人不相信。一天，他在監獄裡又聽到外面的鳥語說：白蓮水邊有米可以吃，因爲有一輛運米的車翻了。他要獄卒去查看。獄卒一去，果然看到在白蓮水邊有一輛運米的車翻了，很多鳥在那邊吃米。這就證明他眞的懂鳥語，所以他就被釋放。孔子不在乎一個人是否坐過牢，他在乎的是他是否具有正義感，何況公治長是被冤枉的，所以孔子就把女兒嫁給他。

南容有貴族背景，雖然現在還無法確定他是否爲孟孫家的子弟。但孔子說：南容，國家政治上軌道，他不會沒有官做，他的學問、能力，在國家上軌道的時候可以做官。萬一國家政治不上軌道，天下亂的時候他可以免於被殺、受刑。在順利的時候可以發展，在逆境的時候可以保全生命，這是很難得的優點。有關南容，在《論語》裡面還有一段記載，南容經常念一首詩：「白圭之玷，尚可磨也；斯言之玷，不可爲也」。意思是，一塊白玉如果有一點瑕疵，可以把它磨掉；如果說話有瑕疵的話，就磨不掉了。因爲說出去的話如同潑出去的水，無法收回。南容經常讀這首詩，說明他說話很謹愼。一個人說話謹愼的話，就會減少許多麻煩。我們常常說多言賈禍，多說話就會招來許多災禍。

古書常說，爲人辯冤白謗，是天下第一等事。辯冤就是替別人辨別清楚他的冤情，白謗就是把誹謗他的事情說清楚，這是天下第一等事。這需要有強烈的正義感。從這段話可以知道孔子也是非常有正義感的，公治長坐過牢，但是孔子不但不去責怪他，反而同情他，因爲他是被冤枉的。至於南容，他能夠做到國家政治上軌道時出仕，天下大亂時保住自己的身家性命，這種人是可以把孩子交付給他的。孔子作爲父親、作爲叔叔，他對於晚輩的照顧，可以提供爲人父母的一些參考。

【第58講】

《論語・公冶長第五》的第三章和第四章，這兩章都是孔子談論他的學生，第三章的原文是：

子貢問曰：「賜也何如？」子曰：「女，器也。」曰：「何器也？」曰：「瑚璉也。」

這段話是說，

子貢請教老師說：「賜的表現如何？」子貢的名字是端木賜，姓端木，名賜。孔子說：「你是一種器具。」他請教：「什麼器具呢？」孔子說：「是宗廟裡面貴重的瑚璉。」

孔子曾經說過「君子不器」這樣的話，他現在直接說子貢是一種器，這並不代表他批評子貢，而是說明子貢是一個人才。孔子說「君子不器」，是要強調君子不能只做一個人才，不能只是一個專家，你還要設法培養人格方面、人文方面的修養。所以他對子貢說你就是一種器具，這種器具很高貴，放在宗廟裡面可以盛黍稷。黍跟稷在五穀裡面是可以在宗廟舉行祭禮的時候使用的，代表子貢是個人才，可以上得了檯面，子貢確實也有傑出的表現。孔子過世以後，子貢在魯國表現非常好，是個傑出的外交官，他的口才是第一流的，可以讓別人對他心服口服，願意跟他合作。子貢應該也相當滿意孔子的回答。

第四章原文是：

或曰：「雍也，仁而不佞。」子曰：「焉用佞？禦人以口給，屢憎於人，不知其仁。焉用佞？」

「或」就是有人，不確定是誰，孔子的學生們在記材料的時候並沒有記下來是誰問的，所以就只能寫成「或」。雍就是仲弓，他排名德行科的第四。德行科有四個好學生，顏淵、閔子騫、冉伯牛，還有仲弓。

有人說：「仲弓，可以行仁，但是口才不夠善巧。」孔子聽了之後就說：「何必需要口才善巧呢？以伶俐的口才與別人爭論，常常引起別人的厭惡，我不知道他是不是行仁，何必需要口才善巧呢？」

這裡有兩個重點：第一，口才好不見得是好事。因爲有些人口才很好，可以顚倒黑白，孔子也很怕這種人。這種人在社會上，將使得善惡黑白弄不清楚，導致價値觀混亂。所以，如果只是口才好，而沒有原則，反而是一件壞事。第二，孔子說仲弓「不知其仁」，說明行仁很困難。一般人都以爲好人就已經在行仁了，但是孔子認爲善人與仁者不同。善人就是行善的人，他做的是社會上公認的善行，但與仁者不同。仁者有兩個特色，第一個，仁者知道爲什麼要行善，也就是人性向善，我眞誠，由內在引發力量去行善，這是仁者。第二個，仁者爲了行善可以犧牲生命，殺身成仁，而善人不會犧牲生命。

這兩章特別介紹孔子的學生中的兩位高材生。一位是前面所說的子貢，他是能夠登上檯面的人才，表現傑出，擔任外交官，說話冠冕堂皇，辦事也乾淨俐落。另一位是仲弓，他的人格教育很成功，德行非常好，但口才稍微差一些了。這兩人正好形成對照，都是好學生，一個是口才好，說話得體；一個是德行不錯，一直在努力修練，但是口才不好。孔子對這兩個學生都有所指點。對子貢說：你是很好的人才，是宗廟裡放置祭物的器具，能夠被重用的。對仲弓說：你人格方面表現不錯，但究竟是不是仁者，則尚未確定。孔子不會輕易說任何人合乎行仁的要求，因爲儒家對行仁的要求有很高的標準。判斷人是否爲仁者，要看他是否做到「擇善固執」這四個字，尤其是「固執」，需要一輩子作爲驗證。既然是一輩子，現在如何斷定他已經做到了呢？一輩子是需要很長的時間來驗證的。所以在孔子看來，仲弓能不能行仁，還不確定，但孔子並非否定他能夠行仁，因爲這樣等於否定一個人自我向善的要求，所以他說：我不知道。但是他特別強調不要完全靠口才，用口才來與別人爭論，就算贏了，但也失去了人心。要讓別人心服，還需要靠德行。

【第59講】

《論語・公治長第五》第六章，原文是：

子曰：「道不行，乘桴浮於海，從我者，其由與？」子路聞之喜。子曰：「由也，好勇過我，無所取材。」

這段話的意思有些爭論，先說我的翻譯。

孔子說：「我的理想沒有機會實行，乾脆乘著木筏到海外去，跟隨我的大概就是由吧。」子路聽了喜形於色。孔子說：「由呀，你愛好勇敢超過了我，但是沒有地方可以找到適用的木材呀。」

這段話爲什麼會引起爭論呢？孔子有時候難免感歎他的理想不能實現。因爲春秋末期天下大亂，各國君主都希望能夠富國強兵。孔子說希望上位者自己行得正，底下的官員百姓就會與你走上正路。但是上位者有時候很難立刻改善，所謂權力和財富使人腐化，很難時時行得正。所以孔子的理想很難實現，有時候難免感歎說：不如移民算了。《論語》裡面孔子有兩次想要移民，這是其中之一，他想乘著木筏到海外，接著說，如果我眞的出國，跟隨我的就是由，由就是仲由，也就是子路。在眾多學生中子路特別勇敢，年齡比孔子小九歲，也許年齡相近比較容易溝通吧。子路聽了孔子的話，喜形於色，他想到老師有這麼多學生，只選擇我陪他出國，顯然是很看重我。子路很坦率、非常直接，表現得很開心。孔子先說，子路，你愛好勇敢超過了我。子路不怕危險，義不容辭陪老師乘著木筏到海外去，並且很開心。但孔子接著說「無所取材」四個字，我把它翻譯成：可是我們找不到適用的木材。因爲要做一種可以渡海的木筏，木材一定要很特別，孔子用比喻來結束談話。我的翻譯是符合老師對學生的一種期許。有的翻譯把「無所取材」理解爲「無所取哉」，子路愛好勇敢超過了我，但是他一無可取。先說與我乘著木筏去海外的是子路，學生開心之後立刻澆個冷水，說你愛好勇敢超過我，但是一無可取。有這樣的老師嗎？我想這不是孔子教書的風格，孔子教書一向是正面鼓勵居多，按照學生的情況給他一些提醒，使學生能夠了解老師的想法。他總是因材施教，子路特別勇敢，甚至有一點莽撞，孔子也說過「由也喭」，喭是指有點粗野，有話直說，有事就立刻做。孔子替他擔心，因爲這樣的個性難保將來不出事。果然子路就在孔子七十二歲的時候出了事，他在衛國介入當地的政治鬥爭，事實上衛國的情況非常複雜，子路爲了盡忠職守，最後犧牲了。

孔子也是人，看到自己的理想和政治抱負得不到理解和認同時，他也會覺得失望甚至想要離開，但聖人就是聖人，短暫的失望後，他仍堅持著自己的理想。

【第60講】

《論語．公冶長第五》第七章，這章內容稍微長一點，談到孔子的三位學生。原文是：

孟武伯問：「子路仁乎？」子曰：「不知也。」又問。子曰：「由也，千乘之國，可使治其賦也，不知其仁也。」「求也何如？」子曰：「求也，千室之邑，百乘之家，可使爲之宰也，不知其仁也。」「赤也何如？」子曰：「赤也，束帶立於朝，可使與賓客言也，不知其仁也。」

這章提到孔子的三個學生，提問的人是孟武伯，他在孔子時代不叫孟武伯，「武」是他的謚號。孟武伯曾經向孔子問孝，子曰：「父母唯其疾之憂」。孟武伯是個貴族子弟，孔子根據他的情況對他說：眞正的孝順就是讓父母只爲你的疾病而憂愁，生病之外的事情，包括念書、交朋友、工作都不讓父母操心就夠了。此時孟武伯顯然已經上任了，想任用一些人才來幫忙。他就直接請教孔子。這段話的意思是這樣的：

孟武伯請教：「子路達到仁的標準了嗎？」孔子說：「我不知道。」他再度請教。孔子說：「由，一個諸侯之國可以派他帶領軍隊，但是我不知道他是否可以行仁。」孟武伯接著問第二位同學冉求怎麼樣？孔子說：「求，一個卿大夫的領地可以派他擔任家臣，但是我不知道他是否可以行仁。」他再問第三個學生，赤怎麼樣呢？孔子說：「赤，穿戴整齊，在朝廷上可以派他與貴賓談話，但是我不知道他是否可以行仁。」

這裡提到三個學生，第一位是子路，第二位是冉有，第三位是公西華，就是公西赤，這三個學生都是人才，尤其是前面兩位，子路和冉有列名於孔子的四科十哲的政事科。孟武伯希望孔子推薦幾個可以行仁的學生來幫他，他問：子路這個人達到仁的標準了嗎？孟武伯提這個問題，說明他既不知道仁的標準是什麼，也不知道子路是否達到了。孔子的回答很簡單，我不知道。知之為知之，不知為不知，是知也。子路很勇敢，敢作敢當，見義勇為。但是子路是否行仁，能不能堅持擇善固執，孔子說：我不知道。接著孟武伯再度請教，孔子說：讓他來諸侯之國帶領軍隊沒有問題。治(chí)(ㄔˊ)其賦，「治」字當動詞用可以念成「持」，賦就是賦稅，因為古時候帶兵打仗，軍隊一定需要收稅之後才能夠發餉，用治理國家的財稅來指治理軍隊，這是一個引申的用法。孔子對子路很肯定，他帶兵作戰沒有問題。有關冉有，孔子就直接說：一個千室之邑，百乘之家的卿大夫，可以請冉有擔任他的家宰。古時候諸侯有國、大夫有家，家就可以有各級官員，還可以聘家宰，家宰就是家裡面的總管。他說：冉有當一個千室之邑、百乘之家的家宰沒有問題，但是我不知道他是否可以行仁。問公西華如何，孔子說：讓他穿戴整齊，在朝廷上跟貴賓、外國來的賓客談話，那是很合乎禮節的，但是他是否行仁我不知道。

從這段話就看得出來，孔子對自己的學生一方面有深刻的了解，知道他們各有所長，可以從事軍事、政治、外交等活動，造福百姓，而另一方面他也認為，要能達到行仁的標準實在太難了，因為行仁是一輩子的事情。像仲弓這樣的學生，列名在德行科第四名，孔子都說我不知道他能不能行仁，何況是列名在政事科或別的科的學生。

仁分三個層次，人之性、人之道、人之成。人之性是向善的，只要真誠就會發現力量由內而發，要求自己做到善行。人之道是擇善固執，這個固執就是堅持，可能要付出很大的代價，學習儒家思想，不能夠碰到危險就放棄了，要在擇善固執過程中來驗證是否能夠真的了解孔子所說的仁。仁又是止於至善，所以一個人生命的完成，就是止於至善，那更是難上加難了。要到生命結束的那一刻才看得出來，也才能做最後的驗證。

【第61講】

《論語・公冶長第五》第八章，原文是：

子謂子貢曰：「女與回也孰愈？」對曰：「賜也何敢望回？回也聞一以知十，賜也聞一以知二。」子曰：「弗如也！吾與女弗如也。」

孔子對子貢說：「你與回，誰比較優秀？」子貢回答說：「賜怎麼敢和回相比呢？回聽到一個道理可以領悟十個相關的道理，賜聽到一個道理只能領悟兩個相關的道理。」孔子說：「是比不上，我與你都比不上。」

在孔子心目中，顏回是最好的典範，雖然他看起來有點笨拙，從來不提問題，但下課之後發現他都懂了，其實顏回並不笨。這是孔子自己說過的話。所以子貢用聞一知十來描寫這位同學。子貢自己呢？他說：我只是聞一知二。聞一知二當然是比較謙虛了，我聽到一個道理就想到另外兩個相關的道理，離十還差得很遠。孔子也說：你是比不上他，我跟你都比不上他。孔子並不認爲老師就一定要勝過學生。韓愈在〈師說〉裡說得好「弟子不必不如師，師不必賢於弟子」，這是客觀的話，重要的是用功與否。如果有很好的天賦、才華卻不用功，也是浪費。既有天才又能用功，就符合孔子所說的「後生可畏，焉知來者之不如今也。」年輕人値得敬畏，你怎麼知道將來的他們比不上現在的我們呢？未來他們也許會遠遠超過我們，這樣的話，這個社會、國家才能不斷進步。

【第62講】

《論語．公冶長第五》第九章，這一章內容比較有趣，有個學生挨罵了，原文是：

宰予晝寢。子曰：「朽木不可雕也，糞土之牆不可杇也。於予與何誅？」子曰：「始吾於人也，聽其言而信其行；今吾於人也，聽其言而觀其行。於予與改是。」

宰予在白天睡覺，孔子說：「腐朽的木頭沒有辦法用來雕刻，廢土砌成的牆壁沒有辦法塗得平滑，我對予有什麼好責怪的呢？」孔子又說：「過去我對待別人，聽到他的說法就相信他的行為；現在我對待別人，聽到他的說法卻要觀看他的行為，我是看到宰予的例子才改變態度的。」

孔子的學生中口才特別好，列名在言語科的有宰我和子貢兩人。宰予就是宰我，他口才極好，所以古代有句話說「以言取人，失之宰予」，光是聽一個人說話就肯定他，那碰到宰予恐怕就要上當了。另外一句話是「以貌取人，失之子羽」，以後會介紹。宰予在《論語》總共出現五次，有一次是列名在言語科，另外四次，一出場就引起一些激烈的情緒反應。但他也有精彩之處，也就是他請教老師爲什麼要守年三之喪，那是《論語》中非常重要的一段，宰予提出問題，孔子藉此把他的思想做了比較完整的論述。

孔子說：腐朽的木頭是沒有辦法用來雕刻的。用來雕刻的，必定是扎實的木頭，如果本質有問題，外面再怎麼琢磨、雕刻都沒用；自己先要有上進的意志，別人才能教你。糞土之牆不可杇也，糞土就是廢土，廢土砌成的牆一定是凹凸不平的，沒辦法塗得平滑。孔子說：對宰我有什麼好責怪的呢？等於是孔子認定這個學生不夠好。不過，人是會改善的，後來宰我也有傑出的表現。接著孔子說：過去我對待別人，聽到他的說法就相信他的行爲。孔子是一個非常善良的人，相信言爲心聲。但是透過宰我，孔子改變了。於予與改是，予就是宰予。宰予口才太好，孔子覺得這話說得眞好，他一定可以做得到，結果發現他不太用功，有機會就偷懶，大失所望。所以孔子就改變態度，聽別人說話也要觀察他的行爲，這個改變是因宰我而起的。

不過宰我也不是無可救藥，也許是孔子愛之深、責之切，看到這麼好的學生，他如果不上進就太可惜了，所以他話說得重，宰我記住了，也許將來就改善了。希望宰我及時改善，不要錯失了自我實現的機會，如果因而無法對社會有所貢獻，就是人生最大的損失了。

【第63講】

《論語・公冶長第五》第十章，原文是：

子曰：「吾未見剛者。」或對曰：「申棖。」子曰：「棖也欲。焉得剛！」

孔子說：「我不曾見過剛強的人。」有人回答說：「申棖就是一位。」孔子說：「棖有不少欲望，怎麼做得到剛強呢？」

現在我們常用的成語「無欲則剛」就從這兒來的。但要找到無欲的人，實在是太難了，所以這點值得我們多加思考。首先孔子強調他沒有見過剛者、剛強的人。這是孔子說話的習慣，在《論語》中至少有五、六次，孔子說過吾未見，沒見過這種人、那種人。並不是他經過統計或研究調查，而是代表他深切的渴望，希望能夠見到學生都有傑出的表現。很可惜對於申棖這個人，後代有關他的材料很少，我們不必勉強去想像。有人說申棖也是孔子的學生，如果不是，孔子也無法知道他有不少欲望。

對於欲望我們要稍加分析。其實人的生命跟其他生物相同，都有欲望。最基本的欲望是要吃喝、休息睡眠，要成長，包括要念書也是欲望，希望自己變成好人也是一種欲望。因爲孔子也說過，我欲仁，斯仁至矣，我想要仁德，那麼行仁的機會就立刻會來，他用「欲」這個字。「富與貴是人之所欲也」，也用「欲」這個字。所以我們對於「欲」要有一個基本認識，只要人活著，就一定有生命的基本欲望。但是欲望分爲兩種，一種是自我中心的，第二種是非自我中心的。如果只講第一種欲望，所有人都以自我爲中心，那麼天下就要大亂了。所以孟子說：「養心莫善於寡欲。」要修養自我的心靈，最好的方法就是減少欲望。但是減少欲望不是完全沒有欲望，而是要把自我中心的欲望轉化、提升，變成非自我中心的欲望。比如說，從只希望自己能夠一切順利，轉變到希望每一個人都能夠順利，天下能夠太平，這是向非自我中心的轉變。申棖的欲望很顯然應該是自我中心的欲望，孔子才會說他有欲望，怎麼可以算是剛強呢？要完全無欲是不可能的。老子說要讓老百姓「無知無欲」，知排在欲之前是有道理的，人的欲望是來自於他的認知。如果知道黃金比石頭好，你當然想要黃金，如果知道鑽石比黃金更好，你當然想要鑽石。如果一個人對此完全沒有認知，他絕不會挑三揀四的，所以老子認爲，偏差的知會帶來偏差的欲望。有人認爲老子講無知無欲是一種愚民政策，其實不然。老子是希望你有正確的知，這樣才可能帶來正確的欲。

孔子說過，好剛不好學，其蔽也狂。一個狂妄的人，往往因爲自認爲剛強。但他沒有學習，不知道什麼叫做禮儀、禮節、禮貌，他的剛強就變成狂妄，孔子認爲一種德行會走入另外一個極端。愛好剛強本來不算是錯，但不學習，不知道分寸，一味剛強，最後變成狂妄。

如果一個社會大家都沒有欲望，社會怎麼會進步呢？正確的欲望，會成爲一種動力。若要調節欲望，最好有正確的知，有正確的知才能有正確的欲，才能促使社會不斷地進步發展，這才是孔子的眞正用意。

【第64講】

《論語・公冶長第五》的第十一章。原文是：

子貢曰：「我不欲人之加諸我也，吾亦欲無加諸人。」子曰：「賜也，非爾所及也。」

這段話的意思是：

子貢說：「我不願意別人加在我身上的，我也但願自己不加在別人身上。」孔子說：「賜，這還不是你做得到的。」

從這段話我們又一次看到孔子因材施教。子貢的口才很好，孔子有時候會提醒他，你不要說得那麼快，那麼滿，你還沒做到呢。這就是一個例子。

我們都知道「己所不欲，勿施於人」的道理。但是有幾個人做得到？因爲這八個字就是要把別人當自己來看，別人不幸的遭遇，你能夠體諒嗎？眞的要體諒別人，其實不容易做到。比如我們正在讀書時，隔壁有人聽音樂，聲音太大了，很刺耳，該怎麼辦？此時，我們應該也作反省，反省自己看書的燈光會不會太亮了，會不會影響別人？我們不願意別人加在我們身上的，我們也但願自己不要加在別人身上。這句話裡面充滿一種溫暖的人道精神，一種互相尊重的情感，值得多加思考和學習。

【第65講】

《論語・公冶長第五》第十三章，原文是：

子路有聞，未之能行，唯恐有聞。

簡單的十二個字，意思是說：

子路聽了做人處事的道理，還未達到能夠實踐的程度以前，就只怕自己又聽到新的道理。

簡單的十二個字，非常生動地描寫子路。子路個性比較剛強，屬於行動派，他聽到什麼事情該做就立刻去做，但是德行修養卻沒有那麼容易。德行修養需要時間，慢慢磨練，才能有成效。子路聽到該做的事如果還沒做到，就很怕又聽到新的道理，這個學生是蠻可愛的。

《孟子》書中提到子路，特別強調子路聞過則喜。子路聽到別人提醒他的過失，就很高興。因爲能夠改善自己。一般人是聞過則怒，聽到別人說我的過失就很生氣，就要辯護，說不能怪我，是別人害的，別人冤枉的。子路不同，一聽到過失反而很高興能有改正的機會，所以孟子特別稱讚他。孟子是一位了不起的學者，他在講到子路聞過則喜時，接著談到大禹，他說：禹聞善言則拜。禹聽到有價值的言論，立刻向人拜謝。然後他談到舜，他說：大舜有大焉，善與人同。他居然把子路和禹、舜相提並論。說實在的，舜和禹都是天子，他們的德行修養是非常完美的。「善與人同」是舜在別人身上看到優點，就立即學習並去行善，讓別人發現原來自己的優點讓舜實現了，那麼我也可以去實踐，因爲那是我的優點。

子路是聞過則喜，聽到過失就很高興，這一點很值得我們學習，因爲那並不容易實踐。

子路在《論語》出現的次數特別多，頻率最高，其次是子貢，第三是顏淵。子路確實有許多言行表現讓人側目。要改善自己，有六個字：好學、深思、力行。第一步好學，像孔子一樣，每天不斷地學習、到處向人學習，感覺到生命力源源不絕地展現出來。第二是深思，要好好地去思考怎麼把所學的內容跟自己生命特色結合起來，如此所學的才有用。第三，要實踐，也就是力行實踐，如果不能實踐，學得再多，想得再深有什麼用？它還是不能改變我們的生活與生命。子路這段很簡單的資料卻給我們很多啓發。

【第66講】

原文是：《論語・公冶長第五》第十四章以及第十五章，這兩章是孔子對於時代比他早的人之評價。第十四章

子貢問曰：「孔文子何以謂之『文』也？」子曰：「敏而好學，不恥下問，是以謂之『文』也。」

子貢請教說：「孔文子憑什麼得到『文』的諡號？」孔子說：「他聰明又愛好學習，並且不以放下身段向人請教為可恥，所以得到『文』的諡號。」

這段是講衛國的大夫孔圉，死後被稱做孔文子。我們都知道周朝有周文王，所以「文」有多種意思。《史記》特別提到有關死後諡號的材料，比如評價最高的是經天緯地，經緯是把天地都可以安頓好，講周文王的時候是指這個意思。孔文子是努力學習、學勤好問，又喜歡向別人請教，所以他也稱作「文」。子貢請教孔文子爲什麼稱作「文」？孔子的回答很直接，說他敏而好學，不恥下問。要特別注意到「好學」這兩個字，因爲在整部《論語》裡，只有三個人達到好學的要求，第一個是孔子自己，他曾經說過，有十家人住的地方，一定有人和我一樣忠信，但沒有人像我這麼好學。好學是孔子對自己的期許，也是一種肯定。第二個是我們很熟悉的顏淵，他的好學表現在德行上，不遷怒、不貳過。第三個就是孔文子，敏而好學、不恥下問。「敏」代表聰明，很多人都很聰明，但不見得好學。如果一個人既聰明又好學，那就不同

了，如虎添翼。不恥下問的「下」，代表身份比自己低、年齡比自己年輕，不恥下問就是不管別人身份低或者年齡輕，或者其他方面條件比我差，只要能夠啓發我，我都要向他請教，並且不以向他請教爲恥。不恥下問，同時敏而好學，這樣稱爲文也當之無愧了。

《論語・公治長第五》第十五章，原文是：

子謂子產：「有君子之道四焉。其行己也恭，其事上也敬，其養民也惠，其使民也義。」

意思是：

孔子評論子產說：「他有四種行為合乎君子的作風。第一，容貌態度保持恭敬；第二，服侍君上出於敬意；第三，照顧百姓廣施恩惠；最後一點，役使百姓合於分寸。」

子產是很有名的政治人物，鄭國的大夫，原名公孫僑，在鄭國擔任執政的卿相二十二年，他過世以後，孔子還傷心流淚地說他是古之遺愛。古之遺愛是說他的仁愛有古人之風。孔子說子產的君子作風，第一是能自我要求，行己也恭。跟別人來往要保持恭敬，身爲國家的政治領袖，如果本身態度散漫隨便，整個社會就會沒有規矩。第二，是對待君上出於敬意。雖然他功勞很大，但對於國君仍畢恭畢敬，絕不功高震主。古代講究君臣之禮，這也是儒家極力主張的立場。第三、第四是對百姓的兩種態度。他對百姓廣施恩惠，儘量照顧百姓，讓百姓感受到好的國君與大臣的照顧，這才是一個理想的國家。其次，他役使百姓合於分寸。古代老百姓都要服勞役，役使百姓時，就要合乎分寸，不要違背農業社會的工作規律。這是使民以時、使民也義。

【第67講】

《論語・公冶長第五》的第十六章，第十七章，也是孔子對於當代的人加以評論，兩章放在一起，能夠理解比較完整。第十六章，原文是：

子曰：「晏平仲善與人交，久而敬之。」

孔子說：「晏平仲很懂得與人交往的道理，交往越久別人越敬重他。」

晏平仲是齊國的大夫晏嬰。孔子三十五歲時曾到過齊國，晏嬰正在執政，孔子本來很想在齊國發展，但齊國內部出現反對意見，最後晏嬰也覺得十分不妥。有關晏嬰的故事很多，比如他曾經到楚國，楚國人故意爲難他，他身材矮小，楚國就把正門關起來，開旁邊的小門，等於是讓他鑽狗洞。晏嬰很機智地說：我到大國則開大門，到狗國才開狗洞。楚國人相當慚愧，最後開大門請他進去。孔子對晏嬰沒有讓他在齊國發展，並無特別的怨恨，因爲形勢不同，當時孔子才三十幾歲。他對晏嬰的評論是善於與人交往。他跟別人交往越久，別人越敬重他，這也很難。平常我們跟別人交往時，時間一久就變得很親熱、熟悉，彼此間就忽略「敬重」二字。而晏嬰與別人交往越久，別人越敬重他，說明他有原則與分寸。當然有時不免讓人覺得缺乏熱情，所以在《莊子》書中有一句話：「君子之交淡若水，小人之交甘若醴。」君子之間來往很淡，像水一樣，但可以持久。小人交往甘若醴，很甜，好喝，但是喝不了太多，很難持久。

接著介紹第十七章，原文是：

子曰：「臧文仲居蔡，山節藻梲，何如其知也？」

孔子說：「臧文仲供養大龜的屋子裡，柱頭刻成山的形狀，梁上的短柱則畫著海藻，這怎麼算得上大家所說的明智呢？」

臧文仲是魯國的大夫，非常聰明，遇事能準確判斷。他在家裡面養一隻大龜，蔡國在古代是專門出產烏龜的，最後就以「蔡」來代稱烏龜。古人喜愛養烏龜，因為牠壽命特別長，好像能夠了解過去與未來的事，所以烏龜的龜殼就成為占卜的工具。要不要戰爭？要不要遷都？今年收成如何？把兩種不同的意見分別刻在龜甲的兩邊，用火來烤，看哪邊先裂開。就代表上天的意思。

古人認為，占卜時龜殼越大越靈驗。《莊子》書中有個故事，宋國的漁夫捕到一隻白色的大烏龜，一般烏龜是黑色的，所以白龜很特別。宋元君把牠殺了，用牠的殼來占卜，連占七十二次都準確。這個故事當然還有後續的評論，不過與我們這章不相統屬，在此先略去不談，我們只是強調龜對古人有很大的作用。臧文仲在家裡養了隻大龜，為了讓這隻龜有賓至如歸的感覺，就把房子的柱子刻成山的形狀，梁上的短柱就畫著海藻，希望這隻龜住得舒服。這麼做到底好不好呢？當然古人對龜的研究很有限，不知道許多動物並非靠視覺，而是靠嗅覺，靠氣息形成的氣場來感知外界的。把牠當人來看，刻上山和海藻，這對烏龜來說不一定適用。這樣的作法很不明智。《莊子》書中另一個故事，魯國靠海邊的地方，飛來一隻很大的海鳥，大概像鳳凰，魯君很高興，就請海鳥享用太牢之禮，有牛、有羊、有豬，又演奏韶樂來歡迎牠。但是這隻海鳥顯得很憂愁，幾天之後就死了。莊子想表達的是，要用養鳥的方式來養鳥，不要用養人的方式來養鳥。否則對牠而言都是一種懲罰與災難。

我們所談的一位是齊國的卿相，一位是魯國的大夫。在〈公冶長第五〉裡，孔子不只評價了各國有名的人物，對他的學生也做了相關評論。從他的評論裡，我們得知他的價值觀，無論如何都要以「人」作爲核心。儒家是一種人文主義，始終把人的生命放在最重要的位置。一方面他肯定每一個人都有人性的基本價值，有人格的尊嚴。而另一方面，他也認爲一個人要眞正走上人生的正路，需要不斷修練，光靠天生的聰明才智不見得有用。跟別人來往時，不要只看短暫的眼前，要通過長期的交往，日久才能見人心，像晏平仲，讓人能夠與他交往越久越尊重他，人生的路才可以走得比較平穩，生命也才能更爲充實。

【第68講】

《論語・公冶長第五》第十八章，這章內容比較長，原文是：

子張問曰：「令尹子文三仕爲令尹，無喜色；三已之，無慍色。舊令尹之政，必以告新令尹。何如？」子曰：「忠矣。」曰：「仁矣乎？」子曰：「未知。焉得仁？」「崔子弒齊君，陳文子有馬十乘，棄而違之。至於他邦，則曰：『猶吾大夫崔子也。』違之，至一邦，則又曰：『猶吾大夫崔子也。』違之。何如？」子曰：「清矣。」曰：「仁矣乎？」曰：「未知。焉得仁？」

本段說明兩件事。第一件事是：

子張請教孔子：「楚國的宰相子文，三次出任宰相，沒有得意的神色，三次從宰相去職也沒有不悅的神色。去職的時候一定把過去的政務告訴接任的宰相，這個人怎麼樣？」孔子說：「盡忠職守。」「他達到仁的標準了嗎？」孔子說：「不知道，怎麼能說是合乎行仁的要求了呢？」

第二件事是：

「崔杼以下犯上，殺了齊莊公，陳文子有四十匹馬，全部放棄而離開齊國，到了一個國家，不久就發現執政者與大夫崔子差不多，再度離開，到了另一個國家，不久又發現執政者與大夫崔子差不多，然後又離開這個國家。這個人怎麼樣？」孔子說：「潔身自愛。」「他達到仁的標準了嗎？」孔子說：「不知道，怎麼能說是合乎行仁的要求了？」

這一章提到兩個人，第一個是楚國的宰相子文，孔子說：他盡忠職守。國君三次叫他上臺他就上臺。三次讓他下臺他就下臺。去職時，過去所做的政務一定交代給新的宰相。這就是盡忠職守。重要的是他上臺不喜形於色，下臺也不垂頭喪氣，這是最困難之處。《莊子》書中也有類似的故事，楚國的宰相孫叔敖，三次上臺沒有高興的神色，三次下臺也沒有生氣的表情。別人問他是修養好，還是另有心得？他說宰相只是一個名分，我是我，如果當宰相值得高興，不是我高興，是宰相高興。如果做我就可以高興的話，何必需要當宰相呢？這是道家的思想。儒家認爲這種人非常忠心，但是否是「仁」，孔子也不知道了。盡忠職守是出於對職責的要求，或是爲了符合君上的期許，還是出於個人內在的眞誠，主動地去盡忠職守，旁人無從得知，所以孔子不輕易判斷別人是否合乎行仁。因爲很難判斷當事人是被動地承受外在的壓力，還是主動地發自內在的意願。

第二位提到的是陳文子，他處於較特殊的時代背景。這件事發生在孔子四歲的時候，當時齊國的大夫崔杼是一位有權力的大臣，他把國君殺了。春秋時代很多這種事情，司馬遷的《史記》自序裡就提到：春秋時代弒君三十六，亡國五十二，諸侯奔走不得保其社稷者，不可勝數。春秋時代也不過是兩百多年，國君被殺的事件有三十六件，國家滅亡的有五十二個。諸侯，就是國家的領導者，四下逃亡，保不住自己國家的，不可勝數。眞是一個亂世。國君被殺，國家很混亂，齊國的大夫陳文子，不願意留在齊國與弑君犯上的作亂者共事。原文中強調陳文子有四十匹馬，馬在古代是非常貴重的家產，陳文子放棄他全部的家產，證明他離開的決心。但是他到了新的國家之後，發現當地的大夫跟弒君犯上的崔杼差不多，他就再逃到另外一個國家，去了之後又發現情況相同。在亂世中，每個國家的大夫勢力越來越大，對於國君也就不再尊敬，甚至胡作非爲，國君也毫無辦法。魯國也有類似的現象。孔子曾說：「八佾舞於庭，是可忍也，孰不可忍也！」魯國的季氏也是非常狂妄囂張，違背禮儀的規定。所以在這個亂世，陳文子非常清高，潔身自愛，但是能不能合乎行仁的要求呢？孔子說：我不知道。怎麼能說就一定合乎行仁的要求呢？由此可以再次驗證孔子從來不輕易說一個人合乎行仁的要求，因爲仁必須是內在的眞誠自覺所產生的力量，願意去做該做的事。仁一定是代表整個人格趨於完美的程度。所以，孔子只願意說一個是盡忠職守，一個是潔身自愛，能不能達到行仁，還不一定，還要看他其他方面的條件。

人生的修養是永不休止的，必須不斷地努力，讓自己走上更高的層次。

【第69講】

〈公冶長第五〉第十九章，原文是：

季文子三思而後行。子聞之，曰：「再，斯可矣。」

季文子每件事都要考慮許多次才去做。孔子聽到這種描述說：「考慮兩次也就可以了。」

我們常勸別人三思而後行，但是，爲何孔子有不太一樣的看法呢？季文子是魯國的大夫，他的年代比孔子早很多，孔子出生前十三年，季文子已經過世了。季文子非常謹愼，任何事情都要考慮很多次才去做。「三思」的「三」代表多數，就是反反覆覆去想，別人都已經有點不耐煩了，他才下決定要去做或者不做。孔子認爲「再，斯可矣」。兩次就可以了。因爲任何一件事，你只要考慮兩點：第一個該不該做，第二個該怎麼做，兩次就夠了。考慮過多，一天能做幾件事呢？尤其季文子身爲大夫，所下的決定往往攸關許多人，不能蹉跎時光，更不能耽誤時機。

關於自己的人生：要考慮三點：我能夠做什麼，我應該做什麼，以及我願意做什麼。通常能夠做、應該做、願意做，做了準沒錯。但是很多時候事情沒那麼單純，能做的事，但你不應該做；或是你不願意做的事，卻變成該做的事，那就得好好思量了。所以考慮兩次，第一個該不該做，第二個怎麼去把它做好。西方的觀點認爲，第一，要做對的事情；第二，要把事情做對。用正確的方法做應該做的事。事實上判斷事情該不該做，相對來說還比較容易，因爲任何一個社會都有既定的法律規範，或認知的共識，至於怎麼做反而比較複雜。

從這一章裡面大家可以得到啓示：有時思考兩次就可以了，重要的是行動。

另外一段，就是《論語．公冶長第五》第二十章。原文是：

子曰：「甯武子，邦有道，則知；邦無道，則愚。其知可及也，其愚不可及也。」

孔子說：「甯武子在國家上軌道的時候，顯得很明智。在國家不上軌道的時候，就變得很愚笨了。他的明智，別人趕得上，他的愚笨，別人趕不上。」

甯武子，衛國的大夫，他曾事奉兩位國君，衛文公與衛成公。衛文公有道，是好國君，好領袖，此時甯武子很明智，該做什麼就做什麼，判斷從來不遲疑。但是後來換成了衛成公，卻是國家無道，這個時候他如何自處呢？他照樣盡心盡力幫助國君。看起來好像很愚笨，因爲一般人在這種情況下都會選擇明哲保身，而「其愚不可及也」卻是孔子對甯武子的稱讚。國家上軌道，有明智的表現不難，而國家不上軌道的時候，人們往往遠離是非，以免惹禍上身。而甯武子，他繼續做他該做的事。別人認爲他很笨，國家無道，再怎麼努力也難有效果呀，何必堅持呢？可是他還是繼續如此。事實上愚笨是一種選擇，是對價值觀的一種抉擇，比如在亂世，甯武子還是堅持效忠國家，不讓百姓受苦，他出來做事，至少維持一線生機。孔子對人物的評價有他獨到的見解，從〈公冶長篇〉的幾章，可以學到怎麼去評論一個人物。一個人在某些方面有成就，但不見得代表他在每一方面都很好。孔子曾經說：「知我者其惟《春秋》乎，罪我者其惟《春秋》乎」，這句話出於《孟子》。意思是：要了解我，就要看《春秋》裡面我怎麼下筆；要責怪我，也要看《春秋》裡面我怎麼下筆。因爲評論一個人好壞，不是一般人的能力，本來應該屬於天子的，但是如果天子不管事的話，社會上就應該有一種評價善惡是非的人出現，孔子以這樣的人自居。

【第70講】

《論語・公冶長第五》第二十一章，這一章反映了孔子的感歎，原文是：

子在陳，曰：「歸與，歸與！吾黨之小子狂簡，斐然成章，不知所以裁之。」

孔子在陳國時，說：「回去吧，回去吧，我們家鄉的學生們，志向高遠，奮發進取，基本的修養已經頗為可觀了，只是還不知道裁度事理的原則。」

孔子在周遊列國期間，曾經有一個陳、蔡之厄，他被困在陳國、蔡國之間。那段時間是孔子一生裡面最危險的階段，因爲戰爭，他困在兩國之間，曾經連續七天，都沒有生火煮飯。他跟同學們只能吃點乾糧維生，有的同學還病倒了。這個時候子路受不了了。他覺得，怎麼君子會窮困到這般程度呢？孔子這時候就教訓他，君子固窮，君子在窮困的時候要堅持原則。小人窮斯濫矣。小人在窮困的情況下，會放棄原則，只求苟且偷生。所以在陳國的時候，顯然孔子有他的感歎，覺得理想很難實現，就有了不如歸去的想法。

自古以來感歎不如歸去的很多，有些是歸回田園，回到家鄉做個農夫，不再參與政治。孔子的歸與，是希望回到老家，回到魯國，設法繼續培養他的學生。把學生稱作小子，小子跟小人不同。小人是一個人沒有志向，明明長成大人了，但是只顧自己，不替別人著想，沒有立志成爲君子。而小子，是指年輕人。

本章裡的「狂簡」是志向高遠。在《孟子》裡面提到孔子，把朋友分爲三等，最好的是中行，中行就是言行都恰到好處。第二種是狂，狂者進取。狂者志向很高，一直奮鬥向上，每次見到他都覺得又往上提升了。第三種是狷，狷者是有所不爲，潔身自好。由此可知，孔子相當肯定自己的學生。他接著說，學生斐然成章，我們到今天還用斐然成章來描寫一個人的文章寫得好。學生基本的修養已經頗爲可觀了。孔子在這裡所說的「斐然成章」，特別是指修養，指經過長期的立志修練之後，可以承擔責任，做他該做的事，這叫做斐然成章，頗有可觀。但是孔子也說，不知所以裁之，這些學生，還不知道裁度事理的原則。孔子認爲學生們已經立志了，經過修練也已經斐然成章。已經到三十而立的程度，孔子很肯定他們了。至於要做到可以裁度事理，還太早，孔子本人也要到四十歲才能不惑。這些學生這麼年輕，做不到是可以理解的。

這一章裡面，我們可以看到孔子對學生的期許，理想不能實現，只能靠教育，教育下一代，讓學生把自己的理想傳下去。

【第71講】

《論語・公治長第五》第二十二章，這一章的內容很短。原文是：

子曰：「伯夷、叔齊不念舊惡，怨是用希。」

孔子說：「伯夷與叔齊，心中不記得別人的過去的惡行，別人對他們的怨恨也就很少了。」

司馬遷寫〈列傳〉的時候，排第一的就是〈伯夷列傳〉，說明在古人裡面，他是非常特殊的一位。在商紂王的時代，伯夷、叔齊是孤竹國國君的兩個兒子。他們爲了讓別的兄弟來接任國君的位置，互相禮讓，讓到最後兩兄弟都跑到西邊去，不願意當國君。孔子對伯夷、叔齊相當肯定，因爲當時在衛國，正好發生父子爭奪國君位置的亂局，這樣的局面很難堪，所以孔子很讚賞伯夷、叔齊的行爲。這兩個人逃到西邊的西伯昌那裡。在商紂王的時代，西邊有一個大的諸侯國，也就是後來的周朝，當時稱爲西伯。關於這段內容，在《孟子》裡說得很詳細，周朝的周文王、周武王，對老人家非常尊敬，所以天下老人家都跑到西邊去，天下老百姓的心也跟著到西邊去了。這兩個人逃到西邊去之後，不久周文王被商紂關在羑里，關了七年，被放出來之後不久便過世了，周武王於是率眾革命，當時伯夷、叔齊兩兄弟還前去拉住周武王的馬，勸阻他不要革命，因爲他們認爲商朝是不可移異的正統，所以兩兄弟反對周武王革命。周武王表示要替受苦的老百姓請命，順乎天，應乎人，尤其自己的父親被害死了，所以非革命不可。結果革命成功，取代了商朝。從此兩兄弟逃到了首陽山上，不再吃周朝的食物，最後餓死了。這是了不起的事情，因爲他們堅持原則，絕不妥協，潔身自愛。孟子在談到聖人的時候，把聖人分爲四種，第一種就是像伯夷這樣的，叫做清高。伯夷確實很清高，在孟子的描述裡面，滿朝文武只要有一個壞人，伯夷立刻辭職。他如果看見有一個人上朝的時候，帽子沒戴正，衣服沒有穿整齊，就覺得自己好像處在一個很髒亂的環境，無法忍受。司馬遷把伯夷、叔齊的事蹟加以記載，並且安排在〈列傳〉的首篇，其實是有所寄託，他借這個機會抒發自己受屈辱的不平，感歎天道何以讓好人有如此悲慘的下場。他接著也提到顏淵，一輩子都有善的表現，爲什麼活的時間那麼短呢？想在人間追求公平正義和善惡的報應，恐怕非人力所能控制，但是公平正義還是値得堅持，因爲儒家裡面講的是人性向善，要自我要求行善。

孔子提到伯夷、叔齊，不去記著別人過去所犯的過錯，因此，別人對他們的怨恨，就越來越少了。其實人只要稍微反省一下，就會發現，怨恨是雙向的，有時候別人怨我，有時候我怨別人，怨來怨去，雙方都缺乏自我反省。多反省自己，少記住別人的過錯，世間就會多一些和諧與溫暖。

【第72講】

《論語・公冶長第五》第二十三章。這一章的內容是這樣的：

子曰：「孰謂微生高直？或乞醯焉，乞諸其鄰而與之。」

孔子說：「誰說微生高直爽，有人向他要一點醋，他去向鄰居要來給人。」

讀到這一章，或許有人會覺得有點小題大作，這件事情有必要這麼評論嗎？所以我們要了解孔子爲什麼這樣說。從首句誰說微生高這個人很直爽，說明一定很多人讚美微生高是個直爽的人。孔子是一位哲學家，他的評價有哲學家的標準。西方講哲學家要有三個條件，第一，必須有明確的概念。第二，必須有判斷的標準。第三個最難，要建構系統。孔子曾經說吾道一以貫之，這就代表孔子思想有系統。哲學代表智慧，智慧代表完整而根本，對生命有一個完整的理解，有全盤的認知，這樣才能建立一個比較好的價值觀體系。

再回到我們本章所說的。孔子說別人講微生高直爽，我看不一定，他就舉一件小小的事情做例子。有人向微生高借醋，微生高家裡沒有了，正好用完了，他跟別人說：且慢，我去找找看。他大概從後門走到鄰居那邊，跟鄰居借到醋，再拿來給這個借醋的朋友。微生高向鄰居借來後轉借他人，也算一番好意。孔子卻認爲這樣做不盡理想，因爲將鄰居的醋借給人，別人感激的是你，並非鄰居，差別就在這裡。孔子強調的是既然家裡正好沒有，可以引見他去找鄰居借，讓他直接感謝這個鄰居。

《論語》裡面，多次提到「直」這個字。理解爲「真誠而正直」，直爽正直。孔子對於「直」很重視。他曾經說過，人之生也直，人能夠活在世界上，是靠眞誠而正直。孔子還說「好直不好學，其蔽也絞」，意思是只是喜歡正直、直爽，而不喜歡學習，有時候會犯了尖刻傷人的毛病。比如愛好正直，但是不喜歡禮儀，不喜歡學習，就會淪於「絞」，心直口快讓人受不了。這種直，不但不是直爽，不是好事，反而變成一種傷害別人的武器，這就不好了。

【第73講】

《論語・公冶長第五》的第二十四章，原文是：

子曰：「巧言、令色、足恭，左丘明恥之，丘亦恥之。匿怨而友其人，左丘明恥之，丘亦恥之。」

孔子說：「說話美妙動聽，表情討好熱絡，態度極其恭順，左丘明認為這樣的行為可恥，我也認為可恥。內心怨恨一個人，表面上卻與他繼續交往，左丘明認為這樣的行為可恥，我也認為可恥。」

孔子名丘，字仲尼，他講自己的時候就稱「丘」。巧言令色是說話動聽表情熱絡，但缺少眞誠心意。足恭，態度過度恭順。這種人，左丘明認爲可恥，孔子也認爲可恥。因爲外表裝著這麼樣的客氣，一定有所圖謀吧。說話的時候講得很動聽，表情非常熱絡，態度又恭順得不得了，鞠躬哈腰禮貌周到。左丘明認爲這樣的舉止不好。與他人來往，按照禮儀的規定，有適當的禮貌就足夠了，人與人之間直誠最重要，這是儒家所強調的。

「匿怨而友其人」，把怨恨藏在心中，然後繼續跟這個人做朋友。左丘明認爲這樣的人可恥，孔子也認爲可恥。交朋友一定要眞誠，缺乏眞誠的話，何必交往呢？孔子講到益者三友的時候，第一個就說友直，直就是要眞誠而正直。匿怨而友其人，把怨恨藏在心中，去跟他做朋友，這確實不好。孔子也說過，道不同不相為謀，如果我們的理想不同，可以不用交往。但是一旦交朋友，真誠一定是基礎。不能只要求別人直、諒、多聞，自己卻不直不諒不多聞。

【第74講】

《論語・公冶長第五》的第二十五章，這一章特別重要。原文是：

顏淵、季路侍。子曰：「盍各言爾志？」子路曰：「願車馬衣裘，與朋友共敝之而無憾。」顏淵曰：「願無伐善，無施勞。」子路曰：「願聞子之志！」子曰：「老者安之，朋友信之，少者懷之。」

顏淵與季路站在孔子身邊，孔子說：「你們何不說說自己的志向？」子路說：「我希望做到把自己的車子、馬匹、衣服、棉袍與朋友一起用，用壞了也沒有一點遺憾。」顏淵說：「我希望做到，不誇耀自己的優點，不把勞苦的事推給別人。」子路說：「希望聽到老師的志向。」孔子說：「使老年人都得到安養，使朋友們都互相信賴，使青少年都得到照顧。」

這段話的重要性，不言而喻。我們都知道孔子本身，十五歲立志求學，他所立的志向，除了學以外，還有仁，還有道。仁，是他個人生命的方向；道，是人類共同要選擇的方向。子路先說話，他說要把我的車、我的馬、我的衣服、我的棉袍，跟朋友一起用，用壞了都沒有任何一點遺憾。子路的志向，是要做到重視朋友的情義，遠遠超過世俗的財物，子路在這一方面毫不含糊，他說我要重視朋友的情義，就是跟朋友分享自己所有的一切。這是非常高尚的志向。他講完畢之後，輪到顏淵，顏淵說：我要做到無伐善，無施勞。顏淵確實有很多優點，值得別人去肯定的。他不誇耀自己的優點，但是無施勞是什麼意思？有些人把它翻譯成不要張揚自己的功勞，這種翻譯顯然有問題，因爲顏淵只活了四十歲，也沒有機會擔任官職。古代所謂的功勞，很明確，一定是對百姓有功。作官造福百姓，或者家裡有錢，造橋鋪路，方可稱爲有功勞。而顏淵呢？沒當過官，家裡又窮，顯然談不上麼功勞。所以我把無施勞的「施」，理解爲己所不欲，勿施於人的「施」。也就是說我不要把勞苦的事情推給別人，顏淵的志向是無私。一方面有優點，不要誇耀，另一方面，有勞苦的事，自己做，不要推給別人。顏淵的志向，比子路的要略勝一籌，因爲子路只對朋友好，顏淵則對每一個人都好，無伐善，無施勞，具有普遍性。子路的理想，與他本身豪爽的個性有關，而顏淵的理想，就是孔子一再強調的君子的理想。我們想想看，孔子所說的君子，不就是無私嗎？和而不同，泰而不驕，周而不比，坦蕩蕩，都因爲是無私。顏淵的目標，就是成爲孔子口中的君子。

接著，子路請教老師的志向，孔子立刻說：老者安之，朋友信之，少者懷之。這十二個字，是人類有史以來最高的理想。任何民族任何人群，最高的理想都不能超過這十二個字。讓天下的老年人都得到安養，讓天下的做朋友的人都能夠互相信賴，讓天下的青少年都可以得到好的照顧，止於至善，世界大同。孔子作爲一個老師，確實是了不起。他的學生子路有情有義，顏淵能夠達到無私的境界。他自己呢？可以止於至善。儒家思想爲什麼一再強調人性向善，從這裡可以得到很大的啓發。因爲每一個人，只要眞誠，就會發現內心有一種力量，要求自己去行善。善是我跟天下人之間適當關係的實現。所以如果要實現我的人性，要行善，就要對天下人有所負責、有所照顧。這正是孔子講的「老者安之，朋友信之，少者懷之」。這十二個字，不但是孔子一個人的志向，也應該是人類共同的理想。

【第75講】

《論語・公冶長第五》第二十六章，原文是：

子曰：「已矣乎！吾未見能見其過而內自訟者也。」

孔子說：「算了吧，我不曾見過能夠看到自己的過失，就在內心自我批評的人。」

這又是一種孔子沒有見過的人，孔子沒有見過的人還不少呢！比如孔子曾經說過，我沒有見過喜歡完美人格，以及厭惡不完美人格的人。孔子又說他沒見過剛者，沒有見過好德像喜歡美色一樣的人。又說他沒見過隱居以求其志，行義以達其道的人。在這一章孔子說他沒見過發現到自己的過錯就在內心裡面自我批評、自我反省的人。這種說法只是孔子在表達上的需要，是為了強調和突出觀點。

前面提到子路的時候，我們特別借用孟子對子路的評價：「聞過則喜」，聽到自己有過錯就很高興。子路這一點，得到孟子很高的評價。儒家認為過錯有時候是無心的，因為和性格有關。所以知道一個人有什麼過錯，就可以給他正確的指導，讓他人生往正路上發展。這是孔子的話，觀過，斯知仁矣，看到一個人的過錯就知道他應該往哪裡去不斷地修練。通過過錯，是認識自己的方法之一。孔子給顏淵的評價：不遷怒，不貳過。他不再重複同樣的過失。過錯來自於性格，不貳過就表明要經常改變自己的性格。這是多大的挑戰啊！自古以來有幾個人做得到改變性格？

所以孔子認為第一步該怎麼做？見到自己的過錯，先在內心裡面自我檢討，不要忙著辯護。也許別人是誤會，也許自己受委屈了，但是要思考別人誤會的原因，再加以解釋，希望能化解誤會，這是一種方法。但是有另外一個更好的方法，是讓時間來證明一切。當別人指出你的過失後，你要自我檢討，避免再次重犯。然後加強修練，讓自己變得更好了。用事實證明，你是眞誠改過，眞誠向善。

【第76講】

《論語・公冶長第五》第二十七章，也是最後一章，原文是：

子曰：「十室之邑，必有忠信如丘者焉，不如丘之好學也。」

孔子說：「就是十户人家的小地方，也一定有像我這樣做事盡責，又講求信用的人，只是不像我這麼愛好學習而已。」

這段話是孔子內心的表白。人要了解自己，孔子當然對自己的情況很清楚。忠指做事盡責認眞，信指說話可以實踐，說話算話。做事和說話，這兩方面都達到標準的，便稱爲忠信。雖有這樣的人，但是，卻沒有像孔子這麼愛好學習的人。子以四教：文行忠信。其中「行」指實踐，如何做人處世，忠和信便是普遍的要求，即使老師不教也應該知道，因爲人性向善，做事能夠忠，說話能夠信，這是每個人都希望做到的。所以，孔子認爲忠信之人無所不在。

孔子認爲自己特別好學。說自己好學，表面上好像是自我肯定，而事實上，正好是一種謙虛的表現。因爲好學代表自覺學得還不夠，所以需要好學。孔子主張溫和的理性主義，每一個人都有理性，如果好學，懂得更多做人處事的道理，他的生命就發展得更完整。由此我想到蘇格拉底，他說：爲什麼神明說我最有智慧呢？答案很簡單，就是因爲整個雅典只有我一個人知道我是無知的。聽起來有點反諷，我只知道一件事，那就是我知道我無知。別人呢？連自己無知都不知道，還以爲無知就是有知，以爲自己有知，其實無知。東西方這些偉大的聖賢，他們的思想有相通的地方。比如孔子說過，知之爲知之，不知爲不知，是知也。這是種求知的態度，知道就說知道，不知道就說不知道。而蘇格拉底能受到神明的肯定，得到當時很多年輕人的佩服，就是他公開說我無知。老師能傳授的只有知識，智慧是不能傳授的。老師傳授知識之後，學生能不能領悟，得到智慧，那就要看學生的努力。

孔子認爲好學要配合深思，配合力行。好學才能「不固」，才能不會太過頑固拘泥，不知變通。

雍也第六

【第77講】

《論語・雍也第六》第一章與第六章，這兩章裡面所介紹的是同樣的一個人，所以合在一起講。這是孔子的學生，冉雍，名仲弓。

第一章原文是：

子曰：「雍也，可使南面。」

何謂「南面」？古代中國以坐北朝南為尊貴，意味天子面向南方治理百姓。還有另一個說法是因為南方是光明，面向光明，代表在上位者的智慧不被遮蔽，能夠治理百姓。古代有三種人面向南方。第一，天子；第二，諸侯；第三是諸侯之國的卿大夫。仲弓在孔子弟子中列名德行科，孔子認為他有能力出任政治領袖，面向南方治理百姓。「雍也可使南面」是《論語》裡面談到政治和做官非常具體的一句話。他特別推薦仲弓，深信他可以勝任諸侯國的卿相職位。當然仲弓最終並沒做到這麼高的位置，只是在季氏家族裡面擔任家臣。當時是貴族世襲制，諸侯國的卿相大部分都是靠世襲。像孔子在魯國做司寇，做得雖好，但至多也只能「行攝相事」，就是代理相國，好比今天的代理行政院長的位置，不是正卿。孔子對自己的學生很了解，知道這個學生有治國的本事。

第六章也談仲弓這個學生。原文是這樣的：

子謂仲弓曰：「犁牛之子騂且角，雖欲勿用，山川其舍諸？」

意思是：

孔子談到仲弓時，說：「耕牛的後代長著紅色的毛與整齊的角，就算不想用他來祭祀，山川之神難道會捨棄他嗎？」

犁牛即耕牛，耕牛的毛一般是雜色，有一點灰，有一點白，有一點黑。耕牛是非常平凡的牛。用耕牛喻指仲弓的家庭背景很平凡。平凡的耕牛生出的小牛有著紅色的毛，有著整齊漂亮的角，在古代這樣的牛是可以用來祭祀的。當時以紅色爲貴，用這隻毛紅色、角端正的耕牛來祭祀，山川之神會欣然接受。孔子把他的學生冉雍比喻爲適合用來祭祀的牛。孔子接著說：就算不想用他來祭祀，山川之神難道會捨棄他嗎？像這樣的一個人才，就算你不用他，神明也不會錯過的。

儒家認爲從政做官是犧牲奉獻，是把個人私事放在一邊，無私地替國家做事。這既需要有崇高的理想跟抱負，也需要有卓越的德行與能力。《易經》也認爲一個人的修養達到境界之後，不能在家裡吃閒飯。國家培養這樣的人才，是需要他來照顧百姓的，所以當時把人才在社會上的發展，看作是犧牲。事實上也眞的是犧牲，很多人當官眞是殫精竭慮，替老百姓設想。比如《孟子》裡面談到周公，他連睡覺都不敢，「坐以待旦」，坐在那兒等待天亮。天亮了之後趕快實踐自己所學到的東西，以此來造福百姓。如果天下的官員都學到儒家這種精神的話，可以想像，那該是一個怎樣的太平盛世。

孔子深知仲弓，他一方面了解這個學生的能耐，知道他有這樣的德行與能力來治理一個諸侯之國，可以擔任正卿，面向南方，治理百姓。同時他也強調這個學生的家世背景不好，但是他通過學習、通過修練，表現極爲傑出。這也讓我們知道「英雄不問出身」的道理。孔子拿仲弓作爲示範，說明不要太在意自己家庭背景，不必互相比較，重要的是改善自己，不斷地修練、上進。成才以後，才能照顧家庭，甚而照顧天下。

儒家認爲一個人從政要具備三個條件：第一，德行要高。這是永無止境的要求；第二，能力要強。要能夠應變，應付所有的變化；第三，智慧要高。要能夠解決百姓的困惑，遇到任何問題都能做正確的判斷。

【第78講】

《論語・雍也第六》的第三章。原文是：

哀公問：「弟子孰爲好學？」孔子對曰：「有顏回者好學，不遷怒，不貳過，不幸短命死矣！今也則亡，未聞好學者也。」

魯哀公問：「你的學生裡面誰是愛好學習的？」孔子回答說：「有一位叫顏回的愛好學習，他不把怒氣發洩在不相干的人身上，他也從不再犯同樣的過錯，遺憾的是他年歲不大就死了！現在沒有這樣的學生了，沒有聽說愛好學習的人了。」

這段話聽起來非常感傷。魯哀公是魯國的國君，希望孔子推薦幾個學生來爲國服務。所以他問「你有哪些弟子是好學的？」孔子「對曰」，「對」表示下對上。在《論語》裡面常可以看到，孔子面對貴族，面對政治人物，面對官位比他高的，他都會加一個「對曰」。不管年紀大小，這樣才合乎禮儀的規格。孔子說：只有顏回愛好學習。孔子講好學就六個字，「不遷怒，不貳過」。什麼叫遷怒呢？我和張三吵了一架，回頭看到李四就先罵他一頓，這叫遷怒，事情和李四無關，他卻無端挨罵，非常冤枉。但是一般人都很容易犯類似的過錯。不遷怒，很難；不貳過，也不容易。儒家強調過失與性格有關。要能不貳過，就要對自己性格中的缺陷痛加改正。所以不遷怒、不貳過是作爲顏淵好學的證據，這表示孔子的教育是把學習與德行的表現結合在一起。孔子接著說顏淵「不幸短命死矣」。孔子爲顏淵感到可惜。一個人如果活不到六十，我們只能說他「得年」，就是他得到幾年的生活時間。六十以上才能夠說「享壽」，享有多久的壽命。所以顏淵很可惜，只得年四十。孔子惋惜，是因爲顏淵最好學，並且德行最好，他如果有機會服務百姓的話，肯定傑出。孔子的理想一定有實現的機會吧。

接下來就更令人傷心了，孔子居然講完顏淵之後就說沒有好學的學生，沒有聽說過誰好學了。孔子有三千弟子，精通六藝者七十二人。爲什麼除了顏淵之外就沒有人眞的好學呢？沒有人達到孔子這個標準呢？這一點是讓人感到非常惋惜的事情。孔子活了七十三歲，顏淵過世時孔子七十一歲。此時孔子對學生的了解已經很完整、很透徹了，他自己的生命也接近尾聲了，所以他感到特別遺憾，因爲除了顏淵就沒有聽說誰愛好學習了。而他的思想，學生們並沒有眞的理解，也沒有傳下來。

學儒家應該也要讀《孟子》，孟子比孔子晚了一百多年，但是眞正了解孔子，可以把孔子的思想傳下去的正是孟子。根據各種資料考證，在孔子過世以後，儒分爲八，他的學生分爲八派，自立門戶。學生們教出來的學生各有特色，有的變成了兵家、法家，不再堅持儒家的觀點。也有些人當了帝王之師，如子夏。但是教的都是應用上的知識，並沒有把儒家完整的理想傳承下來，所以孔子的感歎有他的道理。孟子曾經把顏淵同禹和稷作比較，禹，負責治水的禹；稷，就是周朝的祖先后稷，負責教老百姓種田。我們常常說「人饑己饑，人溺己溺」，「人溺己溺」就是指大禹治水，看到有人被水淹死，就好像自己沒將洪水治好，讓這個人被淹死一樣。稷呢？聽到有人餓死，就像自己田沒有種好，以至於讓別人餓死一樣。孟子說禹、稷和顏淵，異地則皆然。這三個人如果交換處境，他們應該有一樣的表現。顏淵根本沒有機會實現抱負，但是孟子給他最高的評價，這體現儒家不以成敗論英雄的觀點。從顏淵身上我們知道了知識與德行要配合，並且也了解到孔子對於好學的要求標準是很高的。

【第79講】

《論語．雍也第六》第四章內容比較具體：

子華使於齊，冉子爲其母請粟。子曰：「與之釜。」請益。曰：「與之庾。」冉子與其粟五秉，子曰：「赤之適齊也，乘肥馬，衣輕裘。吾聞之也，君子周急不繼富。」

公西華奉派出使齊國，冉有替他的母親申請小米。孔子說：「給她六斗四升。」冉有請求增加一些，孔子說：「再給她二斗四升。」結果冉有給了她八百斗，孔子說：「赤到齊國去，乘坐的是肥馬駕的車，穿的是又輕又暖的棉袍，我聽人說過，君子濟助窮困，而不增加別人的財富。」

這件事發生的時間背景，推測是孔子擔任魯國國君的顧問期間，這時冉有負責出納管賬。他的同學公西華奉派出使齊國，按照當時的規定，可以給他家裡加發一筆出差的安家費用，冉有是公西華的老同學，所以替他單獨在家的母親申請一點小米補貼。孔子說給他六斗四升。釜、庾以及秉是古代的計算單位，釜，是六斗四升，大概可以維持一般人一個星期的糧食，公西華從魯國到齊國不是很遠，所需時間不是很長。冉有希望多一點，孔子說：好吧，再給她兩斗四升。加起來也不過是八斗八升，聽起來是有限的。結果冉有自作主張，給了公西華八百斗，八百斗是什麼概念呢？大概相當於當時一年的待遇。換句話說，公西華代表魯國出使齊國，不到一個月的時間，但是冉有卻給了他一年的待遇。雖是幫助好朋友、好同學，但卻假公濟私了。孔子聽了以後當然有意見。他說公西華到齊國去的時候「乘肥馬，衣輕裘」，「乘肥馬」是說他用來駕車的馬很肥壯；古時候出使是需要自己家裡準備交通工具的，這話的意思是說公西華家境比較富裕，他駕著壯馬，穿的是很輕的棉袍，都是非常貴重的。他的家境不錯，為什麼還要再錦上添花呢？

一個君子應該雪中送炭，叫做周急。當別人有困難，有急難的時候，可以幫忙，但是不要繼富，就是增加別人的財富。君子應該雪中送炭而不應該錦上添花。即使是好同學、好朋友私交甚篤，也不應該這樣做。孔子認為君子應該公正無私。如果每一個人都照顧自己的同學朋友，哪裡還有什麼公理正義呢？國家的財富不就浪費了嗎？

緊接著是〈雍也第六〉第五章。原文：

原思為之宰，與之粟九百，辭。子曰：「毋，以與爾鄰里鄉黨乎？」

原思擔任孔子家的總管，孔子當司寇時，稱為大夫，大夫就有大夫之家，這個家就可以請家臣，原思年紀很輕，他是孔子的學生，小孔子三十六歲，孔子當到司寇的時候，原思還不滿二十歲。在此我們可以了解古人做官的年紀，一般來說，貴族子弟上大學是十五歲，學習的時間大約三年，三年之後，通過了測試就可以從事公務活動。也就是說十八歲就有能力從事一些公務活動了。原思擔任孔子的家臣，孔子給他的待遇是小米九百斗。原思刻苦耐勞，家裡情況也不好，他在孔子眾弟子裡是很貧窮的一位。但原思婉拒了老師給他的待遇，不肯接受這麼多。孔子要原思不要推辭，若有餘糧可以救助家鄉的窮人。

古時候，五家人稱為鄰，二十五家為里。五百家為一黨，一萬兩千五百家為鄉。鄰里鄉黨就是身邊的鄰居朋友，多的錢可以幫助窮困的鄰里故舊。這是孔子對於待遇的理解，他希望學生能夠得到他所應該得到的工資，至於要如何幫助別人，則可以自己決定。孔子的這一說法也具有現實上的參考價值。

【第80講】

《論語・雍也第六》第七章的內容是這樣的：

子曰：「回也，其心三月不違仁，其餘則日月至焉而已矣。」

孔子說：「回的心可以在相當長的時間內不背離人生正途，其餘的學生只能在短時間內做到這一步。」

本章提到顏淵的表現，提到「心」，提到「仁」概念，所以特別重要。

注解《論語》最有名的學者是南宋的朱熹，朱熹在談到孔子時曾經說，《論語》裡沒有討論到「心」。事實不然，《論語》裡至少五、六次出現了「心」的概念。比如孔子說自己到了七十歲才能夠從心所欲不逾矩。再比如《孟子》書中記載，孔子說「出入無時，莫知其鄉，惟心之謂歟。」出去與進來沒有一定的時間，沒有人知道它的方向何在，說的大概就是人的心吧。而在本章中講得更明白，孔子說所有學生裡面只有顏回的心可以「三月不違仁」，三月指很長的時間。只有顏回的心可以很長的時間不離開、不背離仁。仁代表人生的正路。別的學生只能「日月至焉」，日月指時間很短。孔子的學生這麼多，只有顏淵可以長期走在人生的正路上。而別的學生只能短時間內做到，然後便忘記了，甚至放棄了。這段話提醒我們一個重要的觀念，儒家絕不認爲人心是本善的。每一個人都是從小慢慢成長起來的，在許多困難挫折裡接受檢驗，然後越來越完善，一步一步往上提升自己。人的心有時候會流離失所，有時候可以堅持走在人生的正路上。儒家雖不認爲人心本善，但認爲人心有思想和自覺的能力。人心經常在變化，就好像念頭，我們常說起心動念，心隨念轉。用心選擇人生的正路——仁。孔子說「我欲仁，斯仁至矣。」只要我想要，行仁的機會就會立刻出現。任何時候我都可以走上人生的正路，我只要表現適當的態度，眞誠由內而發，主動願意去做該做的事，就是行仁的表現。

孔子到了七十歲才能夠從心所欲而不違背規矩，規矩包括禮儀，包括法律，包括約定俗成的各種規範。從心所欲而不違背規矩是需要修養的，孔子七十歲才能做到，可見是不容易的事。顏回的心長期不背離仁道，而別的學生日月至焉而已，說明一般人經常會離開人生的正路。所以孔子也強調，「我欲仁」，關鍵在於要不要做？儒家認爲只要願意，可以立刻走上人生的正路。因爲人性向善，只要眞誠，由內而發的力量就會帶給人們希望。

【第81講】

《論語・雍也第六》第八章，原文是：

季康子問：「仲由可使從政也與？」子曰：「由也果，於從政乎何有！」曰：「賜也可使從政也與？」曰：「賜也達，於從政乎何有！」曰：「求也可使從政也與？」曰：「求也藝，於從政乎何有！」

季康子請教，可以讓仲由擔任大夫嗎？孔子說：「由勇敢果決，擔任大夫有什麼問題呢？」又問，可以讓賜擔任大夫嗎？孔子說：「賜識見通達，擔任大夫有什麼困難呢？」再問可以讓求擔任大夫嗎？孔子說：「求多才多藝，擔任大夫有什麼困難呢？」

這段話裡提問的人是季康子。季康子非常年輕，當時大概二十多歲，靠貴族世襲制已經當到魯國的正卿。而孔子這個時候已經過了六十八歲了，孔子從五十五歲周遊列國，到六十八歲才回到魯國。回來之後擔任國家顧問。

古代治國，天子稱「爲政」；一般的卿，稱「執政」，直接面向南方，面對百姓；大夫爲「從政」。爲政、執政、從政是不同層次。季康子執政於魯國，很希望任用人才。所以他就請教孔子三個學生的情況。第一個問到子路，孔子說，子路果，勇敢果決。關鍵的時刻他勇於判斷，他可以從事政治活動，只要找適當的職位給他做，他能表現很好。第二個問到子貢，就是端木賜。孔子說，子貢達。達指識見通達。

如果要選外交官，那麼子貢就是很好的人才，他對許多事情看得很透徹，做官有什麼問題呢？第三個問到冉有。孔子也用一個字來介紹，藝，多才多藝。任用冉有來服務國家，一定會有很好的表現。但是做官做到什麼程度，能不能達到大臣的標準呢？那不一定。這裡提到的三個學生，孔子對子路和冉有都做過評論，孔子認爲他們還沒有達到大臣的標準，只能做家臣，他們可以把專業範圍的事情做好，至於大臣，要能夠有大的眼光與氣度。儘管如此，孔子認爲自己的學生確實是人才。

接著看〈雍也第六〉第九章，也是和學生談論有關要不要做官的問題。原文：

季氏使閔子騫爲費宰。閔子騫曰：「善爲我辭焉。如有復我者，則吾必在汶上矣。」

季氏想派閔子騫擔任費邑的縣長，閔子騫對傳達的人說：「好好地替我辭掉吧，如果再有人來找我，我一定逃到汶水以北去了。」

汶水以北已經是齊國的領土了。閔子騫說如果再找人來要我做官，我就要離開魯國了，這是爲什麼呢？

閔子騫是孔子的學生，名列德行科第二名，第一名是顏淵。他的孝順特別有名。閔子騫是個人才，季氏要讓他擔任費邑的縣長，這是魯國一個重要的城邑，結果他斷然推辭了。他對傳達的人說，好好替我辭掉吧，如果再來找我，我就要逃到齊國去了，不再留在魯國。他這樣說是因爲不願意爲季氏家族來效勞，覺得不值得爲季氏做官，可見他是良禽擇木而棲。關於這項選擇，當然是見仁見智。有些人認爲可以先做官，以官職來造福百姓，讓別人做，也許做得更差，對百姓更不好了。但如果接受官職，將來自己的理想與長官的政策有衝突又該如何呢？比如孔子另一學生，冉有，替季氏管賬，增加稅收，讓季氏的財富越來越多。孔子非常生氣，用「鳴鼓而攻之」來批評他的學生冉有。因爲孔子非常傷心，學生出來做官，沒有替百姓著想，卻爲了主人的利益損害百姓的利益，這完全違背孔子的教訓。其實有時候是身不由己。做官，拿別人薪水，可能被要求做的事會違背老師的教導、違背原則，那怎麼辦呢？所以閔子騫可能不願意陷入這樣的困境。

季氏家族的人，在魯國的表現給人民的觀感不好。魯國有魯君，另外還有三家，三家與魯君之間，有各種競爭鬥爭的關係，季氏的家族曾經把魯君趕出國去，他們有能力另外設一個魯國的國君，惡勢力不可謂不大。孔子在魯國做過官，做了五年，官拜司寇甚至行攝相事，最後還是決定周遊列國去了。孔子都沒辦法發揮他的抱負和理想，孔子的學生恐怕處境更爲艱難，所以閔子騫的選擇我們是可以理解的。

從這篇可以知道，一個人才對於自己的出處進退，應該作出明智的判斷。

【第82講】

《論語．雍也第六》第十一章是：

子曰：「賢哉回也！一簞食，一瓢飲，在陋巷，人不堪其憂，回也不改其樂。賢哉回也！」

孔子說：「回的德行真好呀，一竹筐飯，一瓜瓢水，住在破舊的巷子裡，別人都受不了這樣生活的憂愁，他卻不改變自己原有的快樂，回的德行真好呀！」

我們不曾見過孔子以這樣的語氣來稱讚學生。用「賢哉回也」做開頭，再用「賢哉回也」來結束，可見他對顏淵讚美的程度。這裡用到了「賢」字。我們以前談過，「賢」有三個用法：德行好，是謂賢良；特別聰明，是謂賢明；能力超過別人，是謂賢能。不管是哪一種用法，意思都是代表傑出優秀。

顏淵的「賢」表現在「一簞食、一瓢飲、在陋巷」，用這九個字所描述的生活，恐怕很多人聽了都會皺眉頭，每天吃一竹筐飯，喝一瓜瓢水，住在破舊的巷子裡，生活非常窮困。「人不堪其憂」，任何人想到這種情況都會覺得憂愁。但是，顏回完全沒有改變他的快樂。顏回有內在的修養，他的快樂另有所在。宋朝的學者很喜歡問，孔子與顏回的快樂在什麼地方呢？這叫「尋孔顏樂處」。讓學生寫作文，這作文其實還不好寫呢，孔子與顏回為什麼快樂？其實孔子也非常窮困，與他們的貧窮形成反差的是他們心靈的快樂。莊子有一段話，大意是孔子對顏淵說，你怎麼不去做官呢？顏淵說我家在城裡有一小塊田，可以種種桑樹，養養蠶，我便有衣服可以穿。城外也還有田，種了稻米之後，便有稀飯可以吃。有衣服可以穿，有稀飯可以吃，還有老師所教的道可以讓我快樂，爲什麼還要去做官呢？當然這是莊子的看法。說實在的，顏淵有機會的話，肯定願意出來造福百姓的，因爲他是儒家。南北朝時的作品《世說新語》裡記錄了一對兄弟，哥哥很喜歡做官，總希望在官場上有所表現，熱衷於政治活動，弟弟卻到東山隱居了。宰相就問哥哥，你們兩兄弟何以差別這麼大呢？哥哥的書念得不錯，他回答得很好，他說我是不堪其憂，我弟弟是不改其樂啊。如果叫我過那麼窮的隱居生活，我不堪其憂，所以我寧可按照我個人的興趣與志向來好好做官，在社會上發展，只要我做得正當，得到功名富貴不也是正常的嗎？而我弟弟是像顏淵一樣不改其樂。

孔子三千弟子只有一個顏淵，他的「不改其樂」一般人不容易做到，但是「雖不能至，心嚮往之」，我們學習要取法乎上，要知道最高的標準在哪裡，然後可以在適當的時機提醒自己。比如面對貧窮，孔子也說「貧與賤，是人之所惡也」，沒有人喜歡的。富與貴每個人都喜歡，但如果不以正當途徑加於君子身上，君子是不接受的。貧與賤每個人都討厭，如果不以正當途徑加於君子身上，君子也不會排斥。顏淵就是這個例子，因爲生逢亂世，所以像顏淵這樣的人才沒有機會展現才能，陷入了窮困。但是顏淵不逃避，反而藉這個機會修養自己，展現出貧而樂道的最好的示範。

【第83講】

《論語．雍也第六》第十二章，原文是：

冉求曰：「非不說子之道，力不足也。」子曰：「力不足者，中道而廢。今汝畫。」

冉求說：「我不是不喜歡老師的人生觀，只是我的力量不夠啊。」孔子說：「力量不夠的人，走到半路才會放棄。現在你卻是畫地自限。」

我們都知道冉求是孔子非常重視的一位同學，他列名政事科第一名。孔子也一再強調冉求多才多藝，做事可以讓人放心，但是他性格比較退縮。在本章裡他就直接向老師坦白承認：我不是不喜歡老師的道，但是我力量不夠。還記得孔子曾經說過：有誰能夠在很短的時間內去追求完美的人格，我沒有見過力量不夠的；也許有吧，但是我沒有見過。孔子的話說明一個人只要願意走上人生的正路，一定會有力量。因爲這力量來自於自己，我希望走在人生的正路上，能夠不斷地行善，與任何人都建立適當的關係，這是可以做到的，就看自己要不要去做了。

談到「不能」與「不爲」，孟子分析得最好，孟子曾經舉例說明二者的差別，手臂底下挾著泰山，要跳過北海，說我做不到，是眞的做不到啊，因爲沒有能力。但是爲長者折枝，看到老年人，看到前輩，向他彎腰鞠躬這樣的事情，說我不能，那不是做不到，是不去做，「是不爲也，非不能也」。孟子得分析很透徹。有一次孔子問子貢，爲什麼各國對我的理想，都好像沒辦法接受呢？子貢建議老師降低一點標準，把理想降低一些，道理說得淺白些，別人說不定就會接受了。孔子聽了之後當然不滿意，他說我如果降低標準，遷就世俗，那我的理想只爲了迎合眾人，就算是做到了，也不算是眞正的理想。所以孔子說得很清楚，力量不夠的人，走到一半才停下來，他盡了全力。西方學者談到希臘人的理想的時候會強調，人性不是一個名詞，人性是一個動詞。一隻蜘蛛生下來之後，成長到一定階段，自然就會結網，可以說任何一種動物生下來就接近完成了。比如養貓，不論怎麼養都不會變老虎，只會變胖貓。其他動物都一樣，絕不能脫離本能的範圍。只有人不同，人作爲萬物之靈，最可貴的就在此，一個人從年幼無知，到可以掌握許多知識；從小時候只替自己著想，到後來可以替天下人設想；從器識短淺的小人可以修養成爲君子。人可以日趨完善，這是儒家對人的一種正面看待。

沒有人生下來就完美，但是每一個人都有可能走向完美，變得越來越好，就看你是否立定志向，選擇適當的方向去努力。一個人天生的稟賦總是有限的，但是人充滿各種潛能，要把潛能體現出來，這一生才不至於辜負自己的各種條件。孔子說「見賢思齊，見不賢而內自省」，我們看到冉求畫地自限，就要問問我們自己是不是也有類似的毛病，如果有的話，我們要儘快去改善，因爲時間是不等人的。

【第84講】

《論語．雍也第六》第十四章，原文是：

子游為武城宰。子曰：「女得人焉耳乎？」曰：「有澹台滅明者，行不由徑，非公事，未嘗至於偃之室也。」

子游擔任武城的縣長。孔子說：「你在這裡找到什麼人才了嗎？」他說：「有一個叫澹台滅明的，他走路時，不抄捷徑，若不是公事，也從不到我屋裡來。」

這是孔子和學生子游的談話，子游比孔子小了四十五歲。年紀很輕，但也是一個傑出人才，列名四科裡面的文學科。澹台滅明走路不抄捷徑，說明這個人在任何地方做任何事都是光明坦蕩，走正路，不抄小徑。如果不是公事，從來不去找長官。公事公辦，光明磊落。

「以貌取人，失之子羽」。說的就是他，為什麼以貌取人會錯過子羽這個人才呢？因為據說他長得很醜，相貌不夠堂皇，看起來不像個人才，所以若以貌取人，必然看不上醜陋的他，結果便會錯失了真正的人才。這便是「以貌取人，失之子羽」的說法。有時候外表和言談會有一種矇騙性。有些人面惡心善，長得很醜，內心非常善良。也有些人長得人模人樣，心裡卻很險惡。

接著看到下一章，是對當時的一位魯國大夫所做的評論，原文：

子曰：「孟之反不伐。奔而殿，將入門，策其馬，曰：『非敢後也，馬不進也。』」

「伐」是誇耀，孔子評價顏淵時曾說「無伐善」，不誇耀自己的優點。孟之反不伐，孟之反不誇耀自己，戰敗了，要有人墊後，擋住敵人，那是九死一生的危險任務。結果他最後進城的時候居然說：不是我敢在後面墊後，是我的馬跑得太慢了。他不誇耀自己的勇敢。這讓我們想到孔子的父親也有類似的表現，他曾經率領三百個軍人打進對方的城內，後來發現是個計謀，敵方打算引誘他們進來以後，把城門關起來加以殲滅，孔子的父親叔梁紇是個大力士，非常健壯，他適時的將城門頂住，讓三百個軍士，全部撤走，自己才離開。所以孔子對於勇敢的品質，是很肯定的。做到不誇耀自己需要很好的修養功夫。老子就曾說一個人不去誇耀自己，他的功勞就不會離開他，因爲他不誇耀，別人就總是記得他的功勞。

【第85講】

《論語．雍也第六》第十七章，這一章內容很短：

子曰：「誰能出不由户，何莫由斯道也！」

孔子說：「誰能走出屋外而不經過門户呢？為什麼做人處事卻不經過我所提供的正途呢？」

這段話是一種很深的感歎。孔子作爲一位有使命感的學者，他個人的創見，可以概括爲四個字，「承禮啓仁」，禮是周公制禮作樂，是整個文化傳統，孔子承續了禮，開啓的是仁。「仁」是什麼？一個人如果要求行善避惡，一般來說有兩種考慮，第一種是外在的規範，叫做禮儀，禮儀也包括法律在內，這是外界所給的要求，讓人們行善避惡，社會才能穩定，才能有秩序。另外一種是眞誠地由內而發，自己去行善避惡，這個特別困難。孔子所開啓的仁，就讓人的眞誠由內而發產生力量。人爲何要行善？大致不出三種理由。第一是外在的壓力，人群的要求。因爲生活在社會上，不守法就要受到制裁，就要受到輿論的壓力。第二是信仰宗教，因爲宗教的特色之一是把人一生的功過善惡放在死後報應。爲了避免死後的審判，所以要行善避惡。第三是內在的自覺，要靠良心。儒家教育重點在於第三點，儒家要求建立人格的主體性，自我是道德實踐的主體，要自覺地去行善。孔子雖然強調行仁要眞誠而自覺，主動地行善避惡，但也從來不懷疑或者否定前面兩者存在的必要性。儒家對於別人的宗教信仰一向是尊重的態度。儒家承禮啓仁，不僅要靠禮來約束個人的行爲，也要靠仁，讓他自覺從內在產生力量，來行善避惡。儒家同樣重視禮儀的規範，從來不去質疑禮的約束作用。儒家行善避惡是以仁作爲基礎，「仁」就是由眞誠而自覺產生力量，由內而發，自我要求做該做的事。但是要配合禮的規範和個人的宗教信仰。儒家的思想具有包容性，不像西方的一些見解，往往具有排他性。

「誰能出不由戶，何莫由斯道也」。不經過我提供的路，怎麼可能走上人生的正途呢？說明孔子很有信心，「承禮啓仁」，「仁」的觀念是孔子一生學習與思考的心得，是他力行實踐的，可以作爲驗證的。沒有人生下來是完美的，但是每一個人都有可能也都有責任走向完美，當我們行仁時，必然是處於社會群體中，「仁」，從人從二，左邊是人字邊，右邊是二，表明我們和人群不能脫離，因爲二人爲仁。一個人關起門來行仁，絕對是行不通的，所以「仁」對於人的社會性，人的社會責任，都有非常清楚的交待。

【第86講】

《論語．雍也第六》第十八章，原文是：

子曰：「質勝文則野，文勝質則史，文質彬彬，然後君子。」

孔子說：「質樸勝於文飾就會顯得粗野，文飾多於質樸就會流於虛浮，文飾與質樸搭配得宜才是君子的修養。」

孔子很推崇君子這種人格典型，但是究竟什麼是君子呢？孔子曾經從多方面來描述，比如吃飯不要老想吃得很飽，居住不要老想住得很舒服，心思不要放在物質享受上，因為君子另外有他的快樂。同時孔子強調君子說話要謹慎、做事要勤快。

這一章是第一次強調文、質要搭配得宜。「文」的基礎是「質」，「質」就是一個人生下來自然的本性，在還沒有受教育之前的自然狀態，一般稱做質樸。孔子一直強調要「博學於文、約之以禮」，「文」指文化、文學、文藝，都是藉由後天學習而來的。書讀得多是謂博學，而行為上要用禮來約束。質勝文則野，質樸的本性比較多，受的教育有限，這稱作野。古代人很喜歡稱山裡面的人為野人，野人就是淳樸的百姓，沒有機會受正規教育。在《孟子》書中，曾經把舜說成與山裡的野人沒什麼差別，但是舜聽到一句善的話，見到一件善的行為，心裡向善的力量立刻像江河決堤，「沛然莫之能禦」。文勝質則史，在古代，史是一個官名，左史記言、右史記事。帝王說的話、做的事都有人記下來。古代的「史」是一種非常專業的、受過高度教育的職位。文飾比質樸要多，重視禮儀、禮節，但內心不見得有眞誠的情感，講話恰到好處，做事沒有瑕疵，但是這樣的人讓人摸不透他心裡想什麼，容易缺少眞誠的情感。而君子是兩方面兼顧，即所謂的「文質彬彬」。「彬彬」這兩個字也可以寫成「斑斑」，就好像斑馬線那樣，一條黑、一條白。彬彬代表搭配得宜，該淳樸就表現淳樸，該文雅就表現文雅。這當然是很高的要求。

儒家提倡文質彬彬，是強調外在與內在要合一。正如《詩經》說：「巧笑倩兮、美目盼兮，素以爲絢兮。」意思是一個麗質天生的人，即便是穿著素白的衣服也顯得很漂亮。禮儀或是文飾便是白色的衣服，眞正的彩色是內在眞誠的情感，這是儒家基本的立場。

【第87講】

《論語・雍也第六》第十九章，原文是：

子曰：「人之生也直，罔之生也，幸而免。」

孔子說：「人活在世間，原本應該真誠，沒有真誠而能活下去，那是靠著僥倖來免於災禍。」

這段話特別重要，因爲孔子很少談到人性的問題，很多專家都說《論語》裡面談人性只有一章，就是〈陽貨第十七〉：「子曰：性相近也，習相遠也。」除此之外，本章可以配合來看。人應如何在社會立足？孔子的建議很簡單，「直」。「直」就是由內到外直接出去，代表眞誠而正直。孔子認爲，一個人要活在世間，一生都應該眞誠，唯有眞誠才能夠與別人建立適當的關係。「罔」代表不眞誠，不眞誠而能活下去，那是僥倖得免，因爲僥倖而得以免於災禍。

人之生也直，直指內心眞誠的要求，眞誠的心一旦表現出來的話，生命就會有非凡的表現。生命的品質也會往上提升。

【第88講】

《論語・雍也第六》第二十章，原文是：

子曰：「知之者不如好之者，好之者不如樂之者。」

孔子說：「了解做人處事的道理比不上進一步去喜愛這個道理，喜愛這個道理比不上更進一步去樂在其中。」

孔子把學習分成三個層次：

第一層次是「知之」。知道和了解道理的重要性。比如我現在知道做人處事要孝順父母，要友愛兄弟姐妹，要和朋友講信用。這是知道，老師一教我就知道了，但是這還不夠，還必須喜愛這個道理。

第二層次便是「好之」。喜愛、喜歡這個道理。人爲什麼喜歡好的道理呢？因爲人性向善。孟子曾說可欲之謂善，心裡覺得很喜歡的就是善。因爲了解人性向善的道理，就喜歡這個道理。

第三層次是「樂之」，樂在其中。表示我要去實踐，否則我只是知道，只是喜歡而沒有行動，那也是枉然。道理是道理，不去實踐，還是不能掌握它。如果我進一步去實踐的話，就可以體會，原來道理有這麼深刻的意義。做到了之後，感覺到那種快樂是由內而發的快樂。這是學習的三個層次。

記得我幾十年前在美國念書的時候，耶魯大學的校長有一次在畢業典禮上用三句話勉勵同學，他說到學校來要做三件事：第一件事要來學習；第二件事要充分理解所學的東西，很多人學習的時候囫圇吞棗，把知識背下來但卻沒有消化，生吞活剝學了也沒有用。第三件事就是要去品味知識。借用一下英文，品味的英文叫做enjoy。joy是快樂，這和孔子說的樂在其中一樣，enjoy就是能進入快樂的狀態。對於知識，要學習、要理解、要品味，這就是一所美國第一流大學的校長，勉勵他的學生們要做到的三件事，的確很有道理。希望學習者這三個階段都做到，如果光是學習成績很好，會考試，分數很高，但根本就不喜歡，這證明沒有理解；理解了之後才會喜歡，做到之後才會樂在其中，以它爲樂。這樣才能使知識產生眞正的作用，知識是一種力量，能改變我們的生命品質。

如果我們學習《論語》中孔子的各種思想，最後不能做到樂在其中改變自己，這些知識永遠只能是裝飾，沒有用途。宋朝學者認爲如果在學《論語》之後，與學《論語》之前是同樣的一個人，表示他沒有眞的學過《論語》。人學了《論語》之後必定有所不同，因爲學了其中的道理，若眞正懂得一定會喜歡。而眞正喜歡，一定會去實踐，實踐的時候便樂在其中。這也是我個人的體驗。學了《論語》之後，改變了我的生命，讓我從知之而好之而樂之。所以不但我應該學《論語》，每一個中國人都應該學。不止是我們中國人應該學，全世界的人都應該了解孔子的學說。

【第89講】

《論語・雍也第六》的第二十一章，原文是：

子曰：「中人以上，可以語上也；中人以下，不可以語上也。」

孔子說：「中等才智的人願意上進，就可以告訴他們高深的道理；中等才智的人自甘墮落，就沒有辦法告訴他們高深的道理了。」

本章要注意對「以上、以下」這兩個詞的理解。孔子在《陽貨第十七》講過一句話，子曰：「唯上智與下愚不移。」孔子的意思是說：只有最聰明的人和最笨的人是不會改變的。最聰明的人一聽就懂，不需要改變。最笨的人怎麼改都改不來，所以孔子也說沒希望改變他們。

要把「以上」理解為「而上」，「以」和「而」可以通用，理解為中人而上、中人而下。就是中等才智的人如果願意上進，便可以和他們談高深的道理；中等才智的人如果自甘墮落，就沒有辦法和他們談高深的道理。重點在於中等才智這些人自身的志趣，這樣的說法和孔子上智和下愚那段話意思就一致了，因為他說上智與下愚不移，關鍵在於中間的占多數的那一部分學生。西方心理學家做過很多關於學習成效的研究，有一個簡單的結論，一個人的智商，在他學習的過程裡大概占一半的作用，自我努力占另外一半。除了天生的聰明，其餘的就是讓另外一半發揮作用。

我們曾經提過有三種行業需要外在的配合才有成果：第一種行業是農夫，耕田需要老天配合，風調雨順才能有好收穫；第二種行業是醫生，醫生的醫術再高明，也需要病人按時服藥、按時複檢，才能夠使他的醫術產生效果；第三種行業是老師，要學生配合老師的教學才有成效，否則再好的老師，再怎麼認眞教學也不見得有用。所以就孔子這位教育者而言，他雖有誨人不倦的熱情，但若學生自甘墮落，也難以和他們談論高深的學問，幫助他們有所增長了。

【第90講】

《論語・雍也第六》第二十二章，原文是：

樊遲問知。子曰：「務民之義，敬鬼神而遠之，可謂知矣。」問仁。子曰：「仁者，先難而後獲，可謂仁矣。」

樊遲請教什麼是明智。孔子說：「專心做好為百姓服務所該做的事，敬奉鬼神但是保持適當的距離，這樣可以說是明智了。」他又請教什麼是行仁。孔子說：「行仁的人先努力辛苦耕耘，然後才收穫成果，這樣可以說是行仁了。」

樊遲在孔子學生裡面屬於是比較後段班的，資質不是很好，他取名遲，好像也有點遲鈍的意思。在《論語》裡面只有他三次請教老師什麼是「仁」，而孔子三次給他的回答都不同。這個學生經常在老師身邊，有時候替孔子駕馬車，有時候跟著老師到山東曲阜附近的舞雩臺上去休憩。他後來也想就業了，對老師說：聽你的課聽了多年，我也沒什麼心得，你教我怎麼做農夫算了。我去耕田，至少還不會挨餓。

在本章裡樊遲問兩個問題，都是好問題。孔子教學生往往是「仁」與「智」要同時考慮。「智」是判斷什麼該做什麼不該做，孔子認為明智，是夠聰明知道盡自己的責任，「務民之義」，「義」這個字就是該做的事。先把活著的老百姓認為該做的事都設法做到，把人應該負的責任擔起來。但為什麼既敬鬼神又須得遠之呢？尊敬祖先，定期祭拜，這是古時候的規矩。我們的祖先已經完成他們在世間的任務，為我們立下了很好的規矩，表現了很好的典範，他們已經完成他們的任務，就讓他們安息吧。所以除了定期祭拜，平常就保持距離，不要老是麻煩他們。我們看到很多人一有問題發生就去找鬼神，眞是「不問蒼生問鬼神」，這是不對的。儒家反對這樣做。

接著，樊遲再問什麼是「仁」？我們經常把「仁」翻譯成「行仁」，因爲仁需要行動。樊遲問什麼樣的作爲可以稱爲行仁呢？孔子說：先難而後獲。先努力辛苦工作，然後再問報酬，問有沒有收穫、有多少收穫，這樣做便是行仁。不要先問收穫，要先問自己有沒有把事做好？這就是人生的正路，不論待遇如何，只要是該做的，就應做好它。

眞正重要的是人生的自我修練。

【第91講】

《論語・雍也第六》第二十三章。原文是：

子曰：「知者樂水，仁者樂山；知者動，仁者靜；知者樂，仁者壽。」

孔子說：「明智的人欣賞流水，行仁的人欣賞高山；明智的人與物推移，行仁的人安穩厚重；明智的人常保喜樂，行仁的人得享天年。」

這段話區分了智者與仁者，一般我們把「樂」字讀爲(yào)(ㄧㄠˋ)，也有人堅持讀音爲(lè)(ㄌㄜˋ)，說實在的也未嘗不可，因爲欣賞流水、欣賞高山，便是以它爲樂。

智者爲什麼欣賞流水呢？因爲流水很有彈性，它碰到山就轉彎了，遇到低窪的地方就把它填滿再過去；而智者在任何狀況都知道該如何判斷、該怎麼做，他很快就可以做個選擇，並且選擇都正確。而水的特性是活潑流動，有如智者保持開放、隨時準備迎接挑戰的心態一般。其次，爲什麼說仁者樂山？山穩重，無所不包容，一座山有礦物，有植物，還有各種動物。所以山的包容性，就像仁者一樣，對所有的一切，仁者都可以欣賞。

水活潑流動，山安穩厚重，所以智者樂水，仁者樂山。

接著談到「智者動，仁者靜」。孔子說「逝者如斯夫，不舍晝夜」，河流不分晝夜地流動，永不停止。猶如智者能與時俱進，能很快適應各種變化。仁者是靜的，他厚重，寬厚，包容，冷靜地看待世界，從容地和社會保持聯繫。

但是智者能動，而未必能靜；仁者則能動，也能靜。因此可以說智者欣賞流水，仁者除了欣賞流水之外還能欣賞高山。儒家認爲最高境界是仁者。而智者是一種能力，這種能力是就方法上、手段上、技巧上，去把事情做好的能力。而仁者是追求生命中的最高目標。

至於「智者樂、仁者壽」。樂和壽應做這樣的理解：智者能夠快樂，仁者不但能夠快樂，還可以安享天年。仁者是更開闊的，更高層次的境界，比智者更高。

孟子把聖人分爲四種，有最清高的，有最隨和的，有最負責的，還有最合乎時宜的，該清高就清高，該隨和就隨和，該負責就負責，這就是孔子。孟子認爲只有孔子才能做到合乎時宜。比如伯夷很清高，但如果要求他隨和一些，他做不到。柳下惠很隨和，有時候要求他清高一些，他做不到。孔子在〈微子第十八〉曾經說他自己，無可無不可。我沒有一定要這樣做，也沒有一定不要這樣做。看時機而定，看是否具有正當性。該怎麼做就怎麼做，這句話聽起來容易，做起來卻很困難。

【第92講】

《論語・雍也第六》第二十六章，這一章的原文是：

宰我問曰：「仁者雖告之曰，『井有仁焉』，其從之也？」子曰：「何爲其然也？君子可逝也，不可陷也，可欺也，不可罔也。」

宰我請教說：「若是告訴行仁的人井裡有仁可取，他是否跟著跳下去呢？」孔子說：「他怎麼會這麼做呢？對於一個君子來說，你可以讓他過去，卻不能讓他跳井，你可以欺騙他井裡有仁可取，卻不能誣賴他分辨不了道理。」

我們曾經提過，宰我是非常聰明的學生，他名列言語科的第一名，但是雖然聰明卻不用功。孔子的回答很直接。他說怎麼會這樣做呢？對於一個君子，你可以讓他過去，不能讓他跳井。因爲聽說水井裡面有仁可取，君子到水井邊就要看看什麼是有仁可取呢？是不是井裡面眞的有人需要救助呢？或者井裡面有什麼重要的事情發生呢？他可以去看，但他不見得會跳井。他會作判斷，不會隨便跟著跳下去。你可以欺騙他說井裡有仁可取，但是你不能誣賴他分辨不了道理。

宰我是故意在挑戰仁者的概念。孔子告訴他不要把仁者想得很笨，仁者會作明智的判斷和選擇。

【第93講】

《論語・雍也第六》第二十八章，這一章很有名，原文是：

子見南子，子路不說。夫子矢之曰：「予所否者，天厭之，天厭之！」

孔子應邀與南子相見，子路對此很不高興。孔子發誓說：「我如果做得不對的話，讓天來厭棄我吧，讓天來厭棄我吧。」

本章有其一定的重要性，因爲牽涉到兩個問題：第一，孔子爲什麼跟南子相見；第二，孔子居然發誓。

孔子是魯國人，他周遊列國的時候到了衛國，衛國國君是衛靈公，他的夫人南子是古代的名女人，她本是國君夫人，但是另外還交男朋友，所以名聲不好。孔子接到請帖，準備要去。子路知道後十分不以爲然，他個性剛直爽快，很有正義感，年齡比孔子小九歲，算是所有同學裡的學長。因爲只差九歲，說話有時候就比較直接，表情有時候寫在臉上。子路不開心，認爲老師不應該答應那個女人的邀請。但孔子還是去了。

根據很多資料記載，孔子去了之後也沒發生什麼事，他確實是被利用了，南子接見他的時候是隔著簾幕的。資料上說南子把她的各種裝飾品都戴在身上，講話的時候聲音很好聽，有時候笑起來環佩之聲叮叮噹噹的。以現代的話語形容，就是打扮得像一棵聖誕樹一樣。南子不是單純的只接見孔子，她另有所圖。

她安排孔子隨她和衛靈公在衛國的都城街道上巡遊。讓衛國百姓知道國際有名的學者孔子來到衛國，就在後面的車上，故意藉這個機會來抬高自己的身價，因爲每一個國君都希望有國際學者來支持，孔子當時已是國際知名的學者，他到很多國家，國君都親自接見，很多大夫也都與他做朋友。當然孔子也有吃癟的時候，比如在陳蔡之間被圍，那是特別的狀況，因爲發生戰爭。史書上說孔子隨衛靈公和南子招搖過市，馬車在都城裡面繞一圈，讓衛國的老百姓都看到孔子跟在後面走，會支持南子這一派，孔子實際上被南子利用了。子路知道了當然不高興，孔子居然對天發誓，整部《論語》裡面孔子發誓只有這一次。孔子曾經說過：獲罪於天，無所禱也。一個人如果得罪天的話，沒有地方可以禱告。由此證明孔子相信的是天。我們說孔子相信天並不是說他不相信鬼神，孔子當然相信鬼神、相信祖先，所以孔子祭拜的時候非常虔誠。但是最高的神是天。所以帝王稱爲天子。比如說在民間故事裡面就把包拯稱爲包青天，因爲他在審判的時候公正嚴明。天在古人心中至少有兩個特點，一是仁愛，照顧百姓。二是公正，獎善罰惡。

孔子見南子的事，子路不能諒解，孔子就發誓說如果我做的事不對，天厭之、天厭之。這是很重的誓言，因爲孔子相信天是公正的，如果自己做錯了，天來討厭他，天來厭棄他。孔子爲什麼這樣講呢？因爲孔子認爲自己沒有錯，古時候君子到一個國家，如果這個國家的國君夫人正式發請帖邀請，按照禮儀的規定不能拒絕，一定要接受邀請去與她相見。《左傳》裡面有一句話，它說「禮以順天，天之道也」，這就是答案。古代所謂的「禮」是用來順天的，所以禮的來源是天，上天生下老百姓，有各種職務，有些人尊，有些人卑，秩序井然，而人間所制定的禮儀，是要以天的要求爲根據的，所以「禮以順天，天之道也」，這是上天所規定的。

【第94講】

《論語・雍也第六》第三十章，也就是這一篇的最後一章。它原文是這樣的：

子貢曰：「如有博施於民，而能濟眾，何如？可謂仁乎？」子曰：「何事於仁，必也聖乎！堯舜其猶病諸！夫仁者己欲立而立人，己欲達而達人。能近取譬，可謂仁之方也已。」

子貢說：「如果有人普遍照顧百姓，又能確實濟助眾人，這樣如何呢？可以稱得上行仁嗎？」孔子說：「這樣何止於行仁，一定要說的話已經算是成聖了！連堯舜都會覺得難以做到呢！所謂行仁就是在自己想要安穩立足時，也幫助別人安穩立足。在自己想要進展通達時，也幫助別人進展通達。能夠從自己的情況來設想如何與人相處，可以說是行仁的方法了。」

子貢是言語科的高材生，他一定也常聽到老師說行仁很了不起，但是他不太懂到底怎麼樣叫行仁？所以就問：博施於民，又能夠濟助眾人，這樣的人可以算行仁嗎？子貢理解的善，是自身與他人之間適當關係的實現，所以一個人行善就要設法照顧更多的人。結果孔子回答：這已經超過行仁的要求了。「必也」，就是如果一定要說的話，已經達到聖人的標準了。「必也」，在《論語》裡面是表示一種假設語氣。在孔子心目中聖人就是盡自己的力量照顧天下人，孔子的志向是老者安之、朋友信之、少者懷之，就是照顧天下人，讓每一個人都得到安頓。孔子所謂的聖人是指聖王，一般人不太可能成爲聖，因爲他只是老百姓，只能照顧一家人，一鄉人，或者一個地區的人。但是王不同，可以照顧天下人。孔子心中的聖王，是堯、舜、禹、湯、文武到周公爲止。

孔子認爲，能夠普遍照顧百姓，已經達到聖的要求，連堯舜都覺得很難做到。儒家的思想是強調自身與別人之間適當關係的實現。照顧別人，目的是爲了完成自我對人性的要求，完善自己的人性。做人必須努力擇善固執，才能夠使向善的人性得到完成。最高的境界就是《大學》所說的止於至善。這樣就構成一個比較完整的道德系統。仁者應該己欲立而立人，己欲達而達人。這段話的重要性在於這是一種比「己所不欲，勿施於人」更加積極的態度。自己想要進展通達，也要幫助別人進展通達。

末尾孔子說「能近取譬」，能夠從自己的情況來設想如何與人相處，就是行仁的方法，也就是把別人設想爲自己，把自己設想爲別人。今天所謂的換位思考就是這個意思。西方有一句諺語：對自己要客觀，對別人要主觀。對自己客觀是要從別人的角度看自己，不要太主觀。對別人主觀是要把別人當自己。其實在中西方，人和人相處的原則極爲相似，只是孔子的原則背後有「人性論」作爲基礎，所以顯得更爲完整。

述而第七

【第95講】

《論語‧述而第七》第一章與第二章。〈述而〉篇在《論語》裡面是特別值得我們用心學習的，因爲其中提到很多孔子生活的細節，包括孔子對自己的描述，所以特別值得我們去研究。首先看第一章：

子曰：「述而不作，信而好古，竊比於我老彭。」

孔子說：「傳述而不創作，對古代文化既相信又愛好，我想自己很像我們的老彭吧。」

孔子在描寫自己，「竊」，是一個謙虛的說法，理解爲我私底下把自己和老彭比。老彭是商朝的一位大夫，事蹟不可考。孔子的祖先是商朝的後裔，所以他特別把商朝的一位古人拿來與自己相比，用意在於說明「述而不作、信而好古」，有點像那位在商朝時候任職大夫的老祖先的做法。

述而不作，傳述而不創作。古時候講「作」的時候是很慎重的，作指能夠制禮作樂。《中庸》裡面有一句話，說如果有天子的位置，而沒有聖人的德行，不能制禮作樂。反過來，有聖人的德行而沒有天子的位置，也不能夠制禮作樂。所以古代的「作」代表制禮作樂，推行一種新的制度。孔子述而不作，因爲本來就沒有「作」的條件。

接著是第二章，原文是：

子曰：「默而識之，學而不厭，誨人不倦，何有於我哉！」

孔子說：「默默存想所見所聞，認真學習而不厭煩，教導別人而不倦怠，這些事情我做到了多少？」

默而識之。「識」是記，要念成（zhì）（ㄓˋ），「識」就是把所見所聞記下來，再去存想、存思。孔子對於平時的所見所聞都是默默存想，不急著去發表意見。學而不厭，認眞學習而不厭煩。誨人不倦，給人教誨，永遠都不倦怠。本章眞正難以理解的是最後一句，「何有於我哉」。一般有兩種翻譯，第一種是說「何有於我哉」，這些事情對我有什麼困難？「何有」就是有什麼困難。如果這樣理解的話，這三件事有什麼困難，很容易，好像顯得太驕傲了。另一種翻譯「何有於我哉」，沒有一樣東西在我身上實現的，「何有」是哪裡有一樣在我這裡實現呢？那又太謙虛了。這兩種翻譯都不合適。我這樣理解：「何有於我哉」，指他問自己這些事我做到了多少呢？「何有」的「有」可以指一種程度，我做到了多少。

默而識之、學而不厭、誨人不倦，這三點是孔子自我要求的原則。「何有於我哉」，不應該理解得太驕傲說「這有何難呢？」也不能理解得太謙虛，說自己「什麼都沒有」。恰當的翻譯是我努力做這三件事，我做到了多少？孔子認爲對這三件事的追求是永無止境的。

《論語．述而第七》第一章就是孔子對自我的描述，述而不作、信而好古。傳述而不創作，好好把古代的思想精華介紹給學生，年輕的一代再把它往下傳就功德無量了。而他個人的三點要求，「何有於我哉」，是他常常在問自己做到了多少？要精益求精，不斷做得更好。

【第96講】

《論語‧述而第七》第三章。這一章值得特別注意，原文是：

子曰：「德之不修，學之不講，聞義不能徙，不善不能改，是吾憂也。」

孔子說：「德行不好好修養，學問不好好講習，聽到該做的事卻不能跟著去做，自己有缺失卻不能立刻改正，這些都是我的憂慮呀。」

老子說：「聖人不病，以其病病。夫惟病病，是以不病。」病就是缺點，一個人只要把缺點當缺點，就會提醒自己不要犯這些缺點，相反的，我們很少把自己的缺點當缺點，所以我們老是一而再的犯這些毛病。孔子所說的四句話真令人佩服，它是孔子的自我要求。孔子之所以讓人佩服，之所以那麼完美，就是他常常提醒自己：我德行不夠，我學問不夠。知道自己不夠，就會不斷鞭策自己上進。「德之不修，學之不講」，「不」表示你需要立志。在德行上要立志好好修養，在學問上要立志好好研究。「聞義不能徙，不善不能改」，「不能」表示你做得不夠，需要努力。

「志」這個字很好，士心為志，上面是「士」，底下是「心」。士代表念書人，古代認為念書人才會有志向。而一個人如果不受教育、沒念書，根本不知道什麼叫取法於上，他對於人生的更高層次沒有任何了解，如何能懂得立志呢？又能有什麼志向呢？受到好的教育，就知道原來人生的發展是要讓人性趨於完美。先要立志，有了生命的目標，再朝這個目標不斷努力奮鬥，日起有功、日新又新，最後止於至善。

「不善不能改」。每一個人都有缺點，問題是你能夠改嗎？孔子說過，「過則勿憚改」，有了過失不要怕去改正。爲什麼一般人害怕改正呢？因爲改變自己的過失就好像改造自己的性格一樣，過失往往跟性格有關。你有什麼樣的性格，就可能有什麼樣的過失。那就針對自己的性格把過失去掉，性格的優點便會完全表現出來。

接著看第四章，前面所講的是孔子的憂慮。這一章描寫的是孔子氣定神閑的生活態度。原文是這樣的：

子之燕居，申申如也，夭夭如也。

孔子平日閒暇時態度安穩、神情舒緩。

「燕」是安，平時的生活。申申如也，指態度安穩，好像手腳都伸展得開，沒有什麼煩惱，在亂世裡面能做到這點並不容易。夭夭如也，好像伸懶腰，神情舒緩。雖然在亂世，又有前面所講的四種憂慮，還要周遊列國，孔子平常態度安穩、神情舒緩，確實需要極好的修爲。人生容易有煩惱，但是不要忘記，能把握的還是自己的生活。我們不能選擇時代，也很難選擇要生活的環境，但卻能選擇自己的生活態度。不管天下怎麼亂，不管外面情況如何複雜，要安詳地對待自己每天的日常生活，平常沒事的時候要能夠穩定下來。

孔子有空的時候就會唱歌，他如果不唱歌，通常都是因爲他有傷心的事情。都是別人的遭遇讓他感到難過，孔子很少爲自己而難過的。這個世界上多數人都棲棲惶惶，而孔子在任何一個地方都可以安頓，他的學說在他自己身上實現得最充分。

孔子一方面有四種憂慮，他要把自己的毛病、缺點儘量減少，他擔心的是未能除惡務盡，讓自己趨於完美。另一方面他的日常生活非常瀟灑、非常安穩自在。

【第97講】

《論語・述而第七》第五章。原文是：

子曰：「甚矣吾衰也，久矣吾不復夢見周公。」

孔子說：「我實在太衰老了，我竟然很久都沒有夢見周公了。」

孔子年輕的時候就以周公爲崇拜對象。西方有一句話說得很好，「每一個偉人在年輕的時候都崇拜另一個偉人」，因爲年輕人本身需要努力發展，需要有一個偶像作爲發展的指標，要根據他的示範來努力改造自己。對孔子來說，處在春秋末期，他最佩服的人就是周公。因爲周朝初年，周武王把商朝打敗之後，只做了短短六年的國君便離世。兒子成王接位的時候，年紀很輕，周公是周武王的弟弟，便出來輔政。因此他有天子的德行與地位，得以制禮作樂。周公的偉大不只在輔政，最重要的是他制禮作樂。一個社會需要有規範，夏、商的禮樂制度已頗具規模，到周朝更是集大成，燦然完備。這都是周公的功勞。

提到做夢，很容易令人聯想到道家的莊子。莊子生活非常窮困，有一天在外面砍柴累了就在樹下休息，做夢夢見自己變成蝴蝶。人活在世界上有各種限制，生活窮困、體力衰退，既不能在天上飛，也不能進水中游。莊子做夢夢到蝴蝶，蝴蝶到處飛舞、非常自在，在這一刹那莊周完全忘記還有自己的存在。但是好夢易醒，醒來後發現自己還是莊周，並不是眞的蝴蝶。他就問：是蝴蝶夢到我呢？還是剛才我夢到蝴蝶呢？這是道家思想的特色，把人與萬物之間的關係設法打通，就好像我們和蝴蝶都在自然界，大家爲什麼不能相通呢？

孔子經常夢見周公是很合理的，因爲周公使人間上軌道，能夠有禮樂教化。而孔子當時處在春秋末期，那是禮壞樂崩的時代，整個社會在慢慢瓦解。孔子特別推崇周公就是擔心再這樣下去，人們自相殘殺，會毀滅自己。現在的社會也一樣，人類所儲存的原子彈、核子彈可以毀滅地球七次。這些事實讓人反思：人與人之間，人與自然之間爲何不能夠好好相處？所以孔子夢見周公，是希望把周公當初的作爲，在他那個時代發揚和發展，讓社會穩定下來，形成天下大同的局面。這一章反映出孔子的理想，二千多年後的今天來看，依然有其參考價値。

【第98講】

《論語・述而第七》第六章，原文是：

子曰：「志於道，據於德，依於仁，游於藝。」

孔子說：「立志追求人生理想，確實把握德行修養，絕不背離人生正途，自在涵泳藝文活動。」

這四句話很重要。如果你到過山東曲阜的孔子研究院，一進大門就會發現它有四根大的石柱，就刻著這四句話：志於道，據於德，依於仁，游於藝。

「道」在《論語》裡面經常出現，指的是「應行之道」，就是我們應當如何做才能算是正當的人生。所以「道」最好的翻譯是「人生的理想」。沒有人天生是完美的，但是也沒有人不可能走向完美。孔子談志有三：第一志於學，立志求學，好好學習。第二志於仁，立志於走上個人的人生正路。第三就是志於道。用志來表達所追求的目標。「志於道」是立志走上人類共同的正路。

「據於德」，「據」就是抓緊，何以要抓緊「德」？因爲德行的「德」在古代與獲得的「得」通用。每一個人的德行都是自己努力實踐之後的心得，那才能叫德。比如說有人行孝道，他就有孝順的德行；有人講信用，他就有守信的德行；有人認眞做事，他就有盡忠職守的德行。而德行很容易得到之後又失去，比如努力孝順了很久，後來放棄了，同時也就失去了德。所以孔子用「據於德」，據就是佔據，要緊緊把握德行修養。

「依於仁」，依就是不要背離，不要違背人生的正途。我們還記得孔子說過，眾多學生裡只有顏淵，他的心三月不違仁，三月表示很長的時間，不會背離「仁」這個字，就是人生正途。「依於仁」是每個人的人生正途，

「游於藝」，藝是指六藝，禮樂射御書數。禮就是禮儀；樂就是演奏音樂；射是射箭；御是駕車；書是書寫；數是計算。古代想要做官，第一要懂得五經，各類經典；第二得具備六藝，意即技能、專業能力。「游於藝」的範圍可能包括更多，但六藝是最基本的。在六藝中陶冶自己的情操和修養。

志於道，據於德，依於仁，然後游於藝，調節和修養自己的情操。

【第99講】

《論語・述而第七》第七章，這一章値得注意，原文是：

子曰：「自行束脩以上，吾未嘗無誨焉。」

孔子說：「從十五歲以上的人，我是沒有不教導的。」

一般都以為束脩是肉乾？翻譯為：孔子說：任何人只要帶十束肉乾找我，我沒有不教導的。為何我將「束脩」翻譯為「年紀」呢？要特別說明一下。

古代人講話，有一定的句法，我仔細查了《十三經》索引，整個查了一遍。古代從來沒有人講話用「自行……以上」的說法。但有「自……以上」的說法。如「自生齒以上，皆錄於版。」意思是古代的小孩出生之後，因為醫藥衛生不夠發達，小孩子的死亡率很高，所以政府就規定，小孩子長牙以上，也就是一歲以上才要登記戶口。因為當時書寫不太方便，用竹簡刻字，如果一個孩子生下來立刻去報戶口，刻竹簡，後來不幸夭折了，還要塗改掉，太麻煩了。所以政府規定小孩子長牙齒，一歲以上，才來登記戶口。因為長牙齒就可以吃硬的食物，容易存活下來。依據這個句法，所以我們不要把這句話中的「自」翻譯為「自己」，而要把「自」理解為「從」的意思，而「行束脩」另外有解釋。

再談到「束脩」，《論語》裡面從來沒有孔子收肉乾的紀錄，在〈鄉黨第十〉，孔子公開表示，外面買的酒與肉乾他不吃。如果有學生送肉乾，孔子就要問，是媽媽做的還是外面買的？外面買的老師不吃。

在古代貴族子弟十五歲上大學，是要送束脩的，十束肉乾。後來就用給老師行的束脩之禮來代表十五歲。用一個特殊的詞或禮儀，作為年齡的代稱。古代常用這種替代法。女孩子十五、六歲要行及笄之禮，就是把頭髮梳起來，可以準備嫁人了。男子二十歲行加冠之禮。所以問男孩子加冠與否？意思是滿二十歲了嗎？問女孩子及笄與否？是滿十六歲了嗎？這是古代的習慣用語。所以行束脩之禮，就是指十五歲。這是有根據的，東漢的鄭玄也說過：束脩為男子年十五以上。

我們要進一步分析「自……以上」。「自」這個字在《論語》中總共出現二十次，有兩種用法，有十次當作「從」，比如：「有朋自遠方來」，這個「自」就是「從」遠方來。有十次當作「自己」，比如：夫子「自道」，老師自己說自己；交朋友，朋友如果不聽勸告，我們就要停下來，不要「自辱」，自取其辱，自己侮辱自己，此處「自」解為自己，是指對自己產生某種影響或後果。「自行束脩以上」，中的「自」，是「從」，理解為從十五歲以上。

對於束脩的不恰當理解，造成我們對孔子的誤解。有一位哲學界的前輩馮友蘭先生，在他的《中國哲學史》中提到這一段，並加以比較，他說孔子與蘇格拉底時代差不多，但是有一點不同，蘇格拉底曾經公開批評別人收學費，因為他與別人談話，或者給別人指導從來不收學費。所以針對孔子收束脩的行為，好像比蘇格拉底略遜一籌。我很懷疑這種說法，所以便加以研究，後來發現孔子其實不收肉乾，把他說成收肉乾是從字面上去看，而沒有了解「自……以上」的用法。我們應該正確理解「自……以上」的用法，不要再誤解孔子了。

孔子不收肉乾，靠什麼維生？根據孟子的說法，孔子曾經管過倉庫、負責當會計。做得非常好，帳目沒有任何錯誤。他也當過牧場的主管，把牛羊管得特別好，繁殖得特別快，長得特別壯，這些都受過肯定。後來他的職業是為他人主辦喪禮。

古代的孩子接受鄉村教育，今天稱做庠序之教，十五歲之前，每年農曆十月份秋收農閒之後，鄉村裡有學問的前輩，或是做官之後退休的人，會把孩子聚在一起，給他們一些教育。教學的重點第一是教文化常識，魯國人就要知道祖先是周公，齊國人就要知道祖先是姜太公。這是文化常識，每一個人都要知道自己國家的起源。第二是教基本的武藝，男孩子要學射箭、駕車等基本的能力。到十五歲一般人就不能再學了，只有貴族子弟可以上大學，因爲他們將來要當官服務百姓的。孔子自己十五歲立志求學，他有成就之後回饋社會，公開宣稱，只要十五歲以上我沒有不教的，這非常合乎孔子的理想。在這裡特別把這個道理說清楚，希望能夠不要再誤會孔子了。

【第100講】

《論語・述而第七》第八章，原文是：

子曰：「不憤不啓，不悱不發，舉一隅，不以三隅反，則不復也。」

孔子說：「不到他努力想懂而懂不了，我不去開導，不到他努力想說而說不出，我不去引發；告訴他一個角落是如此，他不能隨之聯想到另外三個角落也是如此，我就不再多說了。」

這一章很明顯，說的是孔子的教育方法。「憤」指快要生氣了，一定要到學生想懂而懂不了都快生氣了，這個時候老師才來啓發開導。如果學生完全不努力，只坐在那邊發呆，聽不懂老師所傳授的，也不想懂，對於這樣沒有求知欲的學生，孔子也沒辦法，認爲再怎麼教都沒用。所以教學最好的方法是在關鍵的時刻給予啓發。

不悱又是什麼意思呢？「悱」指臉都漲紅了，老師上課請學生說一說心得，學生臉漲紅了，急得不得了，但是又說不出來，這時老師才來引發，告訴學生怎麼說才對。所以孔子認爲「啓」與「發」是有條件的。一定要學生主動求知，否則再好的老師或教學方法都不會有效果。

眾所週知，孔子一向是有教無類，唯有鄉愿他不願意教。鄉愿是指鄉村裡的好好先生，當兩個人吵架，他跑去調解：別吵了，你沒錯，他也沒錯，是我錯了。鄉愿不分是非黑白，只希望息事寧人，沒有正義感。鄉愿在鄉村裡面得到很多人的肯定，因爲大家都認爲他是和事佬，他也認爲自己不錯，因爲有他在大家都可以不吵架。但是孔子說：經過我門前不進我的門來和我討論，只有鄉愿不會令我覺得遺憾。孔子實在是很喜歡教書，他在房間裡面看見有人經過，總希望有人進來跟他討論，但是只有一種人不來討論他不遺憾，那就是鄉愿。鄉愿沒有眞誠心意。孟子也有一種不願教的，就是自暴自棄的人。對於放棄自己的人，孟子是不教的，教師的教一定要與學生的學相配合，只要願意學，總有學會的機會。要是不願意學的話，不論多聰明也是枉然。

孔子最後說，告訴學生一個角落是這個樣子，學生就要自己推斷另外三個角落是什麼樣子。這就是成語「舉一反三」的由來。學習要靠聯想和理解力，不能只靠記憶力。

【第101講】

《論語・述而第七》第九章比較有趣，談到孔子收入的來源。原文是：

子食於有喪者之側，未嘗飽也。

孔子在家裡有喪事的人旁邊吃飯的時候，從來不曾吃飽過。

很多人一定覺得奇怪，這句話到底是什麼意思？這句話明顯是學生對孔子的觀察。學生看到老師在家裡辦喪事的人旁邊吃飯，從來不曾吃飽過。孔子有一項專長，就是特別了解禮儀，他的禮儀除了理論還有實踐，他懂得如何操作。古代的人最重視的禮是喪禮，因爲人死爲大，因此喪禮特別複雜。根據資料記載，古代人從過世以後，到埋進墳裡要經過五十幾道程序。一般人很難記得清楚，所以一定要請專家來主持喪禮。孔子就是這樣的專家，他年輕的時候就以知禮而聞名。

根據《史記》所說，孔子曾經問禮於老子，而老子正好在替別人送葬主持喪禮，孔子便擔任他的助手。當時忽然出現日食，於是他們研究是否要繼續往前走，因爲晚上是不能夠出殯的。現在我們知道孔子沒有收肉乾，也沒有收學費，他以替別人辦喪事維生。替別人辦喪事，一辦往往就是一、二個星期，這段時間就住在喪家，主持所有的禮儀活動，也就跟著喪家一起吃飯。孔子在主持葬禮期間吃飯從來不曾吃飽過，因爲他看到喪家孝子賢孫哭得那麼傷心，也受感染，心裡很難過的，這是他廣博而深厚的同情心。孔子看到別人這麼樣的難過，就也跟著難過，所以他吃不下飯。這說明孔子很眞誠，他絕不會因爲常辦喪事而產生職業倦怠或習以為常，到最後變得麻木不仁，無視於喪家的傷心，照樣吃喝。

古代主持喪禮是一種非常專業、高尚的行業。如果幫助貴族家辦喪事，待遇還算不錯。大概一、二個月辦一次這樣的喪事，養家糊口應該沒有問題，這就是他主要的職業收入。他到五十一歲才正式當官，擔任縣長。在此之前幾十年他的生活主要是依靠這項專長。我們這樣說絕對沒有故意誇張或者扭曲，將來還有很多材料可以證明這一點。孔子過世以後，有些學生繼續替別人辦喪事，以此為職業，作為收入的來源。後來墨家對孔子的學生加以批評，說孔子的學生眞不像話，聽到有錢人家有人死了，便很高興吃飯的機會來了。墨家的批評，正好證明孔子的學生也能為人辦喪事。只不過他們缺乏眞誠，沒有同情心了。

【第102講】

本講要把《論語・述而第七》第十章，第三十二章，合在一起講，爲什麼？先給大家介紹原文，一看就知道了。

第十章的原文是：

子於是日哭，則不歌。

孔子在這一天哭過，他就不再唱歌了。

這麼簡單的一句話，描述了生活上的一些事實。孔子經常哭，因爲他主要的工作是爲別人辦喪事、主持喪禮。這段期間，他連飯都從來沒有吃飽過，他感受到的傷心幾乎和喪家一樣。此外，孔子看見一般人的不幸遭遇他也可能會哭，因爲他有豐富的感情。如果他這天哭過就不再唱歌，如果沒有哭就可能唱歌。這說明孔子的生活是充滿音樂的，是自得其樂的。人活在世界上有責任讓自己過得快樂，孔子如果這一天不哭，情緒上沒有特別大的波動，他往往就會自己設法去唱歌，自得其樂。

接著看第三十二章，原文是這樣的：

子與人歌而善，必使反之，而後和之。

孔子與別人一起唱歌，唱得開懷時一定請他再唱一遍，然後自己又和它一遍。

他唱歌的時候，只要聽到別人唱得好，就會堅持別人再唱一遍。我們不要忘記，孔子很少堅持的。本章用「必使反之」，是一定堅持他再唱一遍。我們知道孔子有他的修養，叫做毋意、毋必、毋固、毋我。但是唱歌的時候，如果別人唱得好，就一定請他再唱一遍，然後，孔子不是只有聽，還跟著和。這是多麼和樂融融的景象，朋友們一起唱歌非常開懷，是在亂世裡面自得其樂最好的示範。

這兩段放在一起，値得我們認眞思考。孔子感情豐富，他的情感很容易受別人的遭遇所影響。他的快樂、他的痛苦、他的煩惱都表現出來了。西方戲劇學者認爲哭比笑更有深度，一個人哭的時候一定是他內心深處受到感動，悲從中來。有時候不是爲自己，而是爲了人類共同的命運，爲了別人不幸的遭遇。他們認爲悲劇的產生是因爲所有發生的事情往往不是人造成的，是命運在背後主導。但爲什麼要演這樣的悲劇？它要引發人類的兩種感情，第一是憐憫，第二是恐懼。憐憫與恐懼，這兩種情感引發之後，觀眾透過觀賞戲劇的過程，將它們宣洩、再加以化解，這樣才能撫慰人的心靈。很多希臘文學藝術方面的創作，讓人感覺到健康的、有力量的人生，因爲他們的負面情緒在觀賞大型悲劇的時候往往都已經消解掉了。希臘人相信發生悲劇是神明要和人開玩笑。所以憐憫就是當悲劇發生在別人身上時，我們要了解這一切也可能發生在自己身上。此刻雖沒有發生在自己身上，但降臨在別人身上了，所以要憐憫和同情，這是對於人的心理情感一種很好的宣洩。想保持心理健康就要和別人進行感情的溝通與協調。悲劇引發的另外一種情感是恐懼，因爲命運來臨時，不分誰是誰非，不分任何時段，並且不遵循善惡報應的公式。

我們看到孔子表現出來對別人遭遇的同情心，會覺得他確實是一個非常典型的「人」。一個人在自己的位置上，掌握住基本角色，和所有的人便都有相通的地方。我們在其他篇章中可以看到孔子有些表現很特殊，比如他當官時，有一天下朝回家，馬廄失火燒了，孔子聽到之後只問一句話：有人受傷嗎？他為什麼這樣問？在古代社會是有階級區分的，馬廄失火會因而受傷的是馬車夫、工人、傭人，這些下層階級的人，人權沒有保障，人命也不值錢。但是對孔子來說，他只問：有沒有人受傷？如果沒有深厚的修養作為他的基礎，他怎麼可能在那個關鍵的時刻說出這句千古名言：有人受傷嗎？而完全不問馬有沒有被燒死。馬雖然貴重，仍不能和人命相提並論。所以儒家作為人文主義，是把人的生命當作一個最基本的價值，這就是人文主義，絕不能把人當做手段來利用，同時要尊重他作為一個人的特性。

儒家學說的確是很好的思想。這種思想如果說清楚的話，所有的學者，不論古今中外，看到了都會覺得佩服、了不起。因為人與人是以「人」的身份來往，不是問在社會上有無成就，只問是否為眞正的「人」。這樣的生命會比較完整、比較健康。

我們看到這兩段，孔子的哭與唱歌的關係，又看到他唱歌的時候，能夠這麼樣的盡興、這麼樣的開懷，和朋友們分享歡樂的情緒，就知道孔子作為一個人，不說他的學問，不談他的德行，就是單純的一般人，也值得我們好好去學習與效法。

【第103講】

《論語・述而第七》第十一章，它的原文是：

子謂顏淵曰：「用之則行，舍之則藏，唯我與爾有是夫。」子路曰：「子行三軍，則誰與？」子曰：「暴虎馮河，死而無悔者，吾不與也。必也臨事而懼，好謀而成者也。」

孔子對顏淵說：「有人任用就發揮抱負，沒人任用就安靜修行，只有我與你可以做到吧。」子路說：「老師率領軍隊的話，要找誰同去？」孔子說：「空手打老虎，徒步就過河，這樣死了都不後悔的人我是不與他同去的。一定要找同去的人，那就是面對任務戒慎恐懼，仔細籌畫以求成功的人。」

這段資料，談到兩位學生，顏淵和子路。孔子對顏淵的評價算是最高的了。聽了孔子的評價，在一旁的子路覺得悵然若有所失。他想到孔子以前說過：「道不行，乘桴浮於海，從我者，其由歟？」我的理想不能實現，坐一艘木筏到海外算了，與我同行的是子路啊。老師曾經對我這麼肯定，要帶我出國去了，現在卻對顏淵評價那麼高。於是便問老師：如果讓您率領軍隊的話，您找誰同去？子路心裡想當然就是我呀，我可以陪老師去統帥軍隊，我是專門研究軍事作戰的。孔子也承認子路帶兵沒問題，非常勇敢果決。但是看看孔子怎麼說？孔子眞是因材施教，他說了「暴虎馮河」四個字，「暴虎」空手打老虎，我們說雲從龍、風從虎，老虎一出來，樹林裡面都有風。一隻老虎過來五六個人也擋不住啊，你空手就要打老虎，這不是太莽撞嗎？不是太冒險嗎？「馮河」就是徒步就過河，不乘坐船，就算會游泳，有些大河游過去可不容易，難免有淹死的危險。所以「暴虎馮河」四個字是形容非常剽悍的人，什麼都不怕，有勇而無謀，只知道一往直前。孔子說暴虎馮河死了都不後悔的，我才不要與這種人同行。子路這麼勇猛，到最後糊裡糊塗死了，孔子可不願意糊裡糊塗死。人生多麼值得珍惜，還有好多理想沒有實踐，孔子是很謹慎且愛惜生命的人。

他接著說，「必也」，一定要去的話，我們一再強調「必也」是一種假設語句，如果一定要找人去的話，會找「臨事而懼，好謀而成」的人。這八個字也是我長期的座右銘，做任何事情都要戒慎恐懼。衝動是魔鬼，往往沒有好的結果。做事要謹慎，做好謀畫，這才是成功的保證。

孔子教學生總是因材施教，他對子路的教育方法總是很直接，因爲他非常豪爽。孟子曾用「子路聞過則喜」來讚美他，子路聽到自己有過失就很高興，因爲可以改善啊。

【第104講】

《論語・述而第七》第十二章，原文是：

子曰：「富而可求也，雖執鞭之士，吾亦為之，如不可求，從吾所好。」

孔子說：「財富如果可以求得，就算在市場擔任守門員我也去做。如果無法以正當手段求得，那麼還是追隨我所愛好的理想吧。」

這段話很有意思。首先我們知道孔子對於財富並沒有偏見，他曾經說過，富與貴是每一個人都要的，這是正常現象，但是手段一定要正當。

蘇格拉底曾經說：聽說一個人有錢，要問兩個問題：第一，他以什麼手段賺到錢？如果手段正當的話，那是應該的。第二，他賺錢之後對金錢有什麼態度。如果是守財奴，不值得稱讚，他應該做金錢的主人，用金錢來行善。《大學》裡面也提到，「仁者以財發身，不仁者以身發財」。什麼意思？一個人行仁的話，可以用金錢來實現理想。比如我現在有錢了，我是仁者，花錢做好事就是以財發身。而不仁者以身發財。一個人不行仁的話，用自己的身體每天勞苦工作拚命去賺錢，最後身體垮掉了。他忽略了身體、生命比金錢更重要，有了生命才可以實現道義，追求仁義。

所以孔子說：如果財富可以追求的話，就算是執鞭之士我也做。古代的執鞭之士有兩種，第一種，天子、諸侯出門的時候，有人替他開道，在前面大聲喊迴避肅靜。他們拿鞭子打地板，老百姓聽到鞭子的聲音就趕快讓路，讓他們的轎子或者車馬先走。因爲他們一定是有公務在身，他們是國家重要的領袖。所以這種執鞭之士是爲大人開道的。第二種執鞭之士是市場的守門員，市場裡有時候會有一些宵小之徒，小偷、強盜會在這裡行兇盜竊，就需要人拿鞭子在市場守門。孔子說的是第二種。執鞭之士是比較低層次的工作，但是只要手段正當，是一個正當的職業，能讓我賺到錢，就算是工作比較卑微我也做。這表明孔子不在乎做什麼工作，只要手段正當就可以了。但是如果不能用正當手段賺到錢的話，那就「從吾所好」，我還是追隨我愛好的理想。錢是身外之物。儒家爲什麼肯定金錢的價值？因爲金錢可以行善，行善需要能力，也需要財力。如果沒有財力，當別人需要幫忙時，會覺得力不從心，那是非常痛苦的事情。儒家沒有反商情結，只要取之有道就行。

孔子的另一位學生子貢，有一段時間做生意發財了，孔子沒有怪他，只要合乎法律規範，努力工作，以自己的才華賺錢，那有什麼不對的？古希臘哲學家泰勒斯，他研究天文、地理，也研究人生，甚至研究宇宙的由來。後來別人就嘲笑他研究的東西無用，又不能賺錢。一次他在外面觀察天上的星星，結果摔到水井裡面。他的女僕就笑他說：地上都沒看清楚，看什麼天上？既然有人嘲笑泰勒斯說他沒有本事賺錢，他就證明給大家看。他觀察星象，發現第二年橄欖會豐收，橄欖需要機器來榨橄欖油，到現在橄欖油還是希臘地區重要的產品之一。於是他就把城市裡面榨橄欖的機器全部包下來了。結果果然橄欖豐收，大家都要找機器去榨橄欖油，但是機器都被他包了，只好向他借，轉手之間賺了幾倍，一次就賺了別人一輩子所賺的錢，這證明哲學家照樣可以做生意。這是很有名的故事。

哲學家關心智慧、關心人生的道理，不見得就不能在實際的業務上取得好的收益。所以，如果手段正當，可以賺到很多錢，孔子也並不反對。重要的是賺了錢之後能做金錢的主人，用金錢來實現更多的愛心，更大的理想。

【第105講】

《論語・述而第七》第十三章。這章內容很短，但是特別值得注意，原文是：

子之所愼：齊，戰，疾。

孔子以愼重態度面對的三件事就是：齋戒、戰爭，以及疾病。

這三件事，齋戒第一、戰爭第二、疾病第三。先看疾病，孔子特別小心，不要生病，預防勝於治療。孔子如何預防？我們在後面的〈鄉黨篇第十〉將會看到，孔子對飲食非常注意。也懂得一些醫藥方面的知識，知道飲食和健康的密切關係。孔子對疾病很謹慎，說明他珍惜生命。

疾病是個人的問題，戰爭是群體的問題，孔子基本上是反對戰爭的。因爲上戰場的都是年輕人，而且必然會有死傷。栽培一個年輕人長大並不容易，卻因爲戰爭而犧牲，豈不是太可惜了嗎？如果戰爭無法避免，年輕人保家衛國，那是不可推卸的責任。儒家愛好和平主張儘量化解戰爭，避免干戈相向。他非常推崇管仲，因爲管仲幫助齊桓公用外交手段避免戰爭，維持春秋初期的和平。管仲能得到孔子極高的評價，正因爲他化解戰爭的威脅。謹愼地對待戰爭，可以讓人的社會更安定、更安全。

孔子最重視的是齋戒。古人齋戒唯一的理由是爲了祭祀。而祭祀是宗教活動，要特別謹愼，像天子祭天地，諸侯祭山川，一般百姓祭自己的祖先，都需要齋戒。齋戒的目的是讓人進入一種特殊的身心狀態，齋戒時，吃得少、不吃肉、不喝酒，許多事情不能做。一段時間的沉澱後，就會慢慢把所要祭拜的先人放在心中了。在祭拜的時候，恍惚之間會感覺到祭拜的祖先就出現在自己面前，就好像聽到祖先的聲音、聞到祖先的某種氣息，看到光影裡面有祖先的模樣。《左傳》有一句話：「國之大事在祀與戎」。「大」指重要，一個國家最重要的事情有兩項：第一是祀，祀就是祭祀；第二是戎，戎就是軍事武力。可見祭祀是他們所關心的共同問題。

所以在孔子最謹慎的三件事，「齋、戰、疾」中，我們可以了解孔子的價值觀，他對於個人生命、對於群體的生命、對於整個國家的傳承的重視程度。

【第106講】

《論語・述而第七》第十五章，原文是：

冉有曰：「夫子爲衛君乎？」子貢曰：「諾，吾將問之。」入曰：「伯夷、叔齊，何人也？」曰：「古之賢人也。」曰：「怨乎？」曰：「求仁而得仁，又何怨？」出曰：「夫子不爲也。」

冉有說：「老師會幫助衛國的國君嗎？」子貢說：「好，我去請教他。」子貢走進屋子問老師說：「伯夷、叔齊是怎麼樣的人？」孔子說：「古代的有德之士。」子貢說：「他們會抱怨自己的遭遇嗎？」孔子說：「他們所求的是行仁，也得到了行仁的結果，還抱怨什麼？」子貢走出屋子對冉有說：「老師不會幫助衛國的國君。」

冉有跟著老師到衛國，當時衛國正在內亂。衛靈公的太子名叫蒯聵，蒯聵與衛靈公夫人南子不和，曾經想要對南子下手，但沒有成功便逃亡到國外。他逃到國外期間衛靈公過世了，南子立蒯聵的兒子爲衛國的國君，是爲衛出公。於是蒯聵就向晉國借了軍隊，回來要搶國君的位置。結果衛出公在衛國當了十二年的國君，王位眞的被爸爸搶過去了。當時孔子帶學生周遊列國，正好碰到這個尷尬的局面，學生很擔心老師會不會在衛國做官。冉有自己不敢問，便問子貢的看法。子貢只好請教老師。子貢是言語科的高才生，口才很好，他並沒有直接問老師要不要出來做官幫助衛國國君？而是問：伯夷、叔齊是什麼樣的人？爲何提到伯夷、叔齊呢？伯夷、叔齊生活在周武王的時代，他們兩位是孤竹國國君的兒子，兄弟都想把君位讓給對方，爲了這個原因相繼逃離國境，到了西邊，也就是到了周朝的地方。後來周武王起來革命，把商紂推翻了，這兩兄弟因爲不願意吃周朝的食物，逃到首陽山上，活活餓死。子貢以這個事件問老師對伯夷、叔齊的看法？孔子說：伯夷、叔齊是古代的賢德之人、有德之士。子貢再問：他們會對自己的遭遇抱怨嗎？意思是他們死得那麼慘，會抱怨嗎？孔子說：不會抱怨，求仁而得仁，又何怨？到今天我們還用「求仁得仁」這句成語。意思是我追求的本來就是行仁，現在有機會行仁，死而無憾，所以他們不會抱怨。子貢問到這個結果，就離開房間出來向冉有說：老師不會幫助衛國的國君。老師有原則，和伯夷、叔齊很像。

危邦不入，亂邦不居，何況是做官？孔子說伯夷、叔齊不會抱怨，求仁而得仁，也表達了孔子堅持求仁而得仁的原則。子貢沒有直接提問要不要在衛國當官，就知道了老師的眞實想法，這就是言語科的高材生。高手過招不用眞的開打，更毋須大戰三百回合。眞正的高手只要把武功的架式擺出來就知道誰贏誰輸了。後來孔子也確實沒有在衛國做官。

人活在世界上必須想清楚自己要選什麼路，只要心甘情願，求仁得仁，就不用抱怨。

【第107講】

《論語・述而第七》第十六章，原文是：

子曰：「飯疏食飲水，曲肱而枕之，樂亦在其中矣。不義而富且貴，於我如浮雲。」

孔子說：「吃的是粗食、喝的是冷水，彎起手臂做枕頭，這樣的生活也有樂趣。用不正當手段得來的富貴，對我就好像浮雲一樣。」

如今我們還常用「富貴浮雲」這句成語，就來自於本章。這是孔子的自我描述，首先我們發現他也很窮困，吃的是簡單的食物，喝的是白開水，手臂彎起來做枕頭，樂亦在其中矣。這裡要特別留意，孔子並不是因爲這樣的生活而快樂，如果樂於貧困那是違反人性，誰不希望過舒服的生活？樂亦在其中，要理解爲「這樣的生活裡依然有其他的樂趣」。生活很窮困，但是我另外有快樂，所以孔子不是說貧窮等於快樂，而是在貧窮的生活中依舊可以有我的快樂。比如《莊子》書中提到孔子在陳蔡之間被圍，有一段很辛苦的時光，他的學生子路、子貢都受不了。他們抱怨像老師這麼好的人，爲什麼罵他的人沒事，想殺他的人無罪，實在太不合理了。於是孔子對學生講了一段非常精采的話：「窮亦樂、通亦樂，所樂非窮通，而在於道」。窮困的時候我很快樂、通達的時候我也很快樂，因爲我的快樂不在於窮困或通達，而在於「道」。所以有「道」讓我快樂，物質生活的條件是次要的。

「不義而富且貴，於我如浮雲」。因爲富貴是每個人都要的，但是不義，手段不正當，得到了心裡也不安。這讓我想起耶穌在《聖經》裡面講過的一段話，他說狐狸有牠的洞穴，天上的飛鳥有牠的鳥巢，但是我連放枕頭的地方都沒有。耶穌非常窮困，他一生致力於傳播他的宗教理想，三十三歲就被人冤枉，釘在十字架上死了。孔子和顏淵都很貧困，但是他們都很快樂。既然很窮困，外在的條件都不具備，可見快樂一定是由內而發，內心所追求的「道」便是他們快樂的源泉。快樂是天賦人權，不必依靠世俗成就，每一個人都有責任讓自己過得快樂。重點是要了解道理，了解人生的眞正價値是內在的心靈而不是物質。

孔子說：君子坦蕩蕩，小人長戚戚。君子因爲內心眞誠，從來不做虧心事，同時對於外在的物質利益從不羨慕，所以坦蕩蕩。小人一天到晚愁眉苦臉，看到別人有什麼好處，就處心積慮的想去沾點邊、拉點關係，希望也能得到這些好處，整日患得患失，那不是自尋煩惱嗎？「富貴於我如浮雲」，可見孔子的眼界、心胸，不是一般人可以想像的。

【第108講】

《論語・述而第七》第十九章，原文是：

葉公問孔子於子路，子路不對。子曰：「汝奚不曰：『其爲人也，發憤忘食，樂以忘憂，不知老之將至云爾。』」

「葉」念成「shè」（ㄕㄜˋ），古代葉是楚國的一個縣，叫做葉縣，那個縣長就稱葉公。公指諸侯階層，一縣之長爲什麼有這麼高的位階？因爲在春秋時代除了周朝天子稱爲周王之外，楚國的國君也稱爲王。楚國國君認爲自己不屬於周朝管轄，地位和周朝平等。周朝下屬的魯國稱爲魯君，有時候直接稱公，一般公是指在諸侯國國君的位置；楚國國君自稱楚王，因此楚王之下便稱公，楚國的官都比別的國家的官要高一級。

葉公問子路有關孔子的爲人，子路沒有回答，孔子知道之後就說：你爲什麼不這樣說：他這個人發憤用功就忘了吃飯，內心快樂就忘了煩惱，連自己快要衰老了都不知道，如此而已。這一段也是孔子的自我描述，葉公知道子路是孔子的學生，他希望這個學生可以介紹一下孔子是什麼樣的人。但是我們都知道子路口才不太好，子路不對，「不對」是「沒有回答」，子路沒說話。這個事情傳到孔子耳中，孔子就把子路找來，說：你爲什麼不這樣告訴他？於是孔子這樣描述自己：第一，發憤起來努力要做一件事，就忘記了吃飯。第二，樂以忘憂，一快樂起來就忘記了煩惱。第三，連自己快要衰老了都不知道，我把它稱做忘老，忘記自己老了。截至目前我學孔子的三忘，忘食、忘憂、忘老，只學到第三個，連自己快老了也不知道。我每天研讀《論語》，有時候覺得自己心態很年輕，因為《論語》是給人希望的一本書，讓人覺得人生確實應該立志，人生是大有可為的，只要把握住正確的方向，找到適合的方法。但是，樂以忘憂很難做到，孟子說：君子有終身之憂，無一朝之患。作為一個君子，有一輩子的憂愁，因為德行的修養永無止境。無一朝之患，一朝就是一天，沒有一天擔心的事情。君子只注意整個一生的發展，至於今天有沒有吃飽喝足，今天有沒有賺錢，不會放在心上的，我擔心的是我整個生命的發展，而不在乎我一時一地所受的挫折、所受的委屈，這些都不放在心上。我經常會拿孟子來做例子，是因為孔孟之道是連貫的。孟子把孔子的思想做了全盤的發揮，而且發揮得非常好。孟子說君子有終身之憂，無一朝之患。孔子說樂以忘憂，正是因為他們心中有追求「道」的目標，所以能在貧困中自得其樂。

【第109講】

《論語・述而第七》第二十章和第二十八章，原文是：

子曰：「我非生而知之者，好古，敏以求之者也。」

孔子說：「我不是生來就有知識的，我的知識是愛好古代文化，再勤奮、敏捷去學習得來的。」

孔子學習古代文化，並從中學習到了做人處事的道理。孔子學會了之後就加以實踐。孔子說他自己特別好學，把這些道理都理解了、貫通了。所以他曾說：「蓋有不知而作之者，我無是也。多聞，擇其善者而從之，多見而識之，知之次也。」(第二十八章)其中提到如何求知，孔子說：也許有人是自己不懂卻去創作，我與他們不同。要多聽，選擇其中正確的部分來接受；多看，把好的記在心裡，這種知是僅次於生而知之。多聞多見才能拓展生命的寬度，增加它的深度。

所以孔子說「多聞，擇其善者而從之」，要謹慎選擇。然後還要多見，再把所了解的記下來。我們不必幻想儒家告訴我們很多有關外在世界的「知」，儒家所強調的「知」，最主要是做人處事方面的「知」。要懂得做該做的事，更重要的是要懂得為什麼要做該做的事，而理由就是人性向善。因為向善，所以我們看到善、聽到善時，內心中湧起的衝動與力量就能與之相呼應。

【第110講】

《論語・述而第七》第二十一章，原文是：

子不語：怪、力、亂、神。

孔子不與別人討論有關反常的、勇力的、悖亂的、神異的事情。

「語」和「言」不同，「言」是主動發表言論，「語」則是相互討論。比如《論語》的語，就是討論的材料。孔子不與別人討論這些問題，並不代表這些現象不存在，自古以來，每一個社會都有怪、力、亂、神這些複雜的事情。後人也很有趣，編一本書，書名叫做《子不語》，裡面專談怪、力、亂、神。天下之大，無奇不有。孔子爲什麼不討論呢？因爲這些事情就好像今天的新聞一樣，我們都知道學新聞的原則，狗咬人不算新聞，因爲狗本來就會咬人，誰叫人不小心？人咬狗才是新聞，人怎麼去咬狗？這是很奇怪的事情。新聞如果放大這些問題，就會造成人心惶惶，大家會覺得世界何以變得如此怪異，到處充斥著非常理、非常態的怪事。其實，這些都是口耳相傳造成的效果，孔子在他的時代就不和別人討論這些現象，道理在於平安就是福，每天平平靜靜過日子眞是很大的幸福。

所謂「怪」，就是反常。比如時序是夏天卻下雪了，這是怪事，古人就會認爲恐怕有重大的冤屈發生。《左傳》有載：「六鷁退飛過宋都」。六隻鳥，退著飛過宋國的都城，鳥都是往前飛，怎麼退著飛，其實很簡單，因爲風太大了，風速大於鳥飛的速度，所以鳥拚命地飛，看起來卻像是退著飛。看到這個怪現象，很多人以為大概要出事了。古人也認為日食月食都是很可怕、很不祥的事，因為他們不懂得天文學；只有少數學過專業知識的人，如孔子、老子才知道是自然現象，不需要擔心。如果奇怪的事情談多了，人心會惶惶不安，所以孔子寧可不去討論它。

所謂「力」，指的是武力，尤其是國家的武力，歷史記載春秋五霸。霸就是霸主，因為武力強大而成為霸主。古代人有個觀念：以德服人者，王；以力服人者，霸。用品德讓別人佩服，就稱王，用武力讓別人聽話，就稱霸。孔子不談武力，因為談多了，大家都想用武力稱霸，便不會再有心培養品德。人生不能樣樣兼得，既要品德高，又要武力強，這樣的人很少。孔子更看重培養德行，所以孔子不太願意討論力。

第三是關於「亂」。一般指亂臣賊子，亦即造反悖亂等事。人們只要聽到混亂的情況，便會覺得神經緊張。談多了不僅會造成社會混亂，而且也會造成人心不安。

至於「神」，並非孔子經常談到的鬼神，而是指靈異事件，或神秘的事情，比如算命、迷信。一般人對於算命都會好奇，只要聽說有人算命很準，便一窩蜂跑過去打聽。《莊子》裡曾講到一個算命的人，能精算人哪一年死亡，哪一歲遇禍事，準確得不得了，連哪一天，什麼時辰都不差。結果，很多人看到這位算命師，連忙跑掉，不敢給他算，因為這個人一看對方臉相就知道對方的命，一個人的未來若完全在預知當中，這樣的人生要怎麼走下去呢？明天如果是凶險，甚至是死亡，又該如何？孔子不多談靈異之事，是不希望大家正常的生活受到干擾。西方有一句話：沒有新聞就是好新聞。等到眞有新聞發生的時候，一定是出事了。孔子比誰都博學，他當然知道許多怪力亂神的事，但是他不願意討論，他知道這些都會嚴重干擾正常的生活。

【第111講】

《論語．述而第七》第二十二章，這一章大家都很熟悉，原文是：

子曰：「三人行，必有我師焉，擇其善者而從之，其不善者而改之。」

孔子說：「幾個人一起走路，其中一定有我可以取法的，我選擇他們的優點來學習，看到他們的缺點就警惕自己不要學壞。」

「三」代表多數，換言之，只要不是一個人關在房間裡，走出來與別人來往，就有學習的機會。看到別人比自己好，就要向他學習，也就是見賢思齊。看到比自己差的，不要嘲笑他，也不要慶幸自己沒有那個缺失，要提醒自己，不要和他一樣變壞。孔子是最喜歡學習的人，喜歡學習能使生命充滿希望。因為學習之後，今天比昨天好，明天又比今天更好，學無止境。我們也說學然後知不足，學了之後才發現，可學習的事物太多了，越學越覺得自己所知的不夠。

有一次，孔子帶著一群學生經過一片竹林，看到一位彎腰駝背的老人在黏蟬，技術好極了。他黏蟬的速度，如同在地上撿東西一樣，一會兒的功夫便裝滿了一麻袋，孔子看了非常驚訝。孔子非常好學，只要看到別人有什麼優點，就一定上前請教，說：老先生你有什麼樣的秘訣，怎麼能黏蟬黏得那麼快？老人家說，我練習了五、六個月，在竹竿頂端放兩顆彈珠，這樣可以黏到的話，黏蟬很少失手。放三顆彈珠，這樣可以黏到的話，十次只有一次失手。放五顆彈珠，這樣可以黏到的話，黏蟬就和在地上撿東西一樣了。

接著這位老人家又說，天地雖大，萬物雖多，我眼中看的只有蟬的翅膀，這樣子怎麼會黏不到呢？孔子聽了很感動，立刻回頭教育學生，說：各位同學，大家如果做任何事，專心致志，那麼表現就會像神明一樣，做到鬼斧神工。孔子在任何地方，只要不會的，不懂的，總是立刻請教。而莊子就因爲這一點，經常用孔子作爲他文章裡面的主角。比如《莊子》書中寫到孔子在杏壇之上，對學生們講學，學生們專心念書，孔子講累了，就彈彈琴，作爲背景音樂。這時來了一位老漁夫，聽聽之後，就說出了音樂的含義。孔子知道這個老人家是高手，立刻請教，卻被老漁夫教訓了一頓，他說自己從不收學生，然後就划著漁船走了。走到看不見人影，聽不見搖櫓的聲音，孔子還站著不敢動。孔子的學生子路十分疑惑，便問：老師，您平常看見大國諸侯的國君，都可以與他分庭抗禮，毫不在意，爲何今天看到老漁夫您如此恭敬，在這裡目送良久，未敢移動呢？孔子訓斥子路說：年輕人不要亂講話，這是一個有道之士。這個故事當然是出自莊子幽默的杜撰，但從這裡也看得出來孔子的好學，天下皆知。

【第112講】

《論語・述而第七》第二十三章，原文是：

子曰：「天生德於予，桓魋其如予何？」

孔子說：「天是我這一生德行的來源，桓魋又能對我怎麼樣？」

這段話當然有其背景了。桓魋是宋國的司馬，司馬是將軍，管軍隊，因爲古代軍隊作戰，一定需要馬匹，所以管馬的司馬就變成將軍了。孔子曾經批評過桓魋，認爲這個人做事做人有問題。桓魋記仇，知道孔子批評過他，很不高興。後來孔子周遊列國到了宋國邊境，在一棵大樹下，帶著學生們弦歌不輟。桓魋知道之後，立刻帶著軍隊要來抓孔子，想殺他。孔子聽說之後，立刻帶學生們逃出了宋國的邊境，桓魋的兵馬正好追到。桓魋不能過邊境，很生氣，餘怒未消。就回頭把那棵大樹砍了。孔子在逃出去之後，就說了一句話，「天生德於予，桓魋其如予何」。

當然這話是安全之後再講的，說桓魋能拿我怎麼辦？孔子有兩次碰到生命的危險，這是一次，他兩次都把「天」提出來。孔子五十歲了解何謂天命，六十歲時順從天命。從五十五歲到六十八歲他都在周遊列國，周遊列國是爲了順天命，因此兩次差一點被殺，他都表明自己在順從天命，是因爲天命如此，所以正努力這樣做。天將以夫子爲木鐸，上天要以孔子作爲教化百姓的木鐸，他順天命，有自信將天命加以實現。

有些人解釋「天生德於予」，說孔子生下來就具有聖德，具有偉大的德行，這樣的說法是不對的。孔子從來不認爲上天給他某種特殊的道德品質，如果這樣，孔子的成就有什麼可貴？如果他生下來就這麼好，那我們跟他學也不會有用，我們之所以學習孔子，就是因爲他生來和我們一樣平凡，小時候家裡窮困，社會地位非常卑微，他父親很早過世，跟著母親在娘家慢慢成長，孔子曾說自己「吾非生而知之」，不是生下來就有知識的，和大家一樣是平凡人，有誰生下來就有德行？「吾少也賤，故多能鄙事」，他的可貴在於從平凡中走出極不平凡的人生，他可以做到這麼好，我們做不到就是自己的責任了。他爲世人作了最好的示範。因此，一個人說自己有德行，一定是他努力修練之後有了心得，並好好把握住了。孔子說，「天生德於予」，要理解爲「天是我這一生德行的來源」。孔子爲什麼要修德？儒家強調天人合德。「天人合德」四個字是從《易經》裡面的《易傳》引申出來的。因爲人生下來就有一種道德要求，要符合天命，就得修養道德，用道德來回應天命，使人格成長進入完美，這才是每個人應該做的。

孔子說上天是我這一生德行的來源，換句話說，孔子爲什麼努力修德行善？因爲他了解天命，內心有一種眞誠引發的力量，自我要求去行善。行久了以後，感覺到很有心得，也就是德行越來越高，後來才發現，原來這是「天命之謂性」。「天命之謂性」這五個字，出於《中庸》第一句話，天命之謂性，率性之謂道，修道之謂教。這是儒家的思想。

【第113講】

《論語・述而第七》第二十四章，原文是：

子曰：「二三子以我爲隱乎？吾無隱乎爾，吾無行而不與二三子者，是丘也。」

孔子說：「你們幾位學生以為我有所隱藏嗎？我對你們沒有任何隱藏，我的一切作為都呈現在你們面前，那就是我的作風啊。」

從這段話看得出來孔子有點受冤枉了，他的學生以爲他有所隱瞞，因爲老師所講授的內容學生有時不十分了解，可惜學生沒有先自我反省是否用功不夠，卻想著老師大概有所隱瞞，也許還有秘訣未傾囊相授。這樣的議論傳到老師耳中，老師於是表示：我的所作所爲，都在你們眼前表現出來了，你們每天跟著我，看得到我如何做人處事，我沒什麼隱藏的，我念的書都在那兒，你們可以自己去翻。孔子所教的學生，很多都是鄰居，時常跟隨在他身邊，尤其周遊列國時，隨行的二、三十個學生，整天和老師在一起。所以，孔子看到學生對他有誤會，當然有些感歎，他曾說「莫我知也夫」，意思就是沒有人了解我呀！老師也抱怨，怎麼都沒有學生了解我呢？我們學習《論語》不要把孔子和他的學生們神格化，這也是爲什麼每當提到孔子某一位學生時，我總要強調他比孔子小幾歲，因爲學生是慢慢才成長的，也是受了孔子的教誨才慢慢覺悟的。我們在學習儒家的時候，一定要記得，心態必須不卑也不亢，要以平常心來學。

【第114講】

《論語・述而第七》第二十六章，原文是：

子曰：「聖人，吾不得而見之矣，得見君子者，斯可矣。」子曰：「善人，吾不得而見之矣，得見有恆者，斯可矣。亡而爲有，虛而爲盈，約而爲泰，難乎有恆矣。」

孔子說：「聖人我是沒有機會見到了，能夠見到君子也就不錯了。」孔子又說：「善人我是沒有機會見到了，能夠見到有恆的人，也就不錯了。明明沒有卻裝著有，明明空虛卻裝著充實，明明窮困卻裝著豪華，要做到有恆是多麼困難呀。」

這段話有好多重點，第一、孔子說自己沒有機會見到聖人。當然孔子心中的聖人，標準太高了，是堯、舜、禹、湯、文王、武王等古代聖王，他總把「聖人」和「王」相提並論，因爲王是國家領袖。聖人是有完美德行修養的人，而德行修養與國家領袖在照顧百姓時不能分開。孔子的標準特別高，所以他沒有機會見到聖人，可以理解。他接著說能夠見到君子，就算不錯了。何謂君子？君子就是走向聖人這個目標的中間過程。儒家思想很強調君子，君子本來是貴族子弟，有官位的人稱爲君子，但是孔子心中的君子是人格的典型，德行特別好，才能成爲君子。孔子所謂的君子：「君子周而不比」，「君子和而不同」，「君子泰而不驕」，「君子矜而不爭、群而不黨」，還有「君子坦蕩蕩」，都不容易做到。所以孔子說我沒有機會見到聖人，能夠見到君子就不錯了。這個說法同時也提醒我們，君子的最終目標是成爲聖人。儒家認爲個人修養的驗證一定要表現在幫助世人上，不能離開人群。所以當我們有機會擔任官職時，就要造福百姓，使自己成爲君子再向上提升，任何一個人只要德行越來越高，他周圍的人一定會感受到他的力量，而且也會一起向善。

接著他又說：善人我沒有見過。我們常常強調，孔子從來不認爲人性本善，這句話不就是證據嗎？如果他主張人性本善，爲何又說沒見過善人呢？關於人性本善的說法，其實並非來自孔孟，而是宋朝學者的心得，尤其是朱熹注解《論語》時，特別強調「人性本善」，這是朱熹的見解，不是孔子的思想。孔子明明說自己沒有機會見到善人，那憑什麼說人性本善呢？許多人誤以爲《三字經》代表古人的思想，實際上《三字經》中「人之初，性本善」，是宋朝學者的理解。第二句話「性相近，習相遠」，才是孔子的話。如果人性本善之說能成立，人人應該是性相「同」，而非性相「近」了。孔子說，善人我沒有機會見到，能夠見到有恆者就夠了。爲何強調有恆？因爲人性向善，這個「向」表明人要眞誠，並且要一輩子一直做下去，此之謂擇善固執，恆就是固執之意，固執非頑固，是堅持，一輩子堅持善。但是持之以恆是件難事，因爲很多人都會裝腔作勢。明明沒有卻裝著有，明明空虛卻裝著充實，明明窮困卻裝著豪華，要做到有恆是多麼困難呀。有恆的人一定要謙虛，因爲行善永遠沒有止境。

【第115講】

《論語・述而第七》第二十九章，原文是：

互鄉難與言，童子見，門人惑。子曰：「與其進也，不與其退也。唯何甚？人潔己以進，與其潔也，不保其往也。」

互鄉這個地方的人很難溝通，有一個少年卻得到孔子的接見，學生們覺得很困惑，孔子說：「我是贊成他上進，不希望他退步，又何必過度苛責？別人修飾整潔來找我，我就嘉許他整潔的一面，不去追究他過去的作為。」

學生們爲什麼困惑？第一，同學們的困惑是因爲這個地方的人很難溝通，社會風氣不理想，如果講話不投機，恐怕會起糾紛。第二，因爲是一個十五歲以下的孩子，孔子爲什麼接見？「自行束脩以上，吾未嘗無誨焉」。孔子的意思是：從十五歲以上，我是沒有不教導的。「童子」指不到十五歲的孩子，孔子居然接見他，同學當然覺得迷惑。孔子回答說：我是贊成他上進，不希望他退步。然後孔子說：又何必過度苛責呢？我們對人要寬容，孔子對人向來有分寸。所以孟子後來就講說「仲尼不爲已甚」。意思是孔子做任何事都不會過度，有原則但是可以變通。雖然這個少年不滿十五歲，但是孔子贊成他上進，所以接見了他。

接著他說：這位少年修飾整潔來找我，這也是禮貌的表現，我就嘉許他整潔的一面，不要去追究他過去的作爲。何況是當地的風氣不好，這個小孩子有什麼過失呢？孔子對於年輕人，鼓勵有加。孔子曾說後生可畏。一個年輕人，是値得我們敬畏的。因爲只有年輕人進步，社會才會進步。說到這裡我想到我自己的老師方東美先生，他常常講一句話：一個老師最大的悲哀是沒有教出勝過自己的學生。

我們從這段話裡面看到孔子待人的態度，他作爲老師對待學生一視同仁，只要有心向學他都給予眞誠的教誨。

【第116講】

《論語・述而第七》第三十章，這一章特別重要，原文是：

子曰：「仁遠乎哉？我欲仁，斯仁至矣。」

孔子說：「行仁離我很遠嗎？只要我願意行仁，立刻就可以行仁。」

這段話的重要性，在於他提到「仁」字。我們都知道孔子的核心思想，就是「仁」，但「仁」的內含很複雜，它大致分爲三個層次：第一，人之性，只要眞誠，就會發現力量由內而發，使人做該做的事，所謂人性向善；第二，人之道，人生之路該如何走？這時候就要擇善固執，擇善是最難的，固執，也需要變通；第三，人之成，人的生命的完成。所以「仁」就是人類應該怎麼樣了解自己，眞誠對待自己，然後，走上人生的正路，每一次選擇都要選對。同時，最後目標是什麼？止於至善，才能達到人格的完美。

所以我總把「仁」翻譯成行仁，代表一種行動，要做到仁。孔子說：仁遠乎哉？行仁離我很遠嗎？不是的，我欲仁，斯仁至矣，只要願意行仁，立刻就可以行仁。「仁」的結構是左邊是人，右邊是二，代表二人爲仁。你要行仁，一定要與別人相處。比如見到父母親，行仁就是孝順；見到老師，行仁就是尊敬；見到朋友，行仁就是守信講道義；見到領導長官，行仁就是盡忠職守。人爲什麼偉大，就因爲人是可以眞誠而發由內心要求自己行仁。大家見過狗吃東西時，會讓老狗先吃嗎？貓會讓老貓先吃嗎？沒有吧，都是誰餓了誰先吃，誰兇誰先搶到。人卻不同，不論多麼飢餓，總能禮讓父母先吃。願意行仁，願意眞誠去作該做的事，那麼行仁的機會就立即來到我們身邊。

【第117講】

《論語・述而第七》第三十四章，原文是：

子曰：「若聖與仁，則吾豈敢？抑爲之不厭，誨人不倦，則可謂云爾已矣。」公西華曰：「正唯弟子不能學也。」

孔子說：「像聖與仁這樣的境界，我怎麼敢當，如果說是以此為目標，努力實踐而不厭煩，教導別人而不倦怠，那麼或許我還可以做到。」公西華說：「這正是我們學生沒有辦法學到的。」

這段話是孔子對自己的認識，他有充分的自知之明。孔子說「聖與仁則吾豈敢」，豈敢，不敢當。孔子當然不會認爲自己是聖人，他心中的聖人是堯、舜、禹這些聖王。他之所以提出這個話題，可能是有人稱讚他是一位聖人、仁者。所以孔子才會表白，對別人說他是聖人與仁者，表示不敢當，但是以「聖、仁」作爲目標，自己努力實踐而不厭煩，教導別人而不倦怠，朝著這兩個目標前進，這或許還可以做到。這話說得很實在，也相當謙虛。爲之不厭，意即努力朝著聖與仁去實踐、去行動時能不厭煩。孔子爲什麼能夠不厭不倦呢？孔子認爲人生的目標只有一個，大家生下來都是平凡的人，但是人性向善，一輩子要做仁者，努力走向聖人的境界，這就是理由。孔子把聖與仁作爲目標，是因爲每一個人都一樣，生下來就向善，而且要止於至善。有了這個目標就應該去做，而且不厭煩地去教別人這樣做，不要倦怠。孔子說：不厭不倦，我或許可以做到一些，可見他很謙虛，因為他確實做得非常好。

公西華口才不錯，但是並沒有列在四科十哲。所謂的四科十哲，四科：德行、言語、政事、文學，十哲就四科裡面排前十位的學生。「哲」是指特別聰明的傑出弟子，「哲」不是哲學家。夠資格被稱為哲學家並不容易的，孔子是哲學家，孟子是哲學家，孔子弟子在我看來沒有可稱為哲學家者，因為哲學家需要有一套自己完整而系統的思想體系，孔子的學生沒人能做到。公西華雖不在四科十哲，但也是做官的人才，口才非常好，儀表堂堂。孔子曾經說，他可以上朝廷，和外國來賓談話。公西華聽了孔子的話之後，說：為之不厭，誨人不倦，正是學生做不到的。換句話說，學生們和孔子的差距，就在於孔子不斷努力去做到仁與聖。

學生做不到往往是對於仁不了解。很多學生對老師的思想了解不夠，我們看到孔子一再強調「仁」的觀念，而學生們的反應，往往都是在問：究竟什麼是「仁」？其實孔子說「仁」分三個層次，如果分不清人之性、人之道、人之成三個層次，便不容易眞正理解「仁」。比如巧言令色鮮矣仁，仁指「眞誠」；仁遠乎？我欲仁，斯仁至矣，是指可以主動掌握的「道」；殺身成仁，當然是指人的生命的完成了，所以「仁」字的意涵，確實非常複雜非常豐富。儒家是一套哲學，所謂哲學是對人生經驗做全面的反省，把人生當作一個整體來看。本章可以看出孔子對自我的認識，他奮鬥的目標和方向就是要達到聖與仁。他也很實在地說，他不敢當，因為那個目標，往往需要一生的努力，才能得到最後的驗證。

【第118講】

《論語．述而第七》第三十五章，原文是：

子疾病，子路請禱。子曰：「有諸？」子路對曰：「有之。《誄》曰：『禱爾於上下神祇』。」子曰：「丘之禱久矣。」

孔子病得很重，子路請示要做禱告。孔子說：「有這樣的事嗎？」子路說：「有的，誄文上說：『為你向天神地祇禱告。』」孔子說：「我長期以來一直都在禱告呀。」

這段話的背景是孔子生病了，在《論語》裡面，至少有兩處很明顯的提到孔子病得很嚴重。這裡是一處，孔子病得很重，他的學生都非常愛護老師，恐怕很多人到處找偏方，找一些好的藥給老師。子路大概想不出什麼辦法，發現有一句誄文，就對老師請求說要做禱告。古代有一種誄文，是在人過世以後，哀悼用的，希望他平靜往生，好好走。另有一種誄文，是對活著的人，祝福他，希望他一切順利心想事成。「禱爾於上下神祇」，神就是天神，祇就是地祇。誄文上有這句話，所以子路才對老師說：老師，我們來禱告吧。孔子聽到以後，就說：不必了，我的禱告長期以來一直都在做啊。孔子曾經說過「獲罪於天，無所禱也」，你如果得罪了天，沒有地方可以禱告。孔子說：我長期以來一直在禱告，禱告當然是向天禱告，孔子是不跟鬼神禱告的。要禱告，就要向最高的神明（天）禱告。天是最公平的，最正義的，最仁愛的。孔子這一生行得正坐得端，憑良心做事，神一定照顧他。這是很重要的觀念，因爲他把重點放在人的身上，這也是一種人文主義的宗教觀。換句話說，一個人做事，先不要問鬼神喜不喜歡，只問該不該做。所以孔子談到鬼神的時候，經常會說務民之義，敬鬼神而遠之。專心做好老百姓認爲該做的事，對鬼神保持敬意，但是也要保持距離，這是孔子的立場。一件事情本身是善的，神必定喜歡，而不是本末倒置爲了討好神明，而去做好事。孔子很坦然地對學生說，你不必替我特別禱告，我這一生就是禱告，我這一生沒有做過任何不對的事情，神自然會祝福我，不必另外再去麻煩神了。只要一生言行端正，任何宗教的神明都會保佑。相反的，如果自己沒有做好，再多的禱告也沒用。這是儒家的思想的一個重要的特色。

【第119講】

本講要介紹的是《論語．述而第七》的最後一部分，也就是第三十六章、三十七章、三十八章。這三章意思接近，並且內容都太短，所以合在一起介紹。

我們先看第三十六章，原文是這樣的：

子曰：「奢則不孫，儉則固。與其不孫也，寧固。」

孔子說：「奢侈就會變得驕傲，簡約就會流於固陋，與其驕傲，寧可固陋。」

孔子說得很清楚，奢侈會顯得驕傲，簡約會流於固陋，與其驕傲，不如固陋一些來得穩當。這是我是非常贊成的，因爲由簡入奢易，由奢返簡難。奢侈浪費習慣了，要再重新過簡約的生活，非常困難，但是由簡約到奢侈卻很容易。所以千萬要小心，不要陷入這樣的困境，自找麻煩。生活簡約，雖然顯得有點固陋，有點寒酸，甚至比較拘謹，好像伸展不開，但至少是老老實實過自己的日子，不至於陷入物質享受的欲望裡。

子曰：「君子坦蕩蕩，小人長戚戚。」

孔子說：「君子心胸光明開朗，小人經常愁眉苦臉。」

君子與小人何以有這樣的差別呢？因爲君子無私。前面曾讀過有關君子的篇章，如：和而不同、周而不比、泰而不驕，這些都是君子無私的表現。事實上我們都知道，人不可能完全沒有私心，但是至少可以做到有私心時絕對不去傷害別人。君子之所以能坦蕩蕩，正因爲他沒有私心，不會與別人比較，能夠安於自己的生命狀態，所以君子十分坦然。而小人私心太重，一個人私心重就放不開自我，老是想和別人比，總覺得想法沒有被他人接受，心裡很難過，如果有人持反對意見，就覺得對方全然衝著自己而來，心中充滿怨艾或憂慮，這便是長戚戚，整天愁眉苦臉，怨天怨地，日子難過極了。

君子沒有私心，看到別人有好處，恭喜他；看到別人做得不錯，鼓勵他。

再看第三十八章，也是〈述而篇第七〉的最後一章，原文：

子溫而厲，威而不猛，恭而安。

我們常常講「情商」，這一句話就代表孔子的情商。孔子的情商表現在：溫和而嚴肅，威嚴而不剛猛，謙恭而安適。一般人，溫和了就很難嚴肅。溫和但是嚴肅，別人在你前面就不敢胡作非爲，大家對你就會尊敬。也就是後來學生描寫孔子的，「望之儼然，即之也溫，聽其言也厲」，遠遠看過去很莊重的樣子，接近他卻很溫和，像春風化雨一樣，聽他說話的時候，很嚴肅的，不與人隨便開玩笑。溫而厲，這兩種性格表現配合在一起，就是高度情商的表現。第二點更難了，威而不猛。一般的人，有威就猛，很威嚴，便有點剛猛，或者兇猛。而孔子有威嚴，但是不剛猛。威嚴就是看起來莊重嚴肅，一般的人看到這種人都會害怕。但是孔子是威而不猛，威嚴但是不令人害怕。然後，恭而安，恭代表謙恭，安就是能夠安適自在。一般人，一旦謙恭就很難自在，但是孔子恭而安，甚至在朝廷上見到國君，他也照樣是態度安詳。

但是，仍看得出來他很謙恭，官階比較低，地位比較卑微，年紀比較輕，只要盡本份做事，自然就能恭敬而自在。孟子說過，「徐行後長者」，慢慢地走，走在長輩後面。這樣是尊敬長輩。爲什麼要在左後方，因爲如果長輩摔跤，我們的右手可以扶他。這是基本的禮儀。

論語三百講 上篇

2020年8月二版 定價：新臺幣350元
2022年1月二版二刷

著者	傅佩榮
叢書主編	沙淑芬
校對	林易澄
封面設計	江宜蔚

出版者	聯經出版事業股份有限公司	副總編輯	陳逸華
地址	新北市汐止區大同路一段369號1樓	總編輯	涂豐恩
叢書主編電話	(02)86925588轉5310	總經理	陳芝宇
台北聯經書房	台北市新生南路三段94號	社長	羅國俊
電話	(02)23620308	發行人	林載爵
台中分公司	台中市北區崇德路一段198號		
暨門市電話	(04)22312023		
郵政劃撥帳戶第0100559-3號			
郵撥電話	(02)23620308		
印刷者	世和印製企業有限公司		
總經銷	聯合發行股份有限公司		
發行所	新北市新店區寶橋路235巷6弄6號2F		
電話	(02)29178022		

行政院新聞局出版事業登記證局版臺業字第0130號

本書如有缺頁，破損，倒裝請寄回台北聯經書房更換。 ISBN 978-957-08-5595-1 (平裝)
聯經網址 http://www.linkingbooks.com.tw
電子信箱 e-mail:linking@udngroup.com

國家圖書館出版品預行編目資料

論語三百講 上篇/傅佩榮著．二版．新北市．
聯經．2020.08．
332面．14.8×21公分
ISBN 978-957-08-5595-1（平裝）
[2022年1月二版二刷]

1.論語 2.注釋

121.222 109011443